Helmut Dreesmann
Sabine Kraemer-Fieger
Moving

HELMUT DREESMANN
SABINE KRAEMER-FIEGER
(Hrsg.)

MOVING

NEUE MANAGEMENTKONZEPTE
ZUR ORGANISATION DES WANDELS

Die Deutsche Bibliothek – CIP-Einheitsaufnahme

Moving neue Managementkonzepte zur Organisation des Wandels / Helmut Dreesmann, Sabine Kraemer-Fieger (Hrsg) – Frankfurt am Main Frankfurter Allg Zeitung, Wiesbaden Gabler, 1994

ISBN 978-3-322-90888-9   ISBN 978-3-322-90887-2 (eBook)
DOI 1007/978-3-322-90887-2

NE Dreesmann, Helmut [Hrsg]

© Frankfurter Allgemeine Zeitung GmbH, Frankfurt am Main 1994
© Betriebswirtschaftlicher Verlag Dr Th Gabler GmbH, Wiesbaden 1994
Softcver reprint of the hardcover 1st edition 1994

Belichtung und Abbildungen Satzstudio RESchulz, Dreieich
Druck Wilhelm & Adam, Heusenstamm
Buchbinderei Osswald & Co, Neustadt/Weinstraße

Das Werk einschließlich aller seiner Teile ist urheberrechtlich geschützt Jede Verwertung außerhalb der engen Grenzen des Urheberrechtsgesetzes ist ohne Zustimmung des Verlages unzulässig und strafbar Das gilt insbesondere fur Vervielfaltigungen, Ubersetzungen, Mikroverfilmungen und die Einspeisung und Verarbeitung in elektronischen Systemen.

Vorwort

„Moving" – ein neues Schlagwort? Ja, vielleicht! Und es ist mehr: es ist ein Motto für eine Vision der Dynamik und Veränderung. Es steht für eine sich ankündigende Aufbruchstimmung, die bereit ist, alte Zöpfe abzuschneiden und das Status quo-Denken aufzubrechen.

Derzeit wird hierzulande noch die Trägheit in unseren Unternehmen beklagt, werden Bürokratie und Verkrustungen als Fresser von Effizienz identifiziert und werden erstarrte Hierarchien und Bereichsabschottungen als Sünden organisatorischer Selbstgefälligkeit erkannt. Bei denjenigen, die darunter leiden und daran gehindert werden, Leistung zu erbringen, hört man jedoch den einen Wunsch, daß sich etwas ändern möge. Der Leidensdruck der Betroffenen macht sich bemerkbar in Form von innerer Kündigung, Demotivation, Resignation oder von schlichter Angst um den eigenen Arbeitsplatz. Wohl am schlimmsten aber ist, daß man um die Ineffizienz der Arbeitsstrukturen und -prozesse im eigenen Unternehmen weiß und sieht, daß dadurch die Konkurrenzfähigkeit verloren geht und die eigene Existenz bedroht wird. In der Regel sind es nicht die Mitarbeiter, die dafür verantwortlich zu machen sind, sondern die Unflexibilität der Organisation in all ihren Facetten.

Der amerikanische Managementpapst Peter Drucker sagte sehr richtig, es gehe überhaupt nicht darum, die Mitarbeiter zu motivieren, sondern vielmehr darum, die Barrieren abzubauen, die die Menschen daran hindern, etwas zu leisten. Der wachsende Konkurrenzdruck aus Fernost, die aufrüttelnde MIT-Studie aus der Automobilindustrie (Womack, J.P./Jones, D.T./Roos, D.: Die zweite Revolution in der Automobilindustrie, Frankfurt 1992) und die konjunkturelle Talfahrt haben jedoch Energien zur Veränderung mobilisiert. Nach einer langen Phase des Tiefschlafs in der Organisations- und Managemententwicklung sind wir jetzt dabei, uns zu rekeln und zu strecken. Nun geht es darum, in Trab zu kommen und mitzugalloppieren im Rennen mit den Asiaten und den Amerikanern. Haben inzwischen solche Begriffe wie Innovation, Change Management, Kaizen, TQM, oder Lean Management schon Schlagwortcharakter erhalten, so gilt es jetzt, diese Konzepte des Wandels inhaltlich umzusetzen und ihre Realisierung tatsächlich zu leben.

MOVING ist als Titel des Buches bewußt dem amerikanischen Sprachgebrauch entnommen, da dem Begriff dort ein programmatischer Charakter zukommt. Mit aller Hemdsärmeligkeit kennzeichnet er eine Haltung des sich in Bewegung setzens (movere lat. = bewegen). „Let's move" oder „Get movin'" heißt soviel wie: „laß es uns anpacken", oder – im Straßenjargon – „krieg den Hintern hoch und tu etwas". Es geht darum, sich nicht hängen zu lassen, sondern aktiv das eigene Geschick in die Hand zu nehmen. Die Unbefangenheit, die in diesen Ausdrücken steckt, ist eines der Geheimnisse darüber, wie es den Amerikanern immer wieder gelingt, scheinbar unlösbare Probleme dann doch mit unglaublicher Energie und Schnelligkeit zu lösen. Das Erwachen der amerikanischen High-Tech-Industrie nach dem Sputnik-Schock 1958 ist ein vielzitierter, schon fast historischer Beleg dafür, und die eindrucksvolle Renaissance der amerikanischen Automobilindustrie in jüngster Zeit zeigt, daß dieser Geist immer noch wach ist. „Moving" ist daher ein visionäres Motto für das sich Herausbewegen aus der Behäbigkeit und der selbstzweifelnden Lamoryanz in unseren Betrieben und Unternehmen.

„Moving" realisiert sich beim einzelnen in Risikofreudigkeit, in Innovationsbereitschaft und im Zukunftsdenken (Berth, R.: Visionäres Management, Düsseldorf 1990). Es realisiert sich in mutigen neuen Entwürfen und Konzepten ebenso wie in kleinen Verbesserungsschritten. „Moving" steht zwar für Unbefangenheit und Tatkraft, etwas Neues in Bewegung zu setzen, jedoch ist der Begriff weit entfernt von Blauäugigkeit und Naivität. In ihm bündeln sich als Erfolgsrezepte typische amerikanische Denkhaltungen:

- think positive,
- think future,

Vorwort

- think small steps,
- think solutions,
- think flexible,
- think behavior,
- think ...

Diese Denkmuster werden unbewußt als Teil des amerikanischen „way of thinking" in den Elternhäusern, in den Schulen und im öffentlichen Leben vermittelt, und man kann sie schon bei Kindern und Jugendlichen beobachten. Positives und nach vorne, auf Lösungen gerichtetes Denken, das Zerlegen eines großen Ziels in kleine Schritte, die Konzentration auf das aktive Verhalten und das Bemühen um Flexibilität sind Inhalte, die fast in derselben Form in Lehrbüchern zur Leistungsmotivation auftauchen: Sie sind wissenschaftlich fundierte Voraussetzungen dafür, daß Menschen sich in Bewegung setzen, sich anstrengen und gesetzte Ziele erreichen wollen (Heckhausen, H.: Motivation und Handeln, Berlin 1989).

Diese Denk- und Verhaltensmuster sind gelernt und von der jeweiligen Umwelt abhängig. Es fragt sich daher, was unsere Unternehmen tun, um ein solches „Moving"-Denken und Handeln ihrer Mitarbeiter zu fördern und zu unterstützen. Was sind die Anreize und Aufforderungen, die dem einzelnen sagen: Hier sind positives Denken, Risikofreude und Flexibilität erwünscht? Zwar werden diese Vokabeln von vielen Chefs gar nicht so selten verwandt, doch sind es in der Regel Lippenbekenntnisse. Spricht man dann mit den Mitarbeitern dieser so fortschrittlichen Manager, decouvriert sich sehr schnell diese Fassade. Hinter ihr verbirgt sich oft die alte Angst, Fehler zu machen, weil Konsequenzen befürchtet werden oder eine stupide und verkniffene Arbeitshektik, die signalisieren soll „ich bin fleißig, fleißig, fleißig ...". Sie ist nicht dazu angetan, effizient und einfallsreich die Aufgaben des Unternehmens zu bewältigen. Blindleistungen sind immer noch ein Volkssport, der das Unternehmen genausoviel voranbringt wie das Joggen den Läufer auf dem Laufband (Wildemann, H.: Das Just in Time Konzept, 2. Aufl., München 1990).

Eine Unternehmensumwelt, die Initiative und das Moving aller Mitarbeiter voranbringt, bedarf einer bedachten und vielfältigen

Gestaltung. In diesem Zusammenhang macht das Wort vom lernenden Unternehmen die Runde: eine Unternehmensumwelt, in der die Mitarbeiter sich gegenseitig zum „Moving" stimulieren und in der Räume und Materialien so gestaltet sind, daß sie Lernerfahrungen ermöglichen. Zwei Beispiele mögen das veranschaulichen:

In einem solchen Unternehmen war zu erleben, daß sich die Führungskräfte aus den internationalen Niederlassungen regelmäßig trafen und über ihr Land berichteten. Einen Abend gestaltete der Schweizer Kollege. Als Mitglied des Bundesheeres war er eigens für diesen Zweck mit dem Jet über sein Land geflogen und hatte aus der Luft ein Video über sein Land gedreht. Bei Raclette und Weißwein aus dem Wallis erläuterte er seinen Kollegen die Sitten und Gebräuche seines Landes und vergaß auch nicht, über die Schweizer als Kunden und Geschäftspartner zu sprechen. Am Ende des Abends hatte die gesamte Führungscrew mehr über interkulturelles Management gelernt, als dies ein Seminar je hätte erreichen können.

In einem anderen Unternehmen hatte man die Unternehmenshierarchie auf zwei Ebenen reduziert. Unterhalb des Steuerungskreises gab es jetzt nur noch Teams, die mit höchster Eigenverantwortung für einen Produktbereich zuständig waren. Der Leitung kam es auf eine möglichst hohe Durchschnittsqualifikation aller Teammitglieder an, um eine optimale Einsatzflexibilität zu erreichen. Durch ein entsprechendes Anreizsystem erreichte man einen ungeahnten Qualifizierungsschub auf Gegenseitigkeitsbasis. Wer mehr Kompetenzen in einem Bereich hatte, gab sie anderen weiter und unterrichtete sie. Folge davon war, daß sich nicht nur die Skills der Mitarbeiter in Breite und Tiefe enorm entwickelten, sondern auch ihr Verantwortungsbewußtsein und ihre Initiative – daß Kommunikation, Kooperation hier optimal waren, bedarf eigentlich keiner Erwähnung mehr.

Die zwei Beispiele stehen für viele Versuche, die inzwischen unternommen werden, um eine Umwelt zu schaffen, die den Mitarbeitern Anreize und Signale setzt: Moving – wir wollen in die Gänge kommen!

Vorwort

Mitarbeiter und Unternehmensumwelt stehen in einem interaktiven Prozeß mit vielerlei Wechselwirkungen: in einer Umwelt mit einem hohen Aufforderungscharakter zur Innovation und zum Change werden die Mitarbeiter aktiv diese Umwelt weiterentwickeln und damit neue Anreize setzen – diese veränderte Umwelt wirkt dann wieder zurück auf sie und stimuliert zu neuen Veränderungen – und so fort ... Ein Beispiel für Umweltgestaltung ist das Visual Management, etwa im Rahmen eines Total Quality Managements: Realisierte Verbesserungen werden auf großen Schautafeln allen Betriebsangehörigen kundgetan und beeinflussen somit deren weitere Verbesserungsaktivitäten. Dieses schlägt sich in konkreten Veränderungen nieder und setzt neue Anreize. Solche Prozesse haben systemischen Charakter: Das gesamte Umfeld mit all seinen Komponenten ist in Rückkoppelungsschleifen eingebunden (Gomez, P./Probst, G.J.B.: Vernetztes Denken im Management, Bern 1987).

Das vorliegende Herausgeberwerk behandelt Brennpunkte des Moving. Die Komplexität von Veränderungsprozessen wird zerlegt in markante Stationen, die von besonderer Bedeutung sind sowohl für die denkerische Handhabung von Innovationen und Veränderungen als auch für das praktische Handeln darin.

Im ersten Teil des Buches werden Konzepte dargestellt, die fast regelhaft in jedem Veränderungsprozeß eine besondere Rolle spielen. Zunächst macht Manfred Zink deutlich, daß es unerläßlich ist, den systemischen Gesamtzusammenhang eines „Moving"-Prozesses zu berücksichtigen. Die Einschränkung auf Teilelemente führt nicht selten zu unrichtigen Schlußfolgerungen und Maßnahmen. Die oft gehörte Meinung: „das liegt nur am verkrusteten Management" ist so in der Regel genauso platt wie falsch, denn sie läßt außer acht, daß das Management auch vielfachen Beeinflussungen unterliegt, die bei ihm gerade diesen Mechanismus der Starrheit haben wachsen lassen.

Im nachfolgenden Kapitel gibt Helmut Dreesmann einen Überblick über all die Komponenten, die bei einem Veränderungsprozeß eine Rolle spielen. Im Rahmen eines Gesamtmodells werden 24 Bedingungen dargestellt, von denen abhängt, ob ein Veränderungsprozeß erfolgreich verlaufen oder wahrscheinlich ein Flop werden wird. Sie werden zusammengefaßt in der Innovations-Potential-Analyse IPA – einem Diagnose System, das dem Praktiker ermöglicht, die Veränderungsfähigkeit eines Unternehmens einzuschätzen.

Die Übertragung dieser Komponenten in die Phasen und Stationen der prozessualen Abfolge einer Veränderung wird von Joachim Freimuth beschrieben. Er verdichtet wiederkehrende Handlungsmuster zu Regelhaftigkeiten innovativer Prozesse in Organisationen und schafft damit Denkanstöße für das praktische Handeln.

In den seltensten Fällen verlaufen Veränderungsprozesse jedoch so, wie man sie einmal geplant hat. Insbesondere sind es mangelnde Akzeptanz und Widerstände, die den Wandel behindern und aus der Bahn bringen können. Widerstände treten in vielfacher Form bei Veränderungen auf, und man muß die ihnen innewohnenden Regelhaftigkeiten berücksichtigen, wenn man Erfolg haben will. Joachim Freimuth und Anna Hoets arbeiten die Hintergründe auf, warum mit Widerständen zu rechnen ist, welche Dynamik ihnen innewohnt und wie mit ihnen umzugehen ist.

In diesem systemischen und prozessualen Bedingungskontext ist der Mensch letztlich immer der Ausgangspunkt dessen, was geschieht. Er ist der Träger der Veränderung. Sabine Kraemer-Fieger geht den Schlüsselqualifikationen nach, die Menschen als Promotoren des Wandels aufweisen sollten. Sie vertieft damit die eingangs genannten Denkmuster, die ein Moving in Gang setzen.

Im zweiten Teil des Buches geht es um praktische Beispiele, die die Umsetzung der Modelle und Konzepte in betrieblichen und organisatorischen Zusammenhängen darstellen. Die Auswahl der Organisationen reicht durch alle Wirtschaftsbereiche und berücksichtigt Industriebetriebe ebenso wie öffentliche und Non-Profit-Unternehmen. Kriterium für die Beispiele war einerseits die Interessantheit der Veränderungsinhalte für den Leserkreis und andererseits ihr Bezug zu neuen Managementkonzepten.

Im Anhang des Buches werden einige Instrumentarien dargestellt, die den Leser bei der praktischen Arbeit des Change-Managements

Vorwort

unterstützen sollen. Checklisten, Fragebögen und Tests zu wichtigen Elementen eines Veränderungsprozesses.

Moving ist also mehr als nur in Bewegung kommen – es ist das systematische, zielgerichtete Bemühen, mit Veränderungen Erfolge zu erreichen und effizienter zu werden. Dieses setzt Innovationskompetenz von Unternehmen und ihren Mitarbeitern voraus – das Wissen, wie Veränderungen durchgeführt werden, wie sie zu steuern sind und wovon sie abhängen.

Mannheim, im September 1994 *Helmut Dreesmann*
Sabine Kraemer-Fieger

Inhalt

Vorwort 5

Teil I
Vom Verstehen zum Handeln 21

Moving – Betrachtungen aus systemischer Sicht 23
von Manfred Zink

Chaos ante portas – Erleben wir den Megawandel? 23
Systemisch – was ist das? 26
   Systemisches Denken – Denken in Systemen 26
   Entwicklung systemischen Denkens 27
   Der Systembegriff 29
   Technische, biologische und soziale Systeme 33
   Veränderung von Organisationen – Ein systemischer Ansatz .. 37
   Organisationen auf dem Weg in die Sackgasse? 37
   Organisationen – konstruierte Wirklichkeiten 40
   Lassen sich Systeme steuern? 44
   Chancen und Grenzen systemischer Ansätze 49
   Systemische Beratung – der Berater im System 50
Wegweiser in die Zukunft 52

Innovationsprozesse: Die Systematik des Erfolgs 55
von Helmut Dreesmann

Worum geht es? Einige Prämissen zum Thema Innovation 56
Worauf kommt es an? – Zwei Dimensionen der
Innovationsbedingungen 58
Um welche Bedingungen geht es konkret? – Die Erfolgs-
faktoren im Detail 64
   Fachliche Kompetenz 64
   Persönliche Kompetenz 67
   Konstruktive Kompetenz 69
   Soziale Kompetenz 72
   Methoden-Kompetenz 74
   Partizipative Kompetenz 77
Wie verhalt man sich bei Innovationen? – Von Fragen zu
Handlungen 80
   Die Innovations-Potential-Analyse IPA 80
   Systemische Handlungsplanung 82
   Analyse von Innovationswiderständen und Maßnahmen zur
   Akzeptanzforderung 82
   Entwicklung von Innovationskompetenz 84

**Wie weit sind organisatorische Veranderungsprozesse
planbar?** 87
von Joachim Freimuth

Theoretische Modelle von Prozessen des organisatorischen
Wandels 87
   Sequentielle Konzepte des Wandels 88
   Iterative Konzepte 90
   Vernetzte und systemische Konzepte 92
Sechs Teilprozesse des Wandels 94
Zwolf Regeln für die Gestaltung von Prozessen 97
Die Erweiterung der Phasenkonzepte zu einem
Change-Puzzle: Netzwerkmanagement 98
Hilfestellung und Anregung 104

Inhalt 15

Umgang mit Widerstanden in organisatorischen Veranderungsprozessen 107
von Joachim Freimuth und Anna Hoets

Ursachen und Erscheinungsformen von Widerstanden 109
Widerstande aus systemischer Sicht 115
Wie macht man das Thema zum Thema? 121

Promotoren des Wandels: die Moving-Manager 129
von Sabine Kraemer-Fieger

Veranderungen – Zusammenspiel von Lust und Unlust 129
Logik und Gefuhl: Mit-Wirkungen im Moving-Prozeß 131
Erkennen Sie Moving-Facetten 135
Wer hat das Zeug zum Moving-Teamer? 143
Gottgegeben oder trainierbar? 149
Anforderungen an den Change-Agent: Planung und Intuition . 152

Kaizen und Innovation 157
von Alfons Roerkohl

3-MU-Checkliste der Kaizen-Aktivitaten 158
Total Quality Management (TQM) 165
FMEA – Ein Qualitatsinstrument, das den Innovationsprozeß begleitet 168
   Ziele der FMEA 169
   Sieben Schritte zur Einfuhrung von FMEA 170
   Arbeitsblatter zur FMEA – Vorselektion 171
   Die acht Phasen der FMEA 180
   Vorteile der FMEA 182
   Kosten-Nutzen-Betrachtung 182
Quality Function Deployment (QFD) bei Innovationen 184
   Die QFD-Systematik 184
Zukunftsperspektiven fur den Anwender 191

Teil II
Vom Handeln zum Erfolg 195

Fallbeispiel Zulieferindustrie:
Kaizen – Frage Dich jeden Tag, was Du morgen besser machen kannst 197
von Robert Schlitt und Helmut Dreesmann

Die Prinzipien von Kaizen – Alte Karten neu gemischt? 198
   Geistige Orientierung 200
   Teamarbeit 201
   Methodik und Disziplin 203
Werden wir es schaffen? – Eine Analyse der Innovationsbedingungen vor Ort 206
Mit viel Mut ins Werk – Die Einführung des Kaizen 208
   Phasen und Strukturen 209
Gutes wollen reicht noch nicht – Probleme der alltäglichen Art 211
Bilanz: Eindeutig überwältigend 214

Fallbeispiel Industrie:
Gut geplant – schlecht umgesetzt? 217
von Ute Waidelich

Die Rahmenbedingungen 218
   Was kennzeichnet das Unternehmen? 218
   Was ist ein PPS-System? 219
   Warum wird ein PPS-System eingeführt? 221
   Wer sind die betroffenen Abteilungen und Personen? 222
   Wer sind die treibenden Kräfte? 223
Die Stadien des Veränderungsprozesses 223
Die wichtigsten Ergebnisse der Organisationsdiagnose 228
Gesamtbewertung des Veränderungsprozesses:
Wege aus der Krise 233
Das Meilensteinkonzept 236

Inhalt 17

Fallbeispiel Industrie:
Change-Management am ABB Institut 243
von Joachim Bieker und Michael Schade

Von der Muß-Arbeit zur Lust-Arbeit 243
Mit Begeisterung zum „Quantensprung" 243
Die Führungskraft als Coach 244
Management of Change in eigener Sache 245
Der Weg zum ABB Institut 246
Eine Vision wird geboren 246
Gestalter statt Verwalter 247
Profis in Sachen Verhalten 252
Der Veränderungsprozeß 256
Veränderung spüren und sehen lassen 256
Ein Team entsteht 258
Eigeninitiative ist gefragt 259
Mit professionellem Know-how zum Erfolg 259
Der erste Schritt eines langen Weges 260

Fallbeispiel Gesundheitswesen:
Widerstände bei der Umsetzung dienstleistungsgerechter
Strukturen 263
von Hans-Christoph Reiss

Inhalt und Struktur des Veränderungsprojektes 263
Die Rahmenbedingungen für Veränderungen 267
Die Arztpraxis: Veränderungsmotive für die Praxisführung . 269
Das kommunale Krankenhaus: Welche Innovations-
potentiale sind zu nutzen? 271
Der Trägerverband: Mitgliederorientiertes Management
ist das Ziel 273
Der Veränderungsprozeß 275
Veränderungen in der Arztpraxis 277
Veränderungen beim kommunalen Krankenhaus ... 279
Veränderungen im Trägerverband 282
Dienstleistungsgerechte Strukturen durch
Veränderungsprozesse 284

**Fallbeispiel Öffentliche Verwaltung:
Von der „organisierten Unverantwortung" zum
„Als-ob-Wettbewerb"** 289
von Axel G Koetz

    Defizite und Notwendigkeiten 289
    Veränderungsbedarf 289
    Grundlinien des Wandels 291
    Elemente des Wandels im offentlichen Sektor 293
        Die Einfuhrung des „Als-ob"-Wettbewerbs 293
        Verstarkung dezentraler Entscheidungsstrukturen 294
        Controlling und Leistungskennziffern 296
        Projektbezogene Organisationsstrukturen 299
        Leitbild und Organisationskultur 300
        Fuhrung, Motivation und Personalentwicklung 303
        Qualitatsmanagement 306
    Umsetzung des Wandels – Vom Dekret zur Partizipation 309
    Konsequenzen 312
        Veranderung durch Dezentralitat und
        Mitarbeiterorientierung 312
        Veranderung als Prozeß 313

**Fallbeispiel Verbande:
Reorganisationsprozesse** 317
von Bernhard Inden

    Auf dem Weg zu einer neuen Realität 317
    Bevor alles begann 318
    Der Moving-Prozeß 319
        Befragung der Mitarbeiter und der Außenstellen 321
        Rekrutierung eines Steuerungsteams 322
        Erarbeitung eines Umstrukturierungskonzeptes 324
        Das Konzept wird Realitat 326
    Auf dem Weg zu standiger Verbesserung 328
    Grundregeln in Moving-Prozessen 329

Inhalt 19

Anhang 331
Die Innovations-Potential-Analyse (IPA) – Manual und
Anwendungsmoglichkeiten 331
Hintergrund und Aufbau der IPA 331
Anwendungsmoglichkeiten 333
Einsatzmoglichkeiten 334
Durchfuhrung 334
Interpretation 337
Ergebnisdarstellung und Diskussion 339
Die Innovations-Potential-Analyse (IPA) – Der Fragebogen .. 340

Die Autoren 349

Verzeichnis der Abbildungen und Tabellen 353

Teil I

Vom Verstehen zum Handeln

Moving – Sich zu neuen Ufern begeben heißt immer auch, ein Stück neue Welt kennenlernen. Verheißungen locken zwar, doch müssen auch Risiken eingegangen und drohenden Gefahren begegnet werden. Innovationen und Change-Prozesse bedürfen deshalb einer umsichtigen Sondierung des Terrains und einer Analyse der jeweiligen Bedingungen. Denn Innovationsprozesse sind hochgradig komplex und bestehen aus einer Vielzahl von Interaktionen der verschiedensten Faktoren. Einerseits ist ein breiter systemischer Ansatz vonnöten, aber dann auch wieder eine Fokussierung und eine Reduktion der Komponenten, auf die man sich im konkreten Veränderungsprozeß konzentriert. „Nichts ist so praktisch wie eine gute Theorie" heißt deshalb die Devise des ersten Teils dieses Buches. Denn nur durch eine angemessene Abstraktion zerlegen sich Veränderungsprozesse in Regelhaftigkeiten und Prinzipien, die das Neuland Innovation handhabbar machen.

Moving – Betrachtungen aus systemischer Sicht

von Manfred Zink

Chaos ante portas – Erleben wir den Megawandel?

Chaos wohin man schaut. Wir erleben zur Zeit einen fundamentalen Wandel in nahezu allen Lebensbereichen. Die Welt im großen und kleinen scheint erneut aus den Fugen zu geraten. Was in gesellschaftspolitischen Systemen abläuft, findet seine Fortsetzung sowohl in Organisationen als auch in kleinsten sozialen Einheiten wie zum Beispiel in Familien.

Was kennzeichnet aber den Wandel von heute? Ist er vergleichbar mit früheren Übergangsphasen oder unterscheidet er sich davon – und wenn ja, was unterscheidet ihn?

In unzähligen Publikationen wird die heutige hochindustrialisierte Gesellschaft mit zum Teil plakativen Begriffen wie

- „postindustrielle Gesellschaft",
- „Informationszeitalter",
- „Wissens- oder Dienstleistungsgesellschaft" beschrieben.

Charakteristisch für den Zustand sind unter anderem

- die unüberschaubare Anzahl „produzierter Leistungen",
- die gigantische Menge vorhandener Daten und Informationen,
- die sprunghaft steigende Zahl gegenseitiger Vernetzungen,
- eine zunehmende Komplexität und Dynamik.

Ich möchte dies exemplarisch an einigen Zahlen verdeutlichen: 80 Prozent aller bisherigen wissenschaftlichen und technolo-gischen Erkenntnisse und über 90 Prozent der gesamten wissenschaftlichen und technischen Informationen in der Welt wurden im 20. Jahrhundert produziert, davon mehr als zwei Drittel nach dem Zweiten Weltkrieg. Die heute lebende Generation umfaßt 80 Prozent aller Wissenschaftler, die bislang auf der Erde gelebt haben (vgl. Kreibisch 1986).

Parallel dazu wurde ein gigantischer Entwicklungs- und Konzentrationsprozeß zu Beginn des Jahrhunderts eingeleitet. Der durch Taylor ausgelöste Trend des „Scientific Management" führte zunächst in den produzierenden Organisationen zu riesigen Rationalisierungs- und Automatisierungsschüben.

Diese Technisierung und Verwissenschaftlichung organisatorischer Arbeitsabläufe und -strukturen hat das psychosoziale Verhalten der Menschen, die Normen, Werte, Denk- und Handlungsmuster nachhaltig beeinflußt. Gleichzeitig ist zu beobachten, daß die Anzahl von Problemen (ökologischer, ökonomischer, kultureller und sozialer Art) sprunghaft gestiegen ist und voraussichtlich weiterhin rasant ansteigen wird.

Darüber hinaus ist all dies noch von Turbulenz gekennzeichnet. Turbulenz in zweifacher Hinsicht: Einerseits erhöht sich die Beschleunigung mit der solche Vorgänge und Prozesse ablaufen in einem atemberaubenden Tempo, indem die Zyklen für eintretende Veränderungen, Neuerungen, Entwicklungen immer kürzer werden, und gleichzeitig verlaufen diese Turbulenzen noch diskontinuierlich ab.

Die aus der zunehmenden Komplexität und Dynamik resultierenden Veränderungen, denen ein Mensch in der zweiten Hälfte dieses Jahrhunderts ausgesetzt ist, würden sicherlich ausreichen, um mehreren Generationen zur Zeit des Mittelalters ein mehr als ereignisreiches Leben zu bieten (vgl. Abbildung 1).

Dieses „erlebte Chaos", ausgelöst durch den Wandlungsprozeß, ist jedoch kein Produkt unserer Zeit. Seit Menschengedenken hat sich

Chaos ante portas – Erleben wir den Megawandel? 25

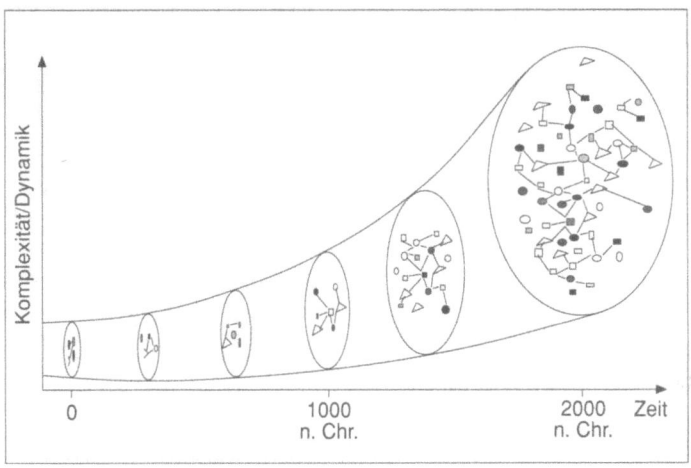

Abbildung 1: Entwicklung, Dynamik und Komplexität

die Welt in ihrem physikalisch-chemischen, biologischen, organisatorisch-technischen und sozial-kulturellen „Sein" gewandelt.

Wandel als elementare dynamische Funktion des Universums wurde auch zu allen Zeiten beschrieben. So betrachteten die Taoisten im China des 5./6. Jahrhunderts den Wandel „als impliziten Bestandteil im Werden der Welt", mit einer bejahenden Selbstverständlichkeit und drücken ihn mit einem Wort aus: dem „Wei ji" (Laotse, Tao the King), das sich aus den beiden Schriftzeichen „Gefahr" und „gute Gelegenheit/Chance" ergibt (vgl. Capra 1986 und 1988).

Wandel löst bei Menschen, die ihn wahrnehmen, häufig ein Gefühl der Unsicherheit aus, insbesondere dann, wenn es sich um tiefgreifende historisch-epochale Übergänge, wie den Wechsel vom Mittelalter zur Neuzeit, um nur ein Beispiel zu nennen, handelt.

Das hängt unter anderem damit zusammen, daß die bisher angewandten Denk- und Handlungsmuster des alten Weltbildes, die neben einer allgemeinen Orientierung im sozialen Gefüge auch taugliche Vorgehensweisen, sozusagen Instrumente zur Lösung von Problemen jeglicher Art waren, weiterhin Anwendung finden in der Wirklichkeit des neuen Weltbildes und dabei plötzlich „stumpf" werden. Die bislang angewandten Verfahren, Methoden und Techniken erscheinen dann trotz ihrer Optimierung immer unbrauchbarer zur Standortbestimmung und Begehung des Neuen.

Ob und inwieweit diese Wandlungsprozesse der inneren Logik einer evolutionären Gesetzmäßigkeit folgen oder durch Konstrukte beeinflußt werden, ist dabei für das Erleben von Unsicherheit unerheblich.

Systemisch – was ist das?

Systemisches Denken – Denken in Systemen

Einerseits ist systemisches Denken gar nicht so neu. Andererseits aber doch. Ein Widerspruch? Nein!

Systemisches Denken in seiner heutigen Ausprägung ist sicher ein Produkt unserer Zeit, Denken in Systemen jedoch nicht. Denken in Systemen ist auch keine Erfindung irgendeiner Systemtheorie. Denken in Systemen ist eine notwendige Voraussetzung menschlichen Seins, um in der Welt zu bestehen, um „mental" überleben zu können. Die Reduktion der unendlich großen Anzahl von Informationen, Daten, Phänomenen in der Welt des Menschen ist unabdingbare Voraussetzung, um handlungsfähig zu bleiben. Menschen haben daher seit jeher abstrahiert, Verbindungen zwischen Relationen hergestellt und in Systemen gedacht.

Systeme sind a priori auch nicht von vornherein vorhanden, sind keine Tatbestände, die losgelöst von einem Betrachter existieren, sondern sind Gebilde, die durch Zuweisung von Gemeinsamkeiten a posteriori, durch Menschen, sozusagen konstruiert werden, um Ordnung und „Orientierung" in der Lebenswelt zu erhalten und um handlungsfähig zu sein.

Systemische Ansätze bieten ein Raster zur Erfassung und Beschreibung von Phänomenen und der Möglichkeit einer neuen

Systemisch – was ist das? 27

Sichtweise im Umgang mit der „Welt an sich" und Organisationen im Speziellen an.

Warum aber stehen gerade systemische Ansätze im Zusammenhang mit Organisationsentwicklungs-Maßnahmen, Fragen der Effizienz und des Wandels in Organisationen immer häufiger im Blickpunkt der Betrachtung? Diese Frage wie auch das Verständnis für systemische Ansätze in ihrer gesamten Tragweite und Bedeutung für Organisationen läßt sich nur durch einen Rückblick auf die Entstehung eben dieser Ansätze verstehen.

Entwicklung systemischen Denkens

Das Verständnis unserer hochkomplexen dynamischen Welt von heute setzt ein Begreifen um das Zustandekommen dieser Situation voraus. Die Wurzeln gehen dabei zurück bis zum Weltbild der aufkommenden Neuzeit an der Wende vom 16. zum 17. Jahrhundert. Der zu dieser Zeit stattfindende Wandlungsprozeß, oft als „kopernikanische Revolution" bezeichnet (vgl. Capra 1988) beendete ein Zeitalter, das durch die Vorstellung der Erde als Mittelpunkt des Universums, dem ptolomäischen Weltbild, und dem Primat des Glaubens als Erbe der scholastischen Auffassung der Kirche durch Thomas von Aquin und Anselm v. Canterbury geprägt war. Die bisherige „organische Weltsicht" wurde aufgegeben zugunsten einer mechanistischen Vorstellung, vergleichbar mit der Funktion eines Uhrwerkes.

Diese „kopernikanische Mobilmachung" und „ptolomäische Abrüstung" (Sloterdijk 1987) war unter anderem durch folgende Kriterien gekennzeichnet:

- Die bereits auf Aristoteles zurückgehende dualistische Auffassung einer Trennung von Materie (res extensa) und Geist (res cogitans) durch Descartes,
- darauf aufbauend das Subjekt-Objekt-Dogma – Beobachter (Subjekt) und das zu Beobachtende (Objekt) – sind voneinander getrennt),

- die Verbannung alles Subjektiven in den Bereich von Mystik und Spekulation,
- induktiv-empirisches Vorgehen und die Begründung des Rationalismus,
- die Objektivierung der Welt durch mathematische Sprache (nur wer die mathematische Sprache beherrscht, erlangt objektives Wissen – Galilei Galileo).

Das cartesianische Zeitalter war geboren, die erste große Zäsur seit Jahrhunderten im Denken der Menschen vollzogen. Das „Quartett der rationalen Vernunft" (Galilei, Bacon, Descartes und Newton) erklärte sozusagen das hermetische Denken des Mittelalters für beendet.

Der Siegeszug naturwissenschaftlichen Denkens, der Aufschwung des Westens, die enormen Leistungen im Zeitalter der Industrialisierung waren ohne dieses rational-analytische Denkgebäude nicht möglich gewesen. Es reicht, trotz der bahnbrechenden Erkenntnisse der Quantentheorie Anfang dieses Jahrhunderts, durch die das bisherige Bild einer objektiven Welt und eines davon losgelösten Beobachters sich nur als „Halbzeit der Erkenntnis" herausstellte (Wilber 1986), bis weit ins 20. Jahrhundert hinein und bildet auch heute noch in weiten Teilen die Grundlage für unser Denken und Handeln.

Auf der Basis von Erkenntnissen der neueren Physik und Biologie (vgl. Maturana/Varela 1987, Prigogine 1990, Capra 1988), dem Wissen um das Verhalten ökologischer Systeme (vgl. Vester 1984) und aus den Erfahrungen im Bereich moderner Sozialwissenschaften Anfang der sechziger Jahre wurde immer deutlicher, daß sich Probleme nicht ausschließlich durch Rückgriff auf kausallineare Modelle lösen lassen. Dies betraf nicht nur Sachverhalte aus dem Bereich naturwissenschaftlicher Phänomene, sondern verstärkt Probleme der Auseinandersetzung in sozialen Systemen (Individuen, Gruppen, Organisationen).

Das Bewußtsein, daß sich die Dinge in physikalisch-biologischen, aber auch in sozialen Sytemen meist anders verhalten als die auf einem simplen Ursache-Wirkungsmuster basierenden Theorien und die in der Praxis verwendeten Instrumente zur Problemlosung (wie Analyse, Optimierung, Prognoseverfahren), fuhrte in der Folge zur intensiven Beschaftigung mit systemischen Denkansatzen. „Das System" ruckte fortan in den Mittelpunkt der Betrachtung.

Der Systembegriff

Viele bezeichnen heute schon systemische Ansatze als ein neues richtungweisendes Konzept. Ob dies wirklich so ist, wird sich im nachhinein besser beurteilen lassen. Die den systemischen Ansatzen zugrundeliegenden Annahmen bieten jedoch sowohl Beschreibungs- und Erklarungmuster als auch Methoden und Techniken, die traditionelle Vorgehensweisen im Management erganzen, zum Teil sogar ersetzen konnen.

Die Klammer aller systemischen Ansatze ist der Begriff des „Systems". Ein System definiert sich im allgemeinen durch seine Elemente und deren Beziehungen untereinander (auch Relationen genannt) und zur Systemumwelt (vgl. Bertalanffy, Malik, Ulrich). Eine These, die allen System-Modellen und Theorien zugrundeliegt, ist die, daß sich komplexe Probleme, unabhangig davon, in welchem Bereich sie vorhanden sind, nicht durch eine isolierte Betrachtung einzelner Teile, sondern nur durch die Betrachtung des ganzen Systems losen lassen. Das Ganze ist bekanntlich mehr als die Summe seiner Einzelteile.

Dabei gibt es „das" systemische Denken und Handeln an sich nicht. „Systemisch" ist viel mehr ein Konglomerat unterschiedlicher Ansatze und in der Praxis erprobter Methoden und Instrumente. Moderne systemische Ansatze, basierend auf dem Theorieansatz von Bertalanffy, haben in jungster Zeit eine Entwicklung genommen, die sich heute insbesondere mit Fragen

- der Evolution,
- der Stabilitat versus Instabilitat sozialer Systeme,
- des nichtlinearen Verhaltens, der chaotischen Ablaufe,

- der Selbstorganisation, Selbstreferenz und Autonomie,
- der Konstruktion von Wirklichkeit, von Regeln,
- der Deutungsmuster sowie
- der Steuerbarkeit

in Organisationen auseinandersetzen.

Eine Darstellung samtlicher Richtungen, die direkten oder indirekten Einfluß auf systemisches Denken hatten und haben, wurde den Rahmen dieses Artikels sprengen. Die Abbildung 2 und 3 vermitteln jedoch eine grobe Orientierung der wichtigsten theoretischen Einflusse und nennen die bekanntesten Vertreter, die systemisches Gedankengut in ihre Beratungsansatze integrieren. Den in dieser Frage interessierten Leser verweise ich auf das Literaturverzeichnis am Ende dieses Beitrags.

Systemische Insider – und alle, die es noch werden wollen – verfugen uber eine eigene Terminologie.

Die Mannigfaltigkeit von Einflussen auf das systemische Denkgebaude spiegelt sich sowohl in den verwendeten Begriffen zur Beschreibung von „Phanomenen" im Kontext systemischen Sprachgebrauchs als auch in den Methoden und Verfahren in der praktischen Anwendung wider.

Die Palette reicht von unterschiedlich benutzten Systembegriffen, der Ubertragung von Erkenntnissen aus naturwissenschaftlichen Bereichen auf Phanomene im sozialwissenschaftlichen Kontext bis hin zum „Handwerkskoffer" (Methoden, Verfahren, Techniken) von systemisch beratenden Personen und Gruppen. Allzu oft entsteht dabei ein *„systemischer Cocktail"* in dem Begrifflichkeiten diffus erscheinen, Erkenntnisse, die man in einem Bereich gewonnen hat, ohne zu hinterfragen auf andere Bereiche ubertragt (Ergebnisse der Chaosforschung auf das Verhalten in sozialen Systemen), beziehungsweise es werden Methoden und Verfahren haufig wahllos angewandt.

„Auf theoretischer Ebene findet sich ein recht verwirrendes Nebeneinander verschiedener systemtheoretischer Bezugspunkte." Der fehlenden und haufig widerspruchlichen theoretischen Basis ent-

Systemisch – was ist das?

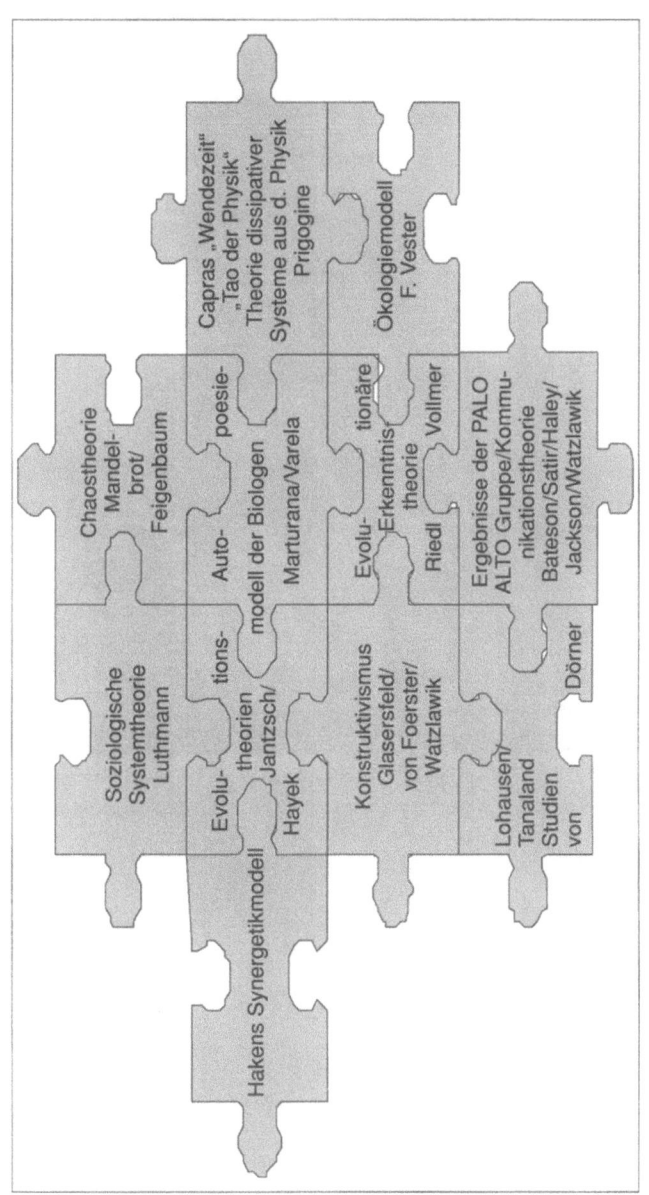

Abbildung 2. Theoretische Einflusse auf systemisches Denken

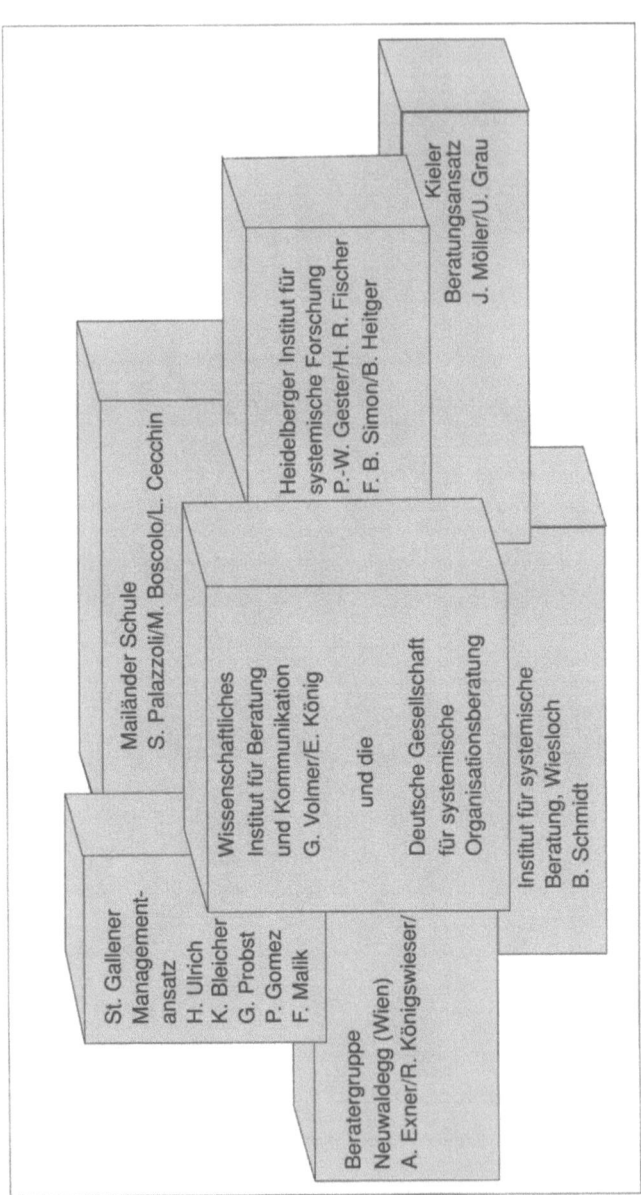

Abbildung 3. Vertreter und Institutionen systemischer Ansätze

Systemisch – was ist das? 33

spricht Unklarheit hinsichtlich der Frage nach dem praktischen Vorgehen (Konig/Volmer 1993, S. 53).

Da Maschinen, Quarks im Weltall beziehungsweise die laminare Stromung eines Wasserstrahls nun einmal etwas anderes sind als Systeme, in denen Menschen interagieren, macht es Sinn, beim „Systemischen" etwas genauer hinzuschauen. Ein Fokus der Betrachtung muß sich dabei sicherlich auf die interessante Frage, was alle Systeme gleichsam verbindet, richten, gleichzeitig aber auch unter dem Blickwinkel einer sinnvollen Anwendung systemischen Denkens und Handelns in der Praxis auch auf das, was sie voneinander unterscheidet.

Technische, biologische und soziale Systeme

Konig und Volmer haben in ihrem 1993 erschienen Buch „Systemische Organisationsberatung, Grundlagen und Methoden" den Versuch gemacht, den Entwurf einer umfassenden Konzeption systemischer Organisationsberatung zu entwickeln. Aufbauend auf den von Bateson und Satir gemachten Erkenntnissen in der „Palo Alto Gruppe" und eigenen langjährigen Erfahrungen in Familientherapie und Organisationsberatung haben sie sich in dieser Form als erste auch mit der Terminologie unterschiedlicher systemischer Modelle und Begriffe auseinandergesetzt.

In Anlehnung daran unterscheide ich:

- technische,
- biologische und
- soziale Systeme.

Technische Systeme

Der Heizungsthermostat ist ein klassisches Beispiel für die Erklärung technischer Systeme. So besteht zwischen den Elementen Heizung und Thermostat ein Ruckkoppelungseffekt, denn beide zusammen bilden einen Regelkreis, indem das Thermostat auf die Heizung und die Heizung wiederum auf den Thermostat einwirkt.

Ubertragt man dieses Modell zum Beispiel auf die Situation eines „nichtfunktionierenden Mitarbeiters", bedeutet dies, daß es in sozialen Systemen die verschiedenen Elemente wie Mitarbeiter, Vorgesetzte, Kollegen usw. gibt. Die Regelkreise bestehen hier darin, daß Mitarbeiter, Vorgesetzte und Kollegen sich gegenseitig beeinflussen. Hauptmerkmal technischer Systeme ist also die Ruckkoppelung.

Dieser technische Systembegriff hat zwar weitgehend die Trivialitaten des Maschinenmodells, in dem der Mensch als „maximal beliebig veranderbar angesehen wurde, überwunden, indem verstarkt auf komplexe Vorgange und multiple Wirkungsverhaltnisse geachtet wird, er reduziert jedoch andere Faktoren, wie zum Beispiel die subjektive Einstellung von Mitarbeitern, im besten Falle auf einen Wirkungsfaktor innerhalb des zu betrachtenden Ausschnittes.

Elemente des technischen Systemansatzes finden sich auch in dem Ansatz der St. Galler Schule (Ulrich, Bleicher, Probst, Grochla, Malik). Bei genauerer Uberlegung wird allerdings bereits deutlich, daß ein technisches Systemverstandnis mit der Betrachtung von Regelkreisen allein nicht mehr ausreicht, um Prozesse in Organisationen hinreichend zu beschreiben und zu erklären.

Biologische Systeme

Auch biologische Systeme (Lebewesen) sind durch Prozesse der Ruckkoppelung gekennzeichnet. Hier tritt jedoch ein wesentliches Kriterium, namlich das der „Entwicklung", hinzu. Biologische Systeme unterliegen einem Wachstums- und Entwicklungsprozeß, indem sie sich in einem hohen Maße selbst organisieren und reproduzieren.

Bekannt geworden ist dieser Ansatz unter anderem durch Vester in der Anwendung auf ökologische Sachverhalte und durch das Autopoisemodell der Biologen Maturana und Varela (vgl. Vester 1984, Maturana/Varela 1987). Dabei gilt in biologisch-physikalischen Systemen unter anderem, daß scheinbar keine der Eigenschaften irgendeines Teiles fundamental ist, sondern vielmehr die Struktur des Ganzen aus den Eigenschaften aller Teile und ihrer Beziehungen untereinander von Bedeutung sind (Chew, erwahnt in: Capra 1986).

Prozesse vollziehen sich demnach nicht mehr in linearen Wirkungsketten, sondern vielmehr in mehrdimensionalen Wirkungsnetzen. Damit wird dem Glauben an jegliche Grundbausteine abgeschworen. Es gibt nicht das „Einmalige", die „treibende Kraft", sondern unterschiedliche komplementare, aber auch divergierende Teile, die das Ganze bestimmen und sein Verhalten beeinflussen.

Die Melodie, die ein Orchester hervorbringt, stammt von allen Musikern, nicht nur vom ersten Geiger.

Auch Mitarbeiter und Organisationen entwickeln sich weiter, verandern ihr Verhalten, passen sich Bedingungen der Umwelt, zum Beispiel des Marktes, an. Fragestellungen, die sich mit Wachstumsverlaufen in biologischen Systemen und der Ubertragung auf Lebenszyklen von Produkten oder gar der Evolution von Organisationen beschaftigen, basieren auf dem biologischen Systemverstandnis (vgl. Gerken, Laszlo, Servatius, Konigswieser/ Lutz, Vester).

Soziale Systeme

Soziale Systeme, Individuen, Teams, Arbeitsgruppen, sind ebenfalls durch die Kriterien Ruckkoppelung und Entwicklung gekennzeichnet. Es lassen sich also auch die Merkmale technischer und biologischer Systeme darauf anwenden.

Der wesentliche Unterschied besteht jedoch darin, daß sich Menschen in sozialen Systemen Gedanken über die „Wirklichkeit" machen, aufgrund dieser Wirklichkeitskonstruktion in der Organisation handeln und daruber hinaus ihre Wirklichkeitskonstruktionen in „Kommunikations- und Interaktionsprozessen" einbringen. Diese Aussage beruht unter anderem auf einer grundlegenden These der Sozialwissenschaften im Anschluß an die sogenannte „kognitive Wende", in den Sozialwissenschaften Mitte der sechziger Jahre, die besagt, daß Menschen nicht einfach nach einem simplen Reiz-Reaktionsmuster reagieren, wie dies durch den Behaviorismus ausgesagt wurde, sondern sich ein inneres Bild, sozusagen eine „Landkarte" ihrer Umwelt anfertigen und diese Landkarte die Basis für menschliches Handeln ist. Hierbei handelt es sich jedoch nicht um die objektive Abbildung der äußeren Realität, vielmehr wird die für den einzelnen relevante Realität durch das Individuum selbst hervorgebracht. Die so erzeugte Wirklichkeit wird auch als „subjektive Konstruktion" beziehungsweise „subjektive Wirklichkeit" bezeichnet.

Betrachtet man nun zum Beispiel einen „nichtfunktionierenden Mitarbeiter", wird deutlich, daß die beteiligten Personen eines Prozesses in ihren Handlungen durch ihre eigenen Wirklichkeiten gesteuert werden, und darüber hinaus auch die Meinung, die A von B und umgekehrt hat, nicht die Realtität an sich wiedergibt, sondern ein subjektives Konstrukt der Beteiligten darstellen.

Dieses Denken, das auf der Unmöglichkeit einer objektiven Betrachtung der Außenwelt basiert, ist eine der zentralen Grundannahmen moderner Kommunikationstheorien und einer der Eckpfeiler systemisch orientierter Beratungs- und Therapierichtungen. Erkenntnisse aus der Arbeit mit Familien wurden erstmalig durch die Mailänder Schule um S. Palazzoli auf Organisationen übertragen. G. Volmer und E. König gelten heute als die Hauptvertreter des systemischen Ansatzes, der den „sozialen Systembegriff" in der Tradition von Bateson und Satir zugrundelegt. Elemente des Ansatzes finden sich ferner in der „Heidelberger Gruppe" und bei Schmidt (vgl. Abbildung 3).

Veränderung von Organisationen – Ein systemischer Ansatz

Organisationen auf dem Weg in die Sackgasse?

Das eingangs erwähnte Dilemma sozialer Systeme liegt auf der Hand. Handelnde in sozialen Systemen sehen sich mit Situationen konfrontiert, in denen sie planen, steuern und Entscheidungen treffen, schlicht „organisatorisches Doing" erforderlich wird, das in einem zunehmend chaotischer werdendem Umfeld abläuft. Die Schere zwischen der notwendigen Reaktionzeit bei wachsender Komplexität und der erforderlichen Reaktionszeit bei zunehmender Dynamik wird immer größer (vgl. Servatius 1991).

Als Beispiel seien nur die drastisch verkürzten Produktlebenszyklen, die schon sprichwörtlich gewordene „Halbwertzeit des Wissens" beziehungsweise der Normen und Wertepluralismus von Menschen erwähnt. Die Orientierung in einem solchen Umfeld wird für den einzelnen immer schwieriger. Dies gilt in erhöhtem Maße für Manager, die Verantwortung für das „Funktionieren" und die Entwicklung von Organisationen tragen. Die vielerorts festzustellende Orientierungslosigkeit hat seinen Grund darin, daß die meisten Verantwortlichen in Organisationen bei der Lösung vorhandener Probleme nach wie vor am mechanistischen Weltbild und seinen Praktiken festhalten; und dies mit einer bewundernswerten Hartnäckigkeit.

Die Orientierung betriebswirtschaftlicher Modelle und Instrumente an den naturwissenschaftlichen Disziplinen ist aus historischen Legitimationsgründen nachvollziehbar und führte dementsprechend auch zu einer über Jahrzehnte hinweg praktizierten quantitativen Ausrichtung betriebswirtschaftlicher Methoden und Verfahren. Sicher werden mittlerweile auch Anleihen aus Erkenntnissen, die man in den vergangenen Jahrzehnten in anderen Bereichen gewonnen hat, gemacht. Die vor dem Hintergrund der „Situation" notwendig erscheinende Maxime eines „neuen Denkens und Handelns" in Organisationen zum „Überleben" eben dieser Organisationen steht in ihrer Realisation jedoch noch aus.

Einen Überblick über die Entwicklung und Orientierung verschiedener Ansätze im Management bietet Abbildung 4.

Viele Organisationen lassen sich in ihrem Verhalten mit behäbigen Tankschiffen vergleichen, die auf riesige Eisberge zusteuern, und, wie allgemein bekannt, enorm lange Zeiten für Kurskorrekturen benötigen. Dieses Titanic-Syndrom scheint vielerorts noch verstärkt zu werden durch noch weiter wachsende Eisberge, die permanent ihre Lage im Wasser ändern (sogenanntes Titanic-II-Syndrom).

Fachliche Überspezialisierung, organisatorische Zersplitterung von Strukturen und Prozessen, das Übergewicht eines auf Zerlegung angelegten analytischen Denkens, die Illusion von der „absoluten Machbarkeit" in sozialen Systemen, die zunehmende Unfähigkeit einer adäquaten Lösung und verstärkt auftretende soziale Konflikte sind „organisatorische Realitäten".

Dabei versagte das in Organisationen bislang vorherrschende Verständnis von sozialen Systemen und die Methoden der klassischen Vorgehensweise vom „Einfachen zum Komplizierten", die sich in der Vergangenheit bei geringerer Komplexität und Dynamik durchaus als erfolgreich herausstellte, immer häufiger bei der Lösung von Problemen.

Diese monokausale lineare Denkweise führt zwar schnell in die Details, verhindert aber gleichzeitig die Wahrnehmung von Problemen in ihrer Ganzheit. Die Welt, die wir durch unser Denken geschaffen haben, hat Probleme, die sich mit der Art der Denkweise, die sie hervorgebracht hat, nicht mehr hinreichend erklären und lösen lassen. Komplexe dynamische Systeme lassen sich nicht effektiv und effizient mit tradierten Methoden und Instrumenten „handhaben". Hinkt die Entwicklung und Anwendung adäquater Methoden und Verfahren der vorhandenen Komplexität und Dynamik hinterher, hat dies existenzielle Folgen für Organisationen.

Darüber hinaus wird im Zuge grundlegender Veränderungen von Strukturen der Gesellschaft (vgl. Nefiodow 1991) und des Übergangs von der Industrie zu einer Informationsgesellschaft dem Umgang mit Wissen, die Erzeugung, Verarbeitung und Verbreitung

Veränderung von Organisationen – Systemischer Ansatz

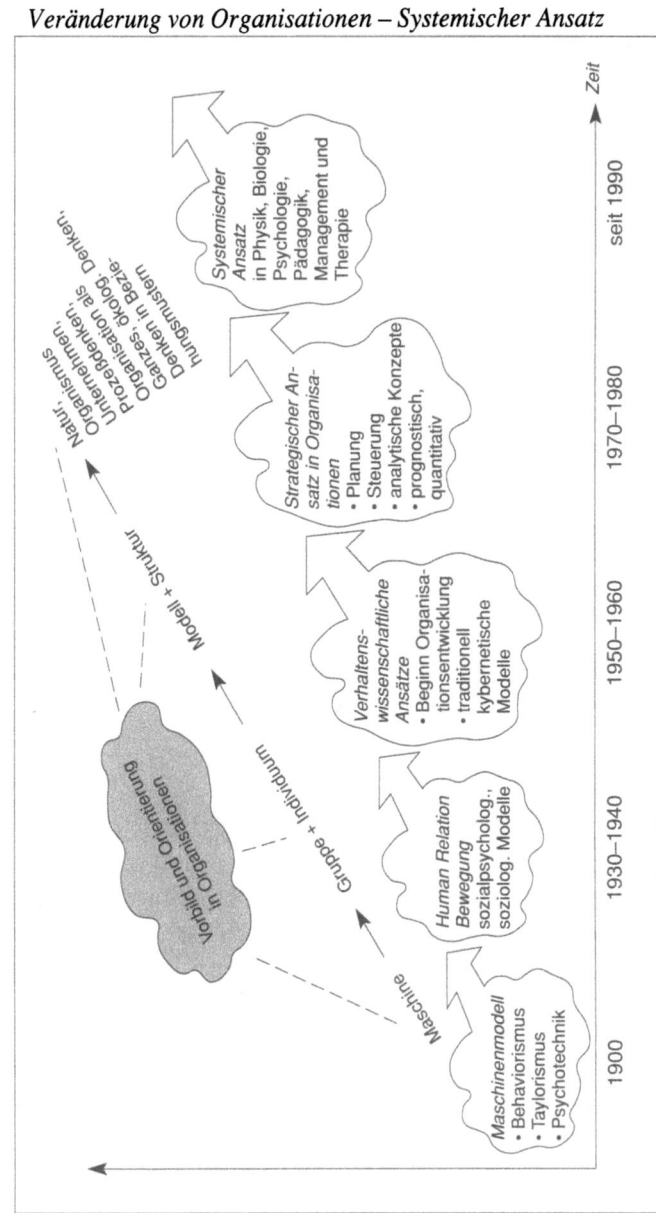

Abbildung 4: Entwicklung und Orientierung von Managementansätzen

von „Wirklichkeiten" einzelner, Gruppen und Organisationen sehr viel stärkere Bedeutung als bisher beigemessen. Dies ist weniger eine normative Forderung als vielmehr eine zwingende Voraussetzung für die „Existenz" von Organisationen in einem immer komplexer und dynamischer werdenden Umfeld.

Um so erstaunlicher ist dabei die Tatsache, daß tradierte organisatorische Lernkonzepte meist noch zur Stabilisierung des mißlichen Zustandes beitragen. Vor diesem Hintergrund müssen Organisationen ein sinnvolles Maß an Varietät von Handlungsmöglichkeiten erreichen. Ein Zuviel führt zum sprichwörtlichen Chaos, ein Zuwenig zu Stagnation.

Eine geänderte Sicht und Handlungsweise im Umgang mit komplexen Systemen setzt nun voraus, daß man das, was dort geschieht auch wahrnehmen und nachvollziehen kann. In diesem Begreifen und Nachvollziehen sind wir häufig jedoch ungeübt. Durch die Sozialisation und eine über Jahre hinweg angewandte Praxis haben wir gelernt, die Welt „Step by Step" zu betrachten und meist auf rein logisch-analytischem Weg nach dem Prinzip von Ursache und Wirkung vorzugehen.

Organisationen – konstruierte Wirklichkeiten

Normalerweise gehen wir davon aus, daß, wenn wir über irgendetwas reden, sei es „der" oder „die" neue Kollegin im Büro, das Tennisspiel im Fernsehen, das neue Fahrrad, daß das, was wir darüber aussagen mehr oder weniger mit dem Gegenstand der Sache, über die wir etwas aussagen, übereinstimmt und hoffen, daß andere dies ebenso sehen. Die Hoffnung ist trügerisch.

Denn daß dies nicht so ist, weiß man nicht erst seit der intensiven Beschäftigung mit dem Phänomen der Wahrnehmung durch den „Konstruktivismus" in den letzten 15–20 Jahren (vgl. dazu Watzlawik, v. Glasersfeld, Maturana). Auch Kant machte auf den Unterschied des Gegenstandes und seiner Erscheinung aufmerksam, allerdings scheint sich das Bewußtsein für die Bedeutung der Aussagen des Konstruktivismus erst heute zu bilden.

Veränderung von Organisationen – Systemischer Ansatz 41

Heisenberg hat einmal gesagt, „das, was wir beobachten, ist nicht die Natur selbst, sondern die Natur, wie wir sie beobachten (Capra 1988)

Die Auseinandersetzung mit der Frage „Wie wirklich ist die Wirklichkeit" (vgl. Watzlawik 1980) und wie wir zu ihr gelangen ist vielleicht die wichtigste erkenntnistheoretische Erfahrung der letzten Jahrzehnte überhaupt und ist einer der Bereiche, die systemisches Denken und Handeln mit am nachhaltigsten beeinflußt haben.

Wenn wir heute überall von einem neuen „Paradigma" im Denken reden, dann trifft dies für die „konstruktivistische Perspektive" mit am ehesten zu.

Dell hat dies einmal beschrieben, indem er sinngemäß sagte. Nachdem Kopernikus uns zeigte, daß wir nicht der Mittelpunkt des Universums sind, Darwin später enthüllte, daß wir uns nicht wesentlich vom Tier unterscheiden, Freud aufdeckte, daß wir nicht die völligen Lenker unseres Verhaltens sind, fügen nun die Konstruktivisten (zuvor Kant) die letzte Kränkung hinzu mit der Aussage „Wir sind scheinbar völlig unfähig, die Welt objektiv wahrzunehmen." (Dell 1986)

Jeder Mensch konstruiert seine eigene Realität. Der Konstruktivismus leugnet nicht die Existenz der Welt an sich, sagt aber deutlich, daß wir die Welt, so wie sie ist, nicht wahrnehmen können.

Die Bedeutung dieser Aussagen für „Denken und Handeln" in Organisationen ist offensichtlich. Wenn jemand die subjektive Konstruktion besitzt, daß Organisationen Instrumente zur Durchsetzung sozialer Herrschaft sind, wird er andere Fragen stellen und andere Antworten geben als jemand, der in Organisationen informationsverarbeitende oder produzierende Systeme erkennt.

Wenn es nun die Wirklichkeit an sich nicht gibt und die einzige Wirklichkeit die des Beobachters ist, gibt es auch keine wie immer bezeichneten Abläufe, Strukturen, Konzepte an sich. Auch dies sind Konstrukte, die nicht unabhängig vom Beobachter existieren. Die Bedeutung für menschliches Handeln in Organisationen liegt nicht in den Dingen selbst, sondern in den subjektiven Vorstellungen, die wir uns von diesen Dingen machen. Nun könnte man entgegenhalten, daß Konzepte und Strukturen auch noch bestehen, wenn die Grundervater bereits nicht mehr existieren. Dies ist jedoch nur auf den ersten Blick richtig. Die Bedeutung dieser Dinge und die Wirkung, die sie in Organisationen hinterlassen, ist weiterhin davon abhängig, ob die den Konzepten oder Strukturen zugrundeliegenden „subjektiven Vorstellungen" von den Mitgliedern einer Organisation geteilt werden.

Kommunikation in Organisationen ist somit der Austausch von Beobachtungen zwischen Beobachtern. Damit wird die Wirklichkeit in sozialen Systemen durch den fortlaufenden Prozeß der Neugestaltung individueller und kollektiver Vorstellungswelten hervorgebracht. Diese Konstrukte sind für Menschen handlungsleitend und schaffen in Organisationen erst die Realität, die sie letztlich umgibt. Man könnte auch sagen, daß Organisationen Hersteller von Landkarten sind, und diese Landkarten sind „Momentaufnahmen", da sich die Vorstellungen der Menschen in Organisationen permanent wandeln, Dinge ausgeschlossen werden und Neues hinzukommt.

Betrachtet man diese Landkarten in Organisationen, dann stellt man fest, daß es Teile innerhalb der Organisation gibt, die in der Landkarte nur topographische Höhen zeichnen, andere konzentrieren sich auf die Darstellung bestimmter Sehenswürdigkeiten, wieder andere auf bedeutende geographische Merkmale, manche kennzeichnen Wanderwege oder heben Schiffahrtslinien besonders hervor. Dabei handelt es sich immer wieder um die Darstellung des gleichen *„Geländes Organisation"*

Die Sehenswürdigkeiten des Vertriebes, der Weg der Produktion, die Höhen und Tiefen des Controllings, die Markierungen der Organisation und die Steigungen des Rechnungswesens fügen sich wie ein Puzzle zu einer Gesamtkarte, sozusagen zu einer Generalkarte der Organisation zusammen.

Veränderung von Organisationen – Systemischer Ansatz

Die Vielfalt und Koexistenz von Konstruktionen, die Fähigkeit der Mitglieder einer Organisation zur Reflexion ihrer eigenen subjektiven Vorstellungen und die Fähigkeit der Mitglieder, die eigenen und fremden Konstruktionen zu kommunizieren, als Impuls anzubieten, „Landkarten uber Landkarten anzufertigen", ist das entscheidende Kriterium für die Entwicklung sozialer Systeme. Je differenzierter diese Fähigkeit vorhanden ist, je flexibler die Landkarten gehandhabt werden, desto gunstiger ist die Chance, entwicklungs- und wandlungsfähig zu sein.

Dabei ist die Karte nicht identisch mit der Landschaft an sich. Der eingezeichnete Hinweis einer Kathedrale auf einer Landkarte und die Vorstellung, die man von ihr besitzt, ist etwas völlig anderes als das Gefuhl, das man erhalt, wenn man im Inneren einer Kathedrale verweilt.

Die Berucksichtigung dieses Aspektes kann die in Organisationen bisher angewandten diversen Methoden und Instrumente (zum Beispiel Innovationspotentialanalyse (IPA), siehe Beitrag Dreesmann) erweitern.

Es wird sehr deutlich, daß Urteile, Clusterbildungen, Matrixanalysen, ABC-Priorisierungen, Aussagen zum Grad der Innovationsfähigkeit eines Unternehmens, um bei dem Beispiel der IPA zu bleiben, letztlich auf den subjektiven Konstrukten der Personen beruhen.

Übertragt man zum Beispiel die in einem Brainstorming ermittelten Kriterien eines zu analysierenden Bereiches in ein Wirkungsdiagramm, um die Abhangigkeit einzelner Kriterien und ihre Auswirkungen weiter zu ermitteln (vgl. Vester, Ulrich/Probst), dann sind die Ergebnisse der Wirkungsanalyse keine „objektiven" Kriterien, sondern auch in diesem Fall das Ergebnis der „aktuellen Konstruktion" aller am Prozeß Beteiligten.

Sinnvolles und effektives Handeln in Organisationen verlangt also, daß alle subjektiven Teile des Puzzles „Organisation" betrachtet und berucksichtigt werden. Geschieht dies nicht, wirkt sich das „Nichtbeachten" in den allermeisten Fällen negativ aus. Man-

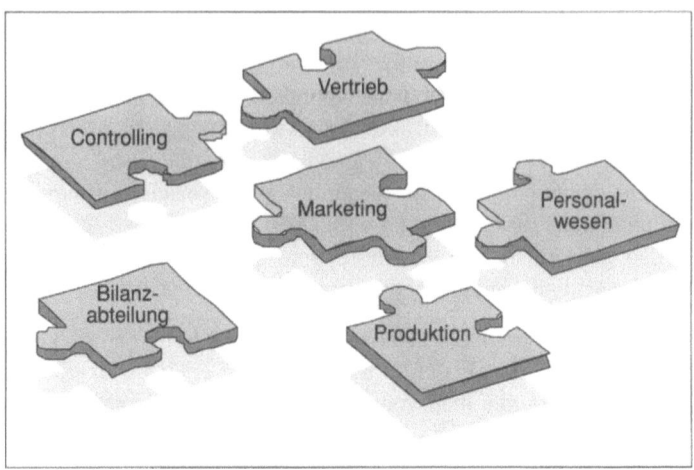

Abbildung 5. Puzzle einer Organisation

gelnde Akzeptanz in der Organisation, latente Widerstände bis hin zu akuten Krisen sind die Folgen. Im Extremfall wird die Organisation instabil und droht auseinanderzubrechen.

Lassen sich Systeme steuern?

Aus dem Blickwinkel traditioneller Gestaltung von Organisationen ist Steuerung eine extreme Form der Reduktion organisationaler Komplexität. Daß dies nicht möglich ist, ergibt sich aus der Tatsache, daß soziale Systeme wie Organisationen keine trivialen Maschinen, sondern komplexe dynamische Systeme sind.

Die in Organisationen bestehende Komplexität des betrieblichen Geschehens läßt sich jedoch nie ganz ausschalten, sondern höchstens handhabbar machen, im Sinne eines „damit mitgehen". Traditionelle Steuerung impliziert Rationalität und Kontrolle. Dies wäre jedoch nur möglich, wenn Manager ein halbwegs objektives und vollständiges Wissen über die „Wirklichkeit" einer Organisation besitzen wurden und gleichzeitig in der Lage waren, Information zum Zwecke der Planung und Steuerung organisatorischer Vorgange in Organisationen auch zu kommunzieren.

Der Glaube, man konne Organisationen „beherrschen" und „lenken", ist in der Praxis, aber nicht nur dort, tief verwurzelt, erkenntnistheoretisch aber ein Ruckfall in die Zeit des naiven Glaubens, Organisationen seien Input-Output-Gerate, sogenannte Black-Boxes, schwarze beliebig veranderbare Kasten. Dabei kann sich dieser Glaube in der Praxis als fatal erweisen.

Wie fatal, verdeutlichte Dorner in seinen Studien mit den fiktiven Computersimulationen „Tanaland" und der „Lohausen-Studie" (vgl. Dorner 1989). Fur die bitteren praktischen Konsequenzen eines solch einseitig-mechanistischen Denkens steht das Ergebnis des 26. April 1986. An diesem Tag explodierte der Reaktor vier des Kernkraftwerkes in Tschernobyl. Die Folgen sind hinreichend bekannt.

Tschernobyl zeigte sehr deutlich die Unfahigkeit der Menschen, in hochkomplexen dynamischen Situationen „nichtlinear" zu handeln. Gravierender Ausloser fur die Explosion seinerzeit war die Ubersteuerung von Prozessen im System, also das Rezept „Ein-Mehr-desselben", das letztendlich zur Katastrophe fuhrte.

Dieses „Ein-Mehr-desselben" begegnet uns auch haufig im Alltag von Organisationen. Gerade in Krisensituationen neigen Verantwortliche dazu, vorhandene Instrumente, Methoden und Verfahren in vermeintlich optimierter Form mit Nachdruck einzusetzen.

In seiner Theorie der Ungleichgewichtsthermodynamik konnte Prigogine im physikalisch-chemischen Bereich nachweisen, daß die Entwicklung von offenen Systemen, die in permanentem Austausch mit der Umwelt stehen, sich fernab jeglicher Gleichgewichtszustande vollzieht, entgegen fruherer Annahmen, die von Stabilitat und Gleichgewicht als Garant der Uberlebensfahigkeit von Systemen ausgingen. Er bezeichnete solche Systeme auch als dissipative Strukturen. Solche dissipativen Strukturen steuern durch Ruckkoppelungsprozesse auf einen Verzweigungspunkt hin, wo sich dann spontan neue, qualitativ andersartige Zustandsformen bilden. Gleichzeitig konnte festgestellt werden, daß solche dissipativen Systeme weitgehend durch sogenannte Schwankungen in den Anfangsbedingungen in ihrem Verhalten bestimmt werden, was in der Folge gravierende Bedeutung fur den Endzustand eines Systemes besitzt (Prigogine 1990).

Dies wiederum hat hohe Bedeutung fur die Berechenbarkeit solcher Systeme, da geringste Schwankungen in den Anfangsbedingungen eine prazise Prognose des Endzustandes eines Systems nahezu unmoglich machen. Solche Anfangs- oder auch Randbedingungen rucken schlagartig in den Mittelpunkt der Betrachtung von Phanomenen in Organisationen, da sie eine neue Perspektive in der Betrachtung von Organisationen bietet und die vom Management bevorzugten Methoden der Planung und Steuerung in unternehmerischen Entscheidungsprozessen auf ihre Tauglichkeit hinterfragt.

So genügt der Luftzug, eines neu in den Raum hinzugekommenen Zuschauers, um den Verlauf einer Billiardkugel zu beeinflussen. Theoretisch ist es moglich, daß die Bewegung, die der Flügelschlag eines Schmetterlings in China verursacht, Wochen spater, bedingt durch sich aufschaukelnde Prozesse, einen Hurrican in der Karibik auslost.

Übertragen auf Organisationen konnte dies alles ein Erklärungsmuster sein fur die Grunde des Scheiterns vieler Projekte. Es bietet Ansatze zur Erklarung der Unmoglichkeit, praziser Vorhersagen in Organisationen und gibt sicherlich Anlaß zur Diskussion uber die Effizienz und Effektivitat rein „quantitativer" Controllingmaßnahmen in Organisationen (vgl. Zink 1993).

Dazu ein Beispiel: Aus Theorie und Praxis wissen wir, daß gescheiterte Projekte in hohem Maße durch Fehler und Versaumnisse in der Anfangsphase zustandekommen. Weiterhin weiß man um das Phanomen des „schlagartigen Kippens", das man sowohl bei Projekten, aber auch im Zusammenbruch ganzer Organisationseinheiten kennt. Lange Zeit geht alles gut, man plant und organisiert. Ab einem bestimmten Zeitpunkt hat man das Gefuhl, alles

„dreht sich schneller" man hat nicht mehr überall den Überblick. Die Dinge scheinen sich zu verselbstandigen. Noch ein Schritt weiter, nun lauft alles mit einer unglaublichen Geschwindigkeit ab und man hat den Uberblick ganz verloren, das GANZE scheint unabhangig von weiteren Gestaltungseingriffen sich quasi selbst zu steuern, zu verselbstandigen. Alle zu diesem Zeitpunkt eingeleiteten Gegenmaßnahmen zur Rettung zeigen keine Wirkung mehr, das System (Projekt oder Organisation) kippt von einem auf den anderen Zeitpunkt (ein vergleichbares Phanomen war der als Schwarze Freitag bekannte Borsenzusammenbruch in New York 1929).

Solche Prozesse sind darüber hinaus auch noch irreversibel. So wie aus einem Schrotthaufen nicht automatisch wieder ein neues Auto entsteht, so lassen sich auch „Prozesse in Organisationen" nicht umkehren.

Organisationen sind offene Systeme, sie nehmen Informationen aus der Umwelt auf, interagieren mit dem „Außen", der Umwelt. Gleichzeitig sind sie aber auch geschlossen, was bedeutet, daß nicht der Impuls von außen entscheidet, was der einzelne damit tut, sondern vielmehr die „kognitive" Struktur seines Erkenntnisapparates, also das Innere bestimmt, was mit dem Impuls geschieht.

Ein weiteres Beispiel: Wenn ein Vorgesetzter einen Mitarbeiter oder ein Kollege einem anderen Kollegen ein Anliegen vortragt, irgendetwas zu tun oder zu unterlassen, dann bestimmt nicht das Bemuhen des Vorgesetzten beziehungsweise des Kollegen, wie der andere mit dem Anliegen umgeht, sondern vielmehr der angesprochene Mitarbeiter selbst bestimmt, was mit der Information beziehungsweise dem „Bemuhen" geschieht.

Damit ist eine „instruktive Kommunikation" geradezu unmöglich. Diese Erkenntnis hat gravierende Bedeutung fur Gestaltungsprozesse in Organisationen (vgl. Dell 1990).

Welche Konsequenzen ergeben sich nun, um ein „organisatorisches Tschernobyl" in Organisationen zu verhindern, um wandlungsfähig zu werden und zu bleiben?

Zunächst einmal heißt es Abschied nehmen von dem Glauben an die Objektivität unserer Vorstellung und dem Glauben auf rein kausal-analytischem Wege sämtliche Prozesse organisationalen Geschehens erfassen und gestalten zu können. Zusammenhänge in Organisationen zu erfassen, ist vielmehr ein „gedankliches Spielen" mit mehreren möglichen Wirklichkeitsformen. Die Entwicklung von Organisationen ist primär ein Prozeß der Veränderung subjektiver Konstruktionen – das Ziel von Organisationen ist dabei auf die Erhaltung der „Lebensfähigkeit" des Systems ausgerichtet. Lebensfähigkeit beinhaltet automatisch die Fähigkeit, sich zu wandeln, zu entwickeln.

Wenn Probleme in Organisationen im Kontext der Konstruktion von Mitgliedern einer Organisation gedeutet werden, wir also davon ausgehen, daß menschliches Handeln ganz entscheidend von den zugrundeliegenden subjektiven Vorstellungen geprägt ist, dann erscheint es auch sinnvoll, Probleme derart zu lösen, daß man die Betroffenen, die „Besitzer" dieser subjektiven Vorstellungen, unterstützt, ihre „Welt anders zu sehen", das heißt, dysfunktional empfundene Landkarten zu verändern. Hierzu können systemische Ansätze mit ihren Diagnose- und Interventionskonzepten entscheidend beitragen.

Ich möchte dies am Beispiel des „Lernens" in Organisationen verdeutlichen. Die meisten Bildungskonzepte in Organisationen basieren mehr oder weniger darauf, Mitarbeiter im Erlernen neuer Fachinhalte, veränderter Techniken und gewünschtem sozialen Verhalten einzuüben, je nach Grad der „Fortschrittlichkeit" des Unternehmens und dem didaktisch-methodischen Belief-Systems (Glaubensrichtlinie) der Trainer mit einem kleineren oder größeren Freiheitsanteil des Teilnehmers in der Ausbildung. Fachliche und methodische Aus- und Weiterbildung ist unumstritten ein notwendiger Bestandteil von „Lernen" in Organisationen. Entscheidend bei dieser Art von Lernen ist aber, daß es sich sozusagen um ein Lernen im System handelt.

Systemisch Lernen bezeichne ich dagegen als Lernen auf einer Metaebene. Gelernt wird dabei nicht die Fähigkeit zur Verbesserung irgendeiner Methode oder eines neuen fachlichen Inhaltes an sich, sondern gelernt wird die „Fähigkeit zum Perspektivenwechsel", zur Reflexion eigener Konstruktionen und des Umgangs mit den Konstruktionen anderer – die Fähigkeit zu Lernen wie man lernt.

Chancen und Grenzen systemischer Ansätze

Aufgrund des stets begrenzten „Wissens von Realität" kann es keine absolut richtigen Lösungen geben.

Lösungen in Organisationen sind infolge dessen weder gut noch schlecht, sondern eher funktional oder dysfunktional. Dies ist ein kleiner, aber entscheidender Unterschied.

Das zentrale Merkmal des systemischen Ansatzes liegt in der zugrundeliegenden ganzheitlichen Betrachtung. Dabei werden:

- *die Personen eines sozialen Systems,*
- *ihre subjektiven Deutungsmuster (Konstruktionen),*
- *die Interaktionsstrukturen,*
- *die Systemumwelt*
- *und die Veränderungsmöglichkeiten einer Organisation*

entsprechend berücksichtigt (vgl. König/Volmer 1993).

Die Vorteile liegen dabei unter anderem:

- in der Möglichkeit, „Konstruktionen" deutlich zu machen, sich der eigenen und der Konstruktion anderer bewußt zu werden und damit die für das Handeln in Organisationen „eigentliche" Wirklichkeit zu erfassen,
- darin, Widersprüche zu erkennen und als dysfunktional empfundene Verhaltensweisen abzuändern,
- in der Art und Weise, wie der Berater es schafft, daß sich das System, die Organisation in die Lage versetzt, selbst seine eigene, zu ihm passende Lösung zu finden.

- fur Reparatur-Aktionen eignen sich systemische Ansätze weniger. Systemische Ansätze benotigen die Bereitschaft, liebgewonnene Vorstellungen aufzugeben, also Abschied zu nehmen von einer ganzen Reihe ehemals tauglicher „Landkarten". Es bedeutet, den Mut zu haben, das Risiko einzugehen, sich auf neue Wege einzulassen und erfordert Tolerenz im Umgang mit den Konstrukten anderer. „Es ist das Muster, das verbindet" (Bateson 1981).

Die Anwendung systemischer Vorgehensweisen ist dabei nicht eine Frage des „Entweder-oder", sondern vielmehr eine Frage des „Sowohl-als auch".

Systemische Beratung – der Berater im System

Systemisch zu beraten, setzt hohe Professionalitat voraus. Die Auswahl und der Einsatz der Methoden und Verfahren zur Diagnose und Intervention sozialer Systeme, angefangen von den verschiedenen Formen systemischer Fragetechniken über Formen der Prozeßarbeit, der Arbeit mit Symbolen und Metaphern, diverser Visualisierungstechniken bis hin zur Arbeit mit Skulpturen, um nur einige zu nennen, ist mehr als nur das Beherrschen eines „Instrumentariums".

Verantwortliches Umgehen mit diesen Techniken setzt neben einem Verstandnis fur „Organisationen" vielmehr die Ethik in der Beratung voraus, ich meine damit die Verantwortung fur den Kunden, den ablaufenden Prozeß, aber auch die Verantwortung fur sich selbst (wo sind die Grenzen meiner selbst).

Daraus ergibt sich, daß der systemische Berater mehr tut als ein „Irgendwie-miteinander-reden" (vgl. Konig 1993). Der Systemische Berater

- ist in erster Linie unterstutzender Begleiter von Personen in Prozessen, unter Berucksichtigung der Regeln und der Umwelt des Systems,

Veränderung von Organisationen – Systemischer Ansatz

- bietet dabei andere Landkarten an, macht auf Widersprüche im System aufmerksam, weißt auf dysfunktionale Muster hin, überläßt dem System aber die Entscheidung, *was es will, wie und wohin es will,*

- schafft gemeinsam mit dem System die Bedingungen, daß sich das System selbst verändern kann,

- weiß um seine eigenen subjektiven Vorstellungen und die subjektiven Vorstellungen der anderen,

- nimmt die Organisation so an wie sie ist

- verzichtet auf ein Verhalten, das nur den Berater glücklich macht, nach dem Motto: „Was muß der Kunde tun, daß der Berater zufrieden ist?",

- ist kein Analysefanatiker, sondern eher Handlungsoptimierer.

Damit rückt der systemische Berater weit ab vom klassischen Arzt-Patienten Modell, bei dem es auf der einen Seite den „Wissenden" und auf der anderen Seite den „Leidenden" gibt. Er ist auch nicht der Kapitän auf Zeit, der an Bord gerufen wird, um das Ruder herumzureißen, und ebensowenig ist er der Steuermann, der mit harter Hand am Ruder die Trommeln schlagen laßt und die See durchpflugt.

Der systemische Berater geht eher „Colombohaft" vor. Er stellt seltsame Fragen, gibt Antworten, die eigentlich gar nicht wie Antworten erscheinen, vielmehr bereits wieder eine Frage beinhalten. ER verhält sich eher im Stil dieses „Detektivs", bei dem man unterschwellig das Gefühl hat, die Täter lösen den Fall, nicht er selbst.

Der systemische Berater wirkt auf Prozesse in der Form ein, daß der Klient, das Unternehmen, die jeweilige Gruppe „ihre Lösung" findet. Die Stabilität einer Lösung durch den Betroffenen selbst ist dabei um ein vielfaches größer, als die von außen an den Klienten herangetragene Musterlösung „auf Rezept", nach dem Motto: „Egal, was sie benötigen, wir liefern alles prompt ins Haus."

Systemische Berater gehen immer ein Stück neben dem Kunden her. Sie galoppieren nicht davon, lassen sich aber auch nicht zu weit zuruckfallen – nahe genug, um da zu sein, wenn man ihn benotigt, mit genugend Distanz gegenuber dem Kunden, der *seinen Weg* beschreitet.

Wegweiser in die Zukunft

Der Ruf der „Weisen", die eine Neuorientierung organisatorischer Strukturen und Ablaufe im Unternehmen fordern, hat in der Vergangenheit zu einer ganzen Reihe „moderner-strategischer" Konzepte gefuhrt.

Die Gestaltung organisatorischer Prozesse vor dem Hintergrund von Total Quality Management, von Geschaftsprozeßoptimierung und Kaizen, bis hin zu samtlichen C-Konzepten wie CAD, CAM, CIM usw. kann jedoch nur erfolgreich sein, wenn Denken und Handeln kongruent sind.

Verandertes TUN setzt auch verandertes DENKEN voraus.

Systemische Denkansatze konnen hier „interessante und brauchbare" Wegweiser sein:

Wenn wir einen Fluß durchschwimmen, werden wir nicht nur naß, wir werden durch die Stromung auch ein Stuck weit abgetrieben, und während wir durch den Fluß schwimmen, verandert sich auch die Struktur des Flusses, vielleicht sogar das Flußbett.

Traditionelle Vorgehensweisen wissen um die nassen Fuße, einige berucksichtigen sogar die Strömung, die wenigsten wissen um die Veranderung des Flusses.

Die einem reißenden Strom von Veränderung gleichenden Phänomene sozialen Wandels mussen Organisationen nicht zwangslaufig in den Strudel des Untergangs fuhren. Dies bedeutet aber, nicht nur den Fluß, sondern auch die Stromung, die Geographie des Flußbettes und dessen Veranderung systemisch zu beschreiben und in den Handlungen entsprechend zu berucksichtigen.

Literatur

Bateson, G.: Ökologie des Geistes, Frankfurt 1981
Bertalanffy, L. v. et al.: Systemtheorie, Berlin 1972
Capra, F.: Tao der Physik, München 1986
Capra, F.: Wendezeit, Bausteine für ein neues Weltbild, München/Bern/Wien 1988
Chew, G.: Bootstraap – Theorie in der Physik, erwähnt in: Capra 1986
Dorner, D.: Die Logik des Mißlingens, Hamburg 1989
Dell, P.: Klinische Erkenntnis, Dortmund 1986
Haken, H.: Entstehung biologischer Ordnung und Information, Darmstadt 1989
Hayek, F.A.v.: Freiburger Studien – Gesammelte Aufsätze, Tübingen 1969
Heitger, B./Schmitz, G./Gester, P.W.: Managerie, Systemisches Denken und Handeln im Management, Heidelberg 1992
Hoffmann, L.: Grundlagen der Familientherapie. Konzepte für die Entwicklung von Systemen, 2. Aufl., Hamburg 1987
König, E./Volmer, G.: Referenztransformation als Prinzip kognitiver Therapien, in: *System und Familie* 1989, S. 12–20
König, E./Volmer, G.: Systemische Organisationsberatung, Grundlagen und Methoden, 2. Aufl., Weinheim 1994
Königswieser, R./Lutz, C.: Das Systemisch-Evolutionäre Management, Der neue Horizont für Unternehmer, 2. Aufl., Wien 1992
Kreibisch, R.: Die Wissenschaftsgesellschaft, Frankfurt 1986
Laszlo, E.: Evolutionäres Management, Fulda 1992
Luhmann, N.: Soziale Systeme, Grundriß einer allgemeinen Theorie, Frankfurt 1984
Lynch, D./Kordis, P.: Delphinstrategien, Managementstrategien in chaotischen Systemen, Fulda 1991
Malik, F.: Strategie des Managements komplexer Systeme, Ein Beitrag zur Management-Kybernetik evolutionärer Systeme, 3. Aufl., Stuttgart/Bern 1989
Mandelbrot, B.: Die fraktale Geometrie der Natur, Basel 1987
Maturana, H.: Erkennen, Die Organisation und Verkörperung von Wirklichkeit, Braunschweig/Wiesbaden 1985

Maturana H./Varela, F.J.: Der Baum der Erkenntnis. Wie wir unsere Welt durch Wahrnehmung erschaffen, Scherz/Bern 1987
Nefiodow, L.A.: Der funfte Kondratieff, 2. Aufl., Frankfurt/Wiesbaden 1991
Prigogine, I./Stengers, I.: Dialog mit der Natur, Neue Wege naturwissenschaftlichen Denkens, 6. Aufl., Munchen 1990
Probst, G.J.B./Gomez, P.: Vernetztes Denken, 2. Aufl., Wiesbaden 1991
Riedl, R.: Biologie der Erkenntnis, 3. Aufl., Berlin 1981
Satir, V.: Kommunikation – Selbstwert – Kongruenz, Konzepte und Perspektiven familien-therapeutischer Praxis, Paderborn 1992
Schmidt: Der Diskurs des radikalen Konstruktivismus, Frankfurt 1990
Servatius, H.P.: Vom strategischen Management zur evolutionaren Fuhrung, Stuttgart 1991
Sloterdjik, P.: Kopernikanische Mobilmachung und ptolomaische Abrustung, Frankfurt 1987
Ulrich, H.: Management, Bern 1984
Ulrich, H./Probst, G.J.B.: Anleitung zum ganzheitlichen Denken und Handeln, Bern/Stuttgart 1988
Vester, F.: Unsere Welt – Ein vernetztes System, Munchen 1983
Vester, F.: Neuland des Denkens – Vom technokratischen zum kybernetischen Zeitalter, Munchen 1984
Watzlawick, P.: Menschliche Kommunikation, Formen, Storungen, Paradoxien, Bern 1969
Watzlawick, P.: Die erfundene Wirklichkeit, Munchen 1985
Wilber, K.: Halbzeit der Evolution, Munchen 1987
Zink, M.: Chaostheorie im Management, in: *Mit System*, 1. Jahrgang 2/1993

Innovationsprozesse:
Die Systematik des Erfolgs

von Helmut Dreesmann

Eine Befragung bei 262 deutschen Industrieunternehmen zum Verlauf von Innovationsprozessen im Bereich der Mikroelektronik ergab, daß mehr als 30 Prozent der Innovationsvorhaben abgebrochen wurden. Fragte man nach den Ursachen, so ergab sich, daß viele Abbrüche auf Probleme des Marktes oder der Hard- und Software zurückzufuhren waren. 40 Prozent der Vorhaben scheiterten jedoch aufgrund personeller, sozialer oder organisatorischer Faktoren (Knetsch 1987). – In anderen Innovationsbereichen durfte sich die Situation nicht anders darstellen.

Eine solch hohe Zahl von gescheiterten Innovationsvorhaben und die oftmals starken Widerstande bei Neuerungs- und Veranderungsprozessen machen deutlich, daß oft ein tieferes Verstandnis dafur fehlt, was Innovationen zu einem Erfolg oder zu einem Mißerfolg werden laßt.

Es sei nicht unterstellt, daß alle diejenigen, die mit Veranderungsprozessen zu tun haben, blindlings und blauaugig in diese hineinstolpern. Zu beobachten ist jedoch, daß auch diejenigen, die rechtzeitig und Schritt fur Schritt eine Veranderung planen, oft nicht wissen, was die entscheidenden Faktoren fur die erfolgreiche Einführung einer Innovation sind – von deren Wirkungen und Wechselwirkungen ganz zu schweigen. Notig ist jedoch eine systematische Analyse des Bedingungsfeldes, in das die Innovation „hinein"-implementiert werden soll, die Identifikation von strategischen Schwachstellen, deren Beseitigung und (erst dann) die kontrollierte Abwicklung des Innovationsprozesses nach den Prinzipien des Projektmanagements.

Wissenschaftlich sind die Faktoren und Prozesse, die im Rahmen von Change- beziehungsweise Innovationsprozessen eine Rolle spielen, bereits intensiv untersucht worden. Daran haben sich Universitaten und Institute fast aller Industrienationen beteiligt. Die Vielzahl der Befunde ist allerdings nur schwer zu uberschauen. Wir haben deshalb in systematischer Kleinarbeit die Erkenntnisse der internationalen Forschungsarbeit gesammelt und in ein uberschaubares Modell integriert. Dieses Modell soll die Basis dieses Kapitels darstellen und mehrere Zwecke erfullen:

1. Es soll die Erkenntnisse der Wissenschaft fur die Praktiker im Unternehmen zuganglich machen. Im Kern geht es darum, Wissen um und Verstandnis fur Bedingungen und Regelhaftigkeiten von Veranderungs- und Innovationsprozessen zu verbessern.

2. Mit ihm soll die Handlungsfahigkeit in Veranderungssituationen verbessert werden, indem man mit seiner Hilfe die wichtigsten Bedingungen von Innovation und Change systematisch berucksichtigt.

3. Das Modell soll als Checkliste dienlich sein, um vor einem Change-Prozeß die relevanten Schwachstellen und Starkepotentiale des Unternehmens zu erkennen und sie systematisch in die Steuerung des Prozesses einzubeziehen.

Worum geht es? – Einige Prämissen zum Thema Innovation

Wenn wir uns im folgenden mit einem Bedingungsmodell von Innovations- und Change-Prozessen befassen, bedarf es zunachst der Klarung einiger Parameter:

1. Innovationen konnen von ihrem Inhalt her sehr unterschiedlich sein. So spricht man von Produkt-, Prozeß-, Struktur- oder Sozialinnovationen. Bei aller Verschiedenheit handelt es sich jedoch immer um das *Verändern eines Ist-Zustandes hin zu einem mehr oder weniger definierten Soll-Zustand*. Innovationen – sei es nun eine neue Hard- oder Software, ein neues Fertigungs-

system oder eine Organisationsmaßnahme – konfrontieren die Betroffenen mit einer *typischen Problemsituation*. Solche Situationen sind charakterisiert durch ein hohes Maß an Neuheit, Komplexität und Unsicherheit, und sie bergen einen großen Konfliktgehalt in sich (vgl. Meissner 1989). Die Frage lautet daher: Welche Bedingungen lassen sich für die *Problemsituation* „Innovation" oder „Change" als übergreifend und von allgemeiner Gültigkeit herausdestillieren?

2. Kriterium eines Bedingungsmodells der Innovation kann *nicht* die realisierte Innovation selbst sein, zum Beispiel die erfolgreiche Einführung eines neuen Produktes oder eines neuen Verfahrens. Der Erfolg einer Veränderung hängt von vielen außerbetrieblichen Bedingungen ab, die nichts mit dem Unternehmen und den dort tätigen Menschen zu tun haben, zum Beispiel von der Marktsituation, neuen Gesetzen oder neuen Forschungsergebnissen. Die Frage ist deshalb, ob sich die Menschen innerhalb eines Unternehmens oder einer Abteilung konstruktiv und förderlich mit der Problemsituation „Innovation" auseinandersetzen, oder ob sie eher destruktiv Widerstand leisten.

Beispiele für konstruktives Verhalten in Innovationsprozessen

- Analysieren der Veränderungssituation und mit anderen darüber sprechen,
- Informationen beschaffen und weitergeben,
- Anregungen geben und Vorschläge machen,
- Abläufe planen,
- konstruktive Kritik üben,
- Schwachstellen der Neuerung verbessern,
- Besprechungen initiieren

3. Was ist aber ein förderliches oder ein hinderliches Innovationsverhalten? Keineswegs kann es darum gehen, jede Neuerung freudig zu begrüßen und tatkräftig zu ihrer schnellstmöglichen Realisierung beizutragen. Oft mag es vielmehr angezeigt sein abzuwarten, Stellungnahmen einzuholen oder sich sogar einer

Neuerung zu verschließen. Fraglos kann man aber etwa die Suche nach Informationen, die Analyse der Situation, das Einbringen von Vorschlagen oder die Kalkulation von positiven und negativen Effekten als forderliches Verhalten in Veränderungsprozessen bezeichnen.

Innovationshinderliches Verhalten hatte demgegenuber destruktiven Charakter und wurde sich auf Handlungen beziehen, die eine Auseinandersetzung mit der Neuerung verhindern oder sogar unmoglich machen.

Beispiele für destruktiven Widerstand in Innovationsprozessen

- Miesmachen,
- burokratisches Verschleppen,
- vordergrundiges Zustimmen,
- Entscheidungen verzogern,
- ubertriebene Absicherung

Worauf kommt es an? – Zwei Dimensionen der Innovationsbedingungen

Im Zentrum eines jeden Veranderungsprozesses steht der einzelne Mensch. Auf ihn kommt es letztlich an, ob eine Innovation konstruktiv vorangetrieben oder blockiert wird. Naturlich sind immer Gruppen und Abteilungen oder sogar das ganze Unternehmen an der Einfuhrung einer Innovation beteiligt. Doch diese setzen sich immer aus einzelnen handelnden Menschen zusammen. Aus diesem Grund ist der Mensch in seiner Individualitat die erste Grundkomponente unseres Modells.

Fur den einzelnen stellt sich bei unstrukturierten Problemen, wie es Innovationen nun einmal sind, immer die Frage: „Was kann ich tun?" und „Woran kann ich mich orientieren?" Es gibt keine richtige Losung, und in der Regel nicht einmal „handfeste" Anhaltspunkte dafur, was man zu tun hat. In dieser außerst ver-

Zwei Dimensionen der Innovationsbedingungen

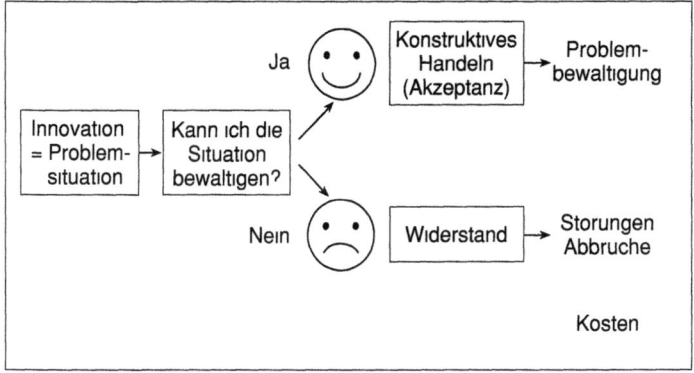

Abbildung 6: Psychologischer Prozeß bei der Bewältigung von Innovationen

unsichernden Situation stellt sich für den einzelnen die Frage, ob er die Situation bewältigen und wie er ein Minimum an Sicherheit für sein Handeln gewinnen und einen wenn auch nur vorläufigen Plan definieren kann.

Mit dieser Frage wird ein psychologischer Prozeß ausgelöst, der im günstigen Fall dem Betroffenen den Weg weist, was zu tun ist oder – im ungünstigen Fall – ihn verunsichert und frustriert, so daß er sich verweigert und mit destruktivem Widerstand reagiert.

Analysiert man den Prozeß, so kommt man zu einer Reihe von Fragen, die sich jeder in einer derartigen Situation bewußt oder unbewußt stellt:

- Angesichts eines Innovationsproblems wird sich der Betroffene zunächst fragen, ob er über ein Mindestmaß an Fachwissen verfügt, um diese Neuerung in den (Be-)Griff zu bekommen (Fachkompetenz).

- Da eine Veränderung immer ein Abweichen vom Status quo und damit Ungewißheit bedeutet, wird er sich dann fragen, ob er die mit der Veränderung verbundene innere Unsicherheit aushalten kann und will, und ob sich das auch lohnt; damit prüft er die eigene Stabilität und Motivation (Persönliche Kompetenz).

- Als nächstes wird er sich fragen, ob er das Problem Innovation durch eigene Gedanken und Ideen aktiv formen, gestalten und verändern kann. Das Vertrauen in das eigene geistige Potential und in seine Kreativität sind seine Kriterien, ob er aus der mißlichen Situation etwas Positives konstruieren kann (Konstruktive Kompetenz).

- Da nun aber Veränderungen in der Regel mit anderen Personen zusammenhängen, fragt der Betroffene sich dann, ob er mit den anderen gut kooperieren und kommunizieren kann; ob er zum Beispiel Kollegen fragen und sich im Notfall auf sie verlassen kann. Diese Frage betrifft einerseits die Einschätzung des sozialen Umfeldes und andererseits die Beurteilung der eigenen Fähigkeit, sich in dieses Umfeld zu integrieren (Soziale Kompetenz).

- Schließlich mag er sich dann fragen, ob er auch methodisch gerüstet ist und über Instrumente und Vorgehensweisen verfügt, die ihm in dieser Situation helfen können (Methodische Kompetenz).

- Kann er alle vorherigen Fragen positiv beantworten, geht es letztlich noch um die Frage, ob er die eigenen Gedanken und Überlegungen auch in den Gestaltungs- und Entscheidungsprozeß einbringen kann, beziehungsweise ob er in dem Prozeß eine aktive und handelnde Rolle spielen kann und will. Mit diesen Fragen berührt er seine eigene Courage und seinen Willen, sich aktiv einzubringen (Partizipative Kompetenz).

Die Abfolge der Fragen und der Kompetenzbereiche (siehe Abbildung 7) entspricht einer gewissen Prozeßlogik, ist jedoch letztlich willkürlich. Es kann durchaus sein, daß jemand sich die letztgenannten Fragen zuerst stellt oder einen weiter vorne stehenden Kompetenzbereich für sich ganz nach hinten ruckt. So wird sich jemand, der keine Angst vor Unsicherheiten hat und Veränderungen nicht als Risiko, sondern als Chance begreift (Persönliche Kompetenz) sich mit diesem Punkt nur am Rande befassen. Ein anderer, für den die Mitsprache das Hauptkriterium seines Arbeitslebens ist, wird die Frage der Partizipation nicht am Ende, sondern am An-

Zwei Dimensionen der Innovationsbedingungen

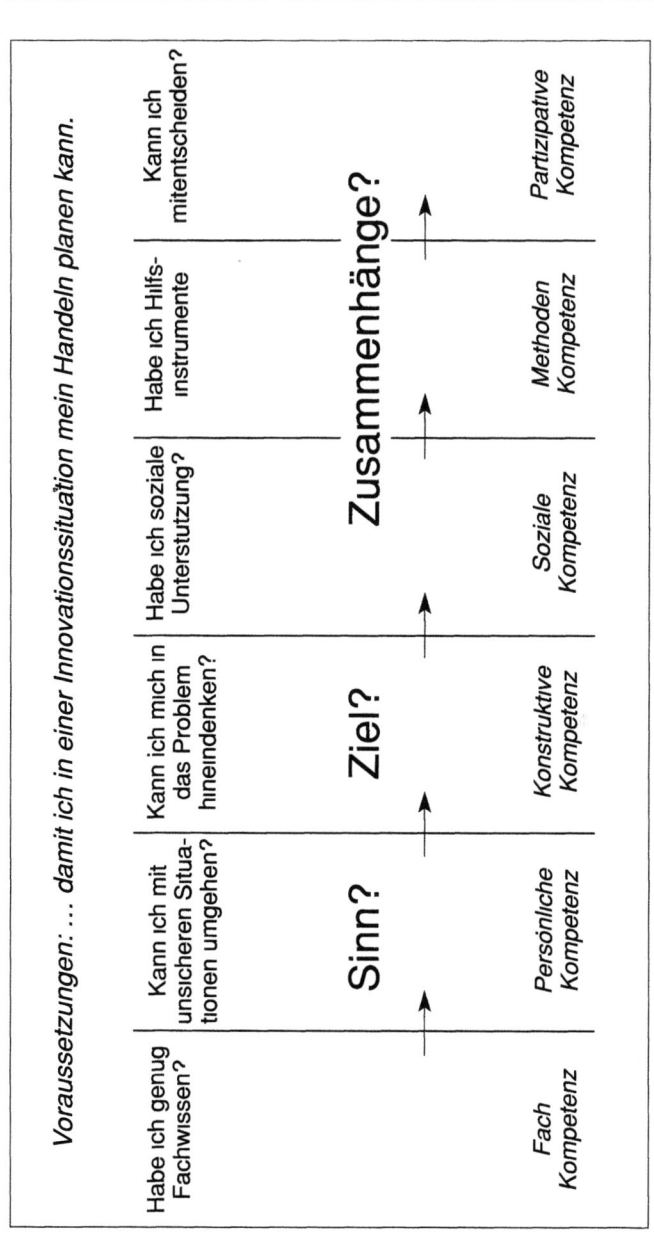

Abbildung 7: Kompetenzbereiche für innovatives Handeln

fang prüfen. Und jemand, der mit seiner Arbeitsmethodik schon im normalen Alltag an Grenzen stoßt (Methoden-Kompetenz), wird uber diese Frage zuallererst nachdenken.

Für unseren Zweck ist hier lediglich von Interesse, ob wir die zentralen Fragen beruhrt haben, die dem Betroffenen zu der Entscheidung verhelfen, ob er in der Problemsituation „Innovation" konstruktiv mitarbeiten oder destruktiv Widerstand leisten soll.

Es ware nun allerdings ein Mißverstandnis, wenn man das Gelingen eines Innovationsprozesses ausschließlich personalisiert und bezogen auf den einzelnen betrachten wurde. Naturlich ist der einzelne der Trager des Veranderungsprozesses und an ihn richtet sich zunachst die Frage, ob und in welchem Maße er durch seine persönlichen Voraussetzungen die Bedingungen fur ein konstruktives Handeln erfullt. Aber er ist angewiesen auf rechtzeitige und umfassende Informationen, auf anregende Gespräche und den stimulierenden Gedankenaustausch mit Kollegen, auf konstruktive Kritik, auf methodische Unterstutzung und nicht zuletzt auf die Moglichkeit, in Entscheidungsgremien die Prozesse mitzubeeinflussen.

Die Innovationsforschung hat daher drei Bedingungsebenen fur das konstruktive Handeln des einzelnen identifiziert:

- *das soziale Umfeld* die Vorgesetzten, Kollegen und Mitarbeiter, Arbeitsgruppen oder Projektteams, die mit der Veranderung direkt oder indirekt zu tun haben;
- *das organisatorische Umfeld* alle non-personalen verhaltensrelevanten Bedingungen des Unternehmens, zum Beispiel die Form der Aufbauorganisation, typische Ablaufprozesse, Arbeitsformen und der Fuhrungsstil;
- *das innovative System* die Neuerung mit ihren typischen Merkmalen und Charakteristika: ist sie fur den einzelnen transparent, ist sie steuerbar und ermoglicht sie seine aktive Beteiligung?

Diese drei Bedingungsfelder bilden in dem Modell die zweite strukturierende Dimension, so daß darin die individuelle Handlungsplanung mit deren äußeren Rahmenbedingungen verknupft werden.

Zwei Dimensionen der Innovationsbedingungen

Tabelle 1: Erfolgsbedingungen von Innovationsvorhaben

Kompetenz- bereiche Bedingungs- ebene	Fachliche Kompetenz	Persönliche Kompetenz	Konstruktive Kompetenz	Soziale Kompetenz	Methoden Kompetenz	Partizipative Kompetenz
Individuum	Qualifikation Wissen Erfahrung	Reife Emot. Stabilität Ambiguitäts- toleranz	Intelligenz Kreativität Flexibilität	Offenheit Kommunikat.- Kooperations- bereitschaft	Methoden Instrumente Verfahren	Verantwortung Entscheidungs- wille Mitwirkung
Soziales Umfeld	Qualifikations- niveau	Gruppen- identifikation mit Innovation	Erfahrungs- austausch	Unterstützung	Funktionaler Arbeitsstil	Aktivitäts- orientierung
Organisatorischer Rahmen	Qualifikations- anforderungen	Innovations- kultur	Informations- management	Partizipativer Führungsstil	Projekt- management	Entscheidungs- freiraum
Innovationssystem	Komplexität	Nutzen	Gestaltbarkeit	Soziale Wirkung	Systematik	Beherrsch- barkeit

Verbindet man jetzt die individuelle Dimension mit den sechs Kompetenzbereichen und die Dimension der Umfeldbedingungen miteinander, so erhalt man das komplette Bedingungsmodell mit 24 Einzelfaktoren. Sie enthalten alle Elemente, die von Forschung und Praxis als entscheidend fur den Erfolg von Innovationsprozessen identifiziert wurden (vgl. Tabelle 1).

Um welche Bedingungen geht es konkret? – Die Erfolgsfaktoren im Detail

Bei der folgenden Betrachtung der Bedingungen des Modells gehen wir nach den individuellen Kompetenzbereichen vor und fragen jeweils:

- Wie differenziert sich dieser Bereich in der Psychologie des einzelnen?
- Welche Faktoren und Prozesse sind bedeutsam
  - auf der Gruppenebene,
  - auf der organisatorischen Ebene und
  - auf der Ebene des Innovationssystems?

Fachliche Kompetenz

Die Stellung eines Mitarbeiters in einem Unternehmen begründet sich in der Regel aus seiner Qualifikation. Die Anforderungen ändern sich jedoch zum Teil dramatisch – oft sogar innerhalb von kurzen Zeitspannen. Die Behauptung, daß man wahrend seines Berufslebens seinen Beruf funfmal komplett neu lernen musse, ist von einer einst belachelten Voraussage zu einer absolut notwendigen und allseits anerkannten Einsicht geworden.

Es fragt sich, ob die Fuhrungskrafte und Mitarbeiter eines Unternehmens willens sind, immer wieder neu dazuzulernen, ihr Wissen auf dem „state of the art" zu halten und sich kontinuierlich um

Die Erfolgsfaktoren im Detail

neue Informationen und Entwicklungen zu bemuhen. Je mehr dies der Fall ist, desto kleiner ist der Schritt zur nachsten Veranderung. Die Vernachlassigung der fachlichen Weiterbildung fuhrt kumulativ zu einem Defizit, das im ungunstigsten Fall so groß wird, daß eine bestimmte Neuerung fachlich nicht mehr oder nur mit großen Muhen bewaltigt werden kann.

Die Fachkompetenz des einzelnen erhalt sich jedoch nur, wenn sie auch im Kreis der Vorgesetzten, Kollegen und Mitarbeiter unterstutzt und gefordert wird. Dazu gehort, daß fachliche Kompetenz einen hohen Stellenwert in der Werteskala einnimmt, daß herausragende Kollegen fur ihre Kompetenzen geschatzt werden und daß ganz konkret die Gesprache und Unterhaltungen auch dazu dienen, Wissen und Erfahrungen auszutauschen.

Um die fachliche Kompetenz ihrer Mitarbeiter möglichst hoch zu halten, sind erfolgreiche Firmen oft sehr einfallsreich. Die Maßnahmen reichen von einem ausgeklugelten Informationsmanagement mit Infomarkten bis zu Vortragen von Fachleuten, von einem organisierten Job enrichment bis zu Belohnungssystemen fur neuerworbene Fachkompetenzen. Manche Unternehmen gehen dazu uber, in durchdachter Weise sich zu einem lernenden Unternehmen zu entwickeln und dazu Selbstlernzentren, Kommunikationsecken und ahnliches zu nutzen. Austauschprogramme mit Universtitaten und Wissenschaftseinrichtungen gehoren in Japan und USA zum festen Bestandteil der permanenten Selbstqualifizierung. Im Rahmen einer aktiven und vorausschauenden Personalentwicklung wird zunehmend Sorge dafur getragen, daß neue Mitarbeiter uber zukunftstrachtige Qualifikationen verfugen, und daß die zum Stamm gehorenden Beschaftigten standig durch Weiterbildung auf neue Herausforderungen vorbereitet werden.

In Form von Fragen gibt die Aufzahlung im nachstehenden Kasten einen Uberblick daruber, welche Aspekte sich auf den vier Bedingungsebenen mit der Fachkompetenz verbinden.

Innovationsrelevante Fragen zur Fachkompetenz auf vier Ebenen

Individuelle Ebene:

- Habe ich genugend Fachwissen fur die Innovation?
- Habe ich ausreichende fachliche Erfahrung dafur?
- Bin ich mit ahnlichen Herausforderungen schon einmal umgegangen?

Gruppenebene:

- Gibt es bei uns genugend Expertentum fur die Neuerung?
- Haben wir fachlich erfahrene Leute fur die Innovation?
- Haben Leute von uns ahnliche Situationen schon einmal bewaltigt?

Organisatorische Ebene:

- Gibt es eine ausreichende und permanente fachliche Qualifizierung?
- Gibt es fur den innovativen Bereich relevante fachliche Dokumentationen?
- Gibt es einen organisierten Know-how Transfer, etwa uber Tutoren?

Ebene des innovativen Systems:

- Ist das innovative System vollkommen neu fur mich und baut nicht auf meinen bisherigen Erfahrungen auf?
- Enthalt das innovative System fur mich kaum zu bewaltigende fachliche Anforderungen?
- Ist das innovative System begleitet von ausreichender Unterstutzung (Manual, Einweisung, Training etc.)?

Persönliche Kompetenz

Veränderungen und Neuerungen stellen jeden Betroffenen auf eine sehr persönliche Probe. Ist er in der Lage, mit den Ungewißheiten der Situation umzugehen? Wird er fertig mit den Risiken? Kann er Frustrationen aushalten und sich gleichzeitig mit der Veränderung identifizieren? Nicht selten tauchen in Veränderungssituationen Ängste auf, die den eigenen Arbeitsplatz und die eigene Karriere betreffen oder eine mögliche Verschlechterung der Arbeitsbedingungen beinhalten. Überlegungen werden angestellt, ob man den neuen Anforderungen genügen kann. Und schließlich stellt man sich die Frage, ob sich die Anstrengung im Verhältnis zu dem erwarteten persönlichen Nutzen lohnt. Persönliche Stärke und Stabilität ist vonnöten, um sich für eine aktive und konstruktive Haltung zu entscheiden und sich nicht zurückzuziehen oder mit Widerstand zu reagieren.

Es ist allerdings auch nicht der Typ Mensch gefragt, der vor lauter Selbstbewußtsein die Sensibilität für die subtilen Signale in solchen Situationen verliert und sich als „Rambo" auf jedes Risiko einläßt. Es gilt, auch für schwache Signale empfindsam und empfänglich zu sein, durch die Veränderungssituationen oft gekennzeichnet sind. Überhört man sie, begeht man vielleicht den entscheidenden Fehler, der zum Scheitern eines Veränderungsprojektes beiträgt. Verantwortungsvolles Handeln, das sich auf einer umfassenden Einschätzung der Situation gründet, ist gefragt.

Persönliche Stabilität erhält sich auf Dauer nur in einem gesunden sozialen Umfeld. Es bedarf einer akzeptierenden Atmosphäre im Kollegenkreis, eines gegenseitigen Verständnisses und eines Vertrauens, bei Motivationslöchern von den anderen aufgefangen zu werden. Das Bewußtsein, nicht für jeden Fehler an den Pranger gestellt zu werden ist ebenso wichtig wie die gemeinsam geteilte Freude über einen kleinen Fortschritt in die von allen gewünschte Richtung.

Von großer Bedeutung ist, wie sich das Unternehmen in der Vergangenheit in Situationen der Veränderung verhalten hat. Wenn etwa durch mangelnde Information, durch unangekündigte Ver-

Innovationsrelevante Fragen zur Persönlichen Kompetenz auf vier Ebenen

Individuelle Kompetenz.

- Bin ich in der Lage, mit den Unsicherheiten, die auf mich zukommen, umzugehen?
- Wie werde ich mit eventuellen Mißerfolgen fertig?
- Identifiziere ich mich voll und ganz mit den Zielen der Veranderung?

Gruppenebene:

- Werden die anderen mich unterstutzen, wenn ich mit der Veranderung Probleme habe?
- Verkraften wir als Gruppe auch außergewohnliche Belastungen?
- Identifiziert sich meine Gruppe mit der Veranderung und steht sie voll dahinter?

Organisatorische Ebene:

- Kann ich bei Fehlern damit rechnen, daß mein Vorgesetzter loyal hinter mir steht?
- Wird uns vom Unternehmen Ruckendeckung gegeben, wenn wir uns auf Risiken einlassen?
- Wird darauf geachtet, daß bei der Veranderung niemand ungebuhrlich benachteiligt wird?

Ebene des innovativen Systems:

- Ist mit unangenehmen Uberraschungen zu rechnen, die das neue System mit sich bringt?
- Ist die Veranderung in ihren Auswirkungen gut zu uberblicken?
- Wird die Veranderung zu Beeintrachtigungen der korperlichen oder seelischen Gesundheit fuhren?

setzungen oder durch uberhohte Anforderungen Unsicherheit und Angste verbreitet wurden, wird dieses nachwirken und fur die aktuelle Veranderung eine Vorbelastung darstellen. Besonders kommt

Die Erfolgsfaktoren im Detail

es darauf an, ob die Fuhrungskrafte den Mitarbeitern Sicherheit und Vertrauen vermitteln und sich als Ansprechpartner darstellen konnen.

Welche Fragen sich dem einzelnen in Hinblick auf die Personliche Kompetenz stellen, zeigt der nebenstehende Kasten.

Konstruktive Kompetenz

Situationen des Wandels verlangen solange nach aktiver Gestaltung und Formung bis der angestrebte veranderte Zustand erreicht ist. Dazu bedarf es einer Konstruktiven Kompetenz – einer Fahigkeit, mit Kreativitat und entschlossenem Handeln die Veranderung herbeizufuhren. Der Personlichkeitspsychologe Mischel rechnete die *constructive competency* zu den Primarfahigkeiten, mit denen ein Mensch sich in den Problemsituationen der Umwelt zurechtfindet. Entsprechend definiert er Intelligenz, Problemlosungsfahigkeit und Kreativitat als Bestandteile dieser Konstruktiven Kompetenz.

Mit der Konstruktiven Kompetenz verbindet sich ein ganzes Bundel weiterer Merkmale. So ist ein breit angelegtes Allgemeinwissen ebenso wunschenswert wie ein gewisses Erfahrungsspektrum mit „undefinierten Situationen". Weiterhin hat sich vor allem in den Forschungen der letzten Jahre gezeigt, wie wichtig es ist, in Zusammenhangen zu denken und ganzheitlich das „System" zu betrachten, in dem sich die Veranderung vollzieht. Gleichfalls wird die zukunftsorientierte Dimension des Denkens betont. Im amerikanischen Sprachgebrauch sagt man salopp „think future!" und meint damit eine optimistisch nach vorne gerichtete Denkweise, die auf Losungen gerichtet ist. Eine Komponente davon ist das Denken in Prozessen. In der Tat geht es darum, die uns zur Gewohnheit gewordene Fixierung auf Ergebnisse zu relativieren, indem wir uns mehr auf die Prozesse konzentrieren, durch die wir die Ergebnisse erreichen. Das schafft die Moglichkeit, in kleinen Schritten zu denken und Entwicklungen besser zu planen. Jeder noch so kleine Schritt in Richtung der Problemlosung ist ein Fortschritt – das schafft Motivation und birgt uberdies Ruckmeldungen und Hinweise in sich, wie jetzt weiter verfahren werden soll.

Welche Bedeutung die soziale Gruppe (Abteilung, Team oder ahnliches) fur die Konstruktive Kompetenz hat, wird am besten durch die fruchtbare Arbeit vieler Qualitatszirkel im Rahmen des Verbesserungswesens demonstriert: Durch die Arbeit in Gruppen kommen Synergieeffekte der konstruktiven Potentiale zustande, so daß zum Teil recht bedeutsame Verbesserungen der betrieblichen Strukturen und Prozesse erarbeitet werden konnen. Nachdem vor wenigen Jahren die MIT-Studie uber den Unterschied der Automobilproduktion in Japan, USA und Westeuropa die Bedeutung der Gruppenarbeit fur den Erfolg der Japaner herausgestellt hat, wird auch hierzulande verstarkt Teamarbeit betrieben. Damit wird der richtige Weg eingeschlagen, um den einzelnen mit seinen konstuktiven Potentialen in der Gruppe zu unterstutzen und für die Veranderungsprozesse des Unternehmens fruchtbar zu machen.

Wie das Unternehmen als Organisation das konstruktive Potential der Mitarbeiter fordern kann, beschreiben hervorragend Peters und Watermann in ihrem Bestseller „In Search of Excellence": Erfolgreiche Unternehmen belohnen den Einfallsreichtum ihrer Mitarbeiter, machen gute Vorschlage publik und stellen innovative Mitarbeiter besonders heraus. Als Voraussetzung dafur verfugen diese Unternehmen uber ein ausgezeichnetes Informationsmanagement, das jedem Mitarbeiter die Dinge wissen laßt, die er braucht, um seine Aufgaben gut zu bewaltigen. Dazu gehort letztlich jede Art von Wissens- und Erfahrungstransfer. Damit fordern sie insgesamt eine Philosophie und ein Klima, in dem Veranderungen und Neuerungen besonders gut gedeihen.

Verdichtet man die Komponenten der Konstruktiven Kompetenz auf den vier Ebenen, so stellen sich Fragen, wie sie im nachfolgenden Kasten dargestellt sind.

Innovationsrelevante Fragen zur Konstruktiven Kompetenz auf vier Ebenen

Individuelle Ebene:

- Fallt mir in Problemsituationen meistens eine hilfreiche Losung ein?
- Gelingt es mir, Veranderungen in der ganzen Breite ihrer Bedeutung zu erfassen?
- Bin ich mir ausreichend bewußt, daß Veranderungen sich nicht mit einem Sprung, sondern nur in vielen kleinen Schritten erreichen lassen?

Gruppenebene:

- Wird bei uns ein standiger Erfahrungsaustausch betrieben?
- Wird von den Kollegen anerkannt, wenn sich jemand weiterbildet und sich kompetent macht?
- Wird bei uns regelmaßig uber Ergebnisse und Fortschritte der Arbeit gesprochen?

Organisatorische Ebene:

- Wird von Unternehmensseite gefordert, daß man sich standig mit neuen Entwicklungen auseinandersetzt?
- Sind die Strukturen und Prozesse des Unternehmens transparent?
- Gibt es ein ausreichendes Qualifizierungsangebot?

Ebene des innovativen Systems:

- Paßt sich das neue System gut in die Bedingungen vor Ort ein?
- Ermoglicht die Veranderung ein unproblematisches Hineindenken und Hineinarbeiten?
- Gestatten die Strukturen und Prozesse der Neuerung eine Anpassung an die Bedingungen vor Ort?

Soziale Kompetenz

Veranderungssituationen in Unternehmen betreffen nie einen einzelnen, sondern Arbeitsgruppen, Abteilungen und oft das ganze Unternehmen. Selbst die Realisierung eines einfachen Verbesserungsvorschlags in der Produktion muß nicht nur von der Arbeitsvorbereitung und der Logistik, sondern auch von der kaufmannischen Seite gepruft werden, bevor man ihn realisieren kann. Und auch dann gilt es noch, die Kollegen davon zu uberzeugen, daß es fur sie Vorteile bringt, die Verbesserung zu akzeptieren und damit zu arbeiten.

Ganz gleich, ob man als aktiv Innovierender einen Change–Prozeß vorantreibt oder als passiv Innovierender die Veranderung mitbegleitet – jeweils hat man das soziale Umfeld zu beachten. Derjenige, der abgeschirmt und isoliert tolle Gedanken ausbrutet, wird spatestens bei der Umsetzung Schwierigkeiten haben, denn eine solche Einzelaktion riecht stark nach Profilierung, die das soziale Umfeld in der Regel blockiert. Will man einen Mißstand beheben, indem man ganz allein daran tuftelt und schließlich stolz die Losung prasentiert, wird man mit großer Wahrscheinlichkeit eine herbe Enttauschung erleben: Man habe ja auch mit dem bisherigen Zustand ganz gut gelebt, heißt es dann und schon ist die gute Idee passé, Widerstand ist angesagt.

Bei der Sozialen Kompetenz geht es um die Fahigkeit des einzelnen, in der Problemsituation „Change" eine flussige Kommunikation herzustellen. Das bedeutet, offen und aufgeschlossen die Anregungen anderer aufzunehmen, Informationen ganz selbstverstandlich weiterzugeben, Fragen zu stellen, die den eigenen Wissensbedarf abdecken, andersartige Meinungen zu tolerieren und sie konstruktiv zu diskutieren. Soziale Kompetenz ist in diesem Sinne das Gegenteil von Abschotten und isoliert Arbeiten – einen Beitrag leisten zur Transparenz und Offenheit des Arbeitsprozesses: darum geht es!

Witte unterscheidet bei Innovationsprozessen zwischen Machtpromotoren und Fachpromotoren. Erstere sind diejenigen, die – zumeist in der Linie – uber die Moglichkeit und Fahigkeit ver-

Die Erfolgsfaktoren im Detail 73

fugen, Veränderungen durchzusetzen. Letztere sind diejenigen, die für die Veränderung inhaltlich kompetent sind. Eine optimale Konstellation liegt dann vor, wenn beide reibungslos zusammenspielen und gemeinsam die Neuerung in die Praxis umsetzen. Aus der Perspektive der Sozialen Kompetenz bedeutet das, daß jeder der beiden in der Lage sein muß, seine Rolle zu reflektieren.

Innovationsrelevante Fragen zur Sozialen Kompetenz auf vier Ebenen

Individuelle Ebene:

- Fallt es mir leicht, mit anderen zusammenzuarbeiten?
- Macht es mir nichts aus, bei Problemen andere um Hilfe zu bitten?
- Kann ich locker und konstruktiv mit Meinungsverschiedenheiten umgehen?

Gruppenebene:

- Wird bei uns offen kommuniziert und informiert?
- Wird bei uns kooperativ zusammengearbeitet?
- Besteht untereinander ein gutes Vertrauensverhaltnis?

Organisatorische Ebene:

- Ist die Mitarbeiterführung kooperativ und partizipativ?
- Gibt es Barrieren zwischen Vorgesetzten und Mitarbeitern?
- Wird das Arbeiten in Gruppen und Teams gefordert?

Ebene des innovativen Systems:

- Verandert die Neuerung die Rollen der Betroffenen nachteilig?
- Wird die Kommunikation durch die Veranderung beschnitten oder eingeengt?
- Schafft das neue System Kommunikationsablaufe, auf die die Betroffenen nicht vorbereitet sind?

Von Seiten des Unternehmens als Organisation ist von Bedeutung, daß und wie die Zusammenarbeit in Gruppen unterstutzt wird. Sind Arbeitsgruppen und Teams, etwa in Form von Projektgruppen, Arbeitsgruppen oder Qualitatszirkeln etabliert? Ihre Existenz setzt Signale fur Teamarbeit und Kooperation. Von besonderer Bedeutung ist dabei die Frage, ob die betrieblichen Systeme der Karriereentwicklung und Entlohnung auf kooperative Zusammenarbeit angelegt sind oder – wie es in Vergangenheit und Gegenwart noch allgemein üblich war und ist – eher das individuelle Konkurrenzdenken fordern. Gleichfalls ist von großer Bedeutung, wie die Vorgesetzten mit der Leitung von Teams zurechtkommen. In der Regel fallt es ihnen ungeheuer schwer, von einer direktiven Praxis des Fuhrens uberzugehen in eine Rolle als Moderator und Katalysator von Gruppenprozessen. Daß hier allerdings in kurzer Zeit Erfolge zu erreichen sind, zeigt die Entwicklung in der Automobilindustrie, wo bei den großen Produzenten im Gefolge der MIT-Studie markante Wendungen hin zur Gruppen- und Teamarbeit erfolgt sind.

Methoden-Kompetenz

Betriebliche Innovationen bedurfen einerseits eines großen kreativen Potentials sowie des Mutes zu Ungewohnlichem und Risiko. Andererseits mussen betriebliche Veranderungen fur alle Betroffenen handhabbar und nachvollziehbar gemacht werden. Das bedeutet: Innovationsprozesse bedurfen der Systematik und des Einhaltens bestimmter Spielregeln. Erreicht wird das durch die Anwendung von Methoden, Instrumenten, Checklisten, Manuals Prufvorschriften etc. Sie garantieren eine einheitliche Vorgehensweise und eine Nachvollziehbarkeit, wenn Personen wechseln oder versetzt werden.

Im Rahmen des Total Quality Management und des Kaizen haben die Methoden zur Problemlosung eine große Popularitat erreicht: Pareto Analysen, Ursache-Wirkungs-Diagramme, systematische Entscheidungsfindung und ähnliches. Das weitverbreitete Projektmanagement hat ein breites Repertoire von standardisierten Vorgehensweisen, die ein Vorhaben erfolgreich zum Ziel bringen hel-

Die Erfolgsfaktoren im Detail 75

fen. Hauptzweck dieser Methoden ist es, als Hilfsmittel zur Bewältigung bestimmter Aufgabensituationen zu dienen. Jemand, der keine Methoden beherrscht, wird in Problemsituationen oftmals hilflos sein und ist gezwungen, sich jeweils selbst Lösungswege auszudenken. Verfugt jemand jedoch uber ein breites Repertoire an Methoden, kann er in einer Vielfalt von Situationen und Aufgaben nach vorgebenen Mustern arbeiten und in nachvollziehbarer Form systematisch zu Losungen kommen: Er verfugt uber Methoden-Kompetenz. Da Innovationen Problemsituationen darstellen, sind hier die Methoden der systematischen Problembewaltigung besonders relevant.

Dem eben genannten Projektmanagement kommt im Rahmen von Innovationsprozessen eine besondere Bedeutung zu, da Veranderungen und Innovationen als *Projekte* zu betrachten sind. Eine klare Definition von Zielen und Teilzielen, von Barrieren und ihrer Uberwindung, von Verantwortlichkeiten und Terminen verhindert, daß die Innovation nicht „irgendwie" vorangetrieben, sondern bei aller Unwagbarkeit und Komplexitat wie ein planbares und strukturiertes Vorhaben gehandhabt wird.

Die Methoden-Kompetenz bedarf der standigen Übung und Pflege. Dazu ist es von unschatzbarem Vorteil, wenn eine Arbeitsgruppe oder eine Abteilung insgesamt uber eine ausreichende Methoden-Kompetenz verfugt und die Instrumente und Methoden in der taglichen Arbeit anwendet. Auf diese Art und Weise trainiert man sich standig im Umgang mit systematischen Arbeitspraktiken und kann sie dann leicht auf neue Situationen ubertragen.

Das Unternehmen kann die methodische Kompetenz der Mitarbeiter weitgehend beeinflussen. Neben Qualifizierung und Training bietet sich das Projektmanagement oder die Einrichtung von Qualitatszirkeln an. Die Qualitätszertifizierung nach ISO 9000 verlangt eine Reihe von Standardprozeduren, die das methodische Arbeiten starken. Allerdings darf die Standardisierung nicht dazu fuhren, daß sie Kreativitat und Innovation erstickt.

Verdichtet man die methodischen Aspekte, so formulieren sich im Uberblick die im folgenden Kasten dargestellten Fragen.

Innovationsrelevante Fragen zur Methoden-Kompetenz auf vier Ebenen

Individuelle Ebene:

- Bin ich mit Kreativitatstechniken und mit Methoden der systematischen Problemlosung vertraut?
- Bin ich erfahren in den Methoden des Projektmanagements?
- Wende ich in der alltaglichen Arbeit Methoden, Instrumente und Checklisten an?

Gruppenebene:

- Wird in unserer Abteilung methodisch und systematisch gearbeitet?
- Werden bei uns in Besprechungen Moderationstechniken angewendet?
- Wird das methodische Abwickeln von Projekten ausreichend gut beherrscht?

Organisatorische Ebene:

- Ist Gruppen- oder Zirkelarbeit eine ubliche Arbeitsform?
- Gibt es Standardprozeduren fur Problemsituationen?
- Sind Tools, Instrumente und Methoden ausreichend verfugbar und nutzbar?

Ebene des innovativen Systems:

- Ist das neue System in seinen Strukturen und Prozessen transparent?
- Laßt die Neuerung Eingriffe und Korrekturmoglichkeiten zu?
- Haben die von der Neuerung Betroffenen das Gefuhl, aktiv steuern und eingreifen zu konnen?

Partizipative Kompetenz

In neueren Fuhrungs- und Motivationstheorien stellt Partizipation die Erweiterung des Kooperativen Stils dar. Durch die Forderung der aktiven Mitwirkung glaubt man, das gedankliche und kreative Potential der Mitarbeiter besser nutzen und gleichzeitig eine bessere Motivation erreichen zu konnen. Diese Zusammenhange sind durch die Forschung vielfach bestatigt. Uberdies wird durch die partizipative Mitwirkung die Qualifikation der Mitarbeiter nicht unerheblich gefordert – wer Prozesse mitgestaltet, erwirbt sich damit automatisch Wissen und Erfahrung. Dies ist fur Prozesse der Veranderung von einer entscheidenden Bedeutung, da es hier in besonderem Maße darauf ankommt, daß jeder einzelne den Prozeß mitgestaltet. Innovationen sind immer nur zum Teil planbar und mussen oft an entscheidenden Stellen durch Eigeninitiative und Verantwortung jedes einzelnen getragen werden.

Partizipation ist der soziale Mechanismus, durch den Gedanken, Ideen und Anregungen aller Beteiligten in den Veranderungsprozeß einfließen. Sie kann als Korrekturelement Fehlentwicklungen verhindern und sorgt automatisch fur ein Change-Tempo, das fur alle Betroffenen verdaulich ist. Dadurch, daß sich der einzelne in den Entscheidungsprozeß einbringen kann, wird zumindest theoretisch der Vorteil der Gruppenleistung aktiviert. Ob sich diese Erwartung auch praktisch realisiert, hangt von der Ubung der Beteiligten ab, Gruppenprozesse fruchtbar zu gestalten. Hersey und Blanchard beziehen nicht von ungefahr den Reifegrad der Mitarbeiter als eine situative Determinante ein. Ist ihr Reifegrad hoch, das heißt verfugen die Mitarbeiter uber Erfahrung, Wissen, Engagement und Verantwortungsgefuhl, ist es angezeigt, ihnen Freiraum fur und das Mitwirken bei Entscheidungsprozessen zuzugestehen. Bei niedrigem Reifegrad ist eher von oben anzuordnen oder zu uberzeugen. Die Erfahrungen der letzten Jahre mit teilautonomen Arbeitsgruppen, mit Projektgruppen und Qualitatszirkeln lehren, daß hier kein Pessimismus herrschen muß. Uberwiegend laßt sich sagen, daß Fuhrungskrafte und Mitarbeiter sehr wohl in der Lage sind, ihre partizipativen Verantwortlichkeiten in Problemlosungssituationen wahrzunehmen.

Partizipation ist eine der wesentlichsten Voraussetzungen für die Akzeptanz der Neuerung durch die Betroffenen. Es ist inzwischen eine Binsenweisheit, daß in der Herstellung der Akzeptanz die schwierigste Hürde für Veränderungsprozesse liegt. Ganz gleich, ob es sich um technische Neuerungen, organisatorische Veränderungen oder um soziale Innovationen handelt – immer ist die Annahme der Neuerung durch die aktiv und passiv Beteiligten von entscheidender Bedeutung für den Erfolg. Dies ist leicht verständlich, wenn man sich in die Psychologie der Betroffenen hineinversetzt: Wer erträgt es schon, wenn über seinen Kopf hinweg etwas eingeführt wird, woran er nicht teilnehmen kann? Wer befürchtet keine Nachteile, wenn der derzeitig Status quo durch eine Veränderung in Frage gestellt wird? Wer entwickelt keine Gefühle der Minderwertigkeit, wenn er nicht in eine Entwicklung einbezogen wird?

Partizipative Kompetenz ist einerseits eine Qualität des einzelnen: aktiv und gestaltend an Veränderungsprozessen teilnehmen. Andererseits verhält es sich mit der Partizipation wie mit der Demokratie in der Gesellschaft: Sie vollzieht sich in der sozialen Gemeinschaft mit anderen. Es kommt darauf an, ob die Arbeitsgruppe oder die Abteilung geübt ist in Abstimmungs- und Diskussionsprozessen, ob man sich gegenseitig auf seine Verantwortung hinweist und ob man sich gegenseitig den Mut für und das Risiko von Entscheidungen erleichtert.

Seitens der Organisation verlangt eine reife Partizipation der Mitarbeiter einen entsprechenden Führungsstil durch die Vorgesetzten sowie eine umfassende Information und Transparenz aller Strukturen und Prozesse. Ohne Kenntnis der Voraussetzungen und Zusammenhänge einer Innovation kann niemand verantwortungsvoll zu einer konstruktiven Gestaltung des Veränderungsprozesses beitragen.

Komprimiert man diese Überlegungen zur Partizipativen Kompetenz, stellen sich die im Kasten dargestellten Fragen.

Innovationsrelevante Fragen zur Partizipativen Kompetenz auf vier Ebenen

Individuelle Ebene:

- Habe ich ein Interesse daran, den Veranderungsprozeß aktiv mitzugestalten?
- Kenne ich die Rahmenbedingungen und Voraussetzungen fur die Neuerung?
- Kann ich meine Meinung und meine Vorschlage in Diskussionen einbringen?

Gruppenebene:

- Werden bei uns Entscheidungen in einem gemeinsamen Prozeß vorbereitet?
- Sind wir geubt im Erortern von Sachproblemen und im Diskutieren von unterschiedlichen Meinungen?
- Nimmt bei uns jeder seine Verantwortung fur den Erfolg von Projekten wahr?

Organisatorische Ebene·

- Sind Kompetenzen und Verantwortungen klar und transparent?
- Liefert das Unternehmen regelmaßig Informationen uber Status und Entwicklungen?
- Merkt man, daß sich Vorschlage und Anregungen von Mitarbeitern in den Entscheidungen der Abteilung niederschlagen?

Ebene des innovativen Systems.

- Ist die Neuerung fur die Betroffenen transparent und verstandlich?
- Ist der Veranderungsprozeß gegliedert und in Teilziele gestuft?
- Beschneidet die Neuerung den Handlungsspielraum der Betroffenen erheblich?

Wie verhält man sich bei Innovationen? – Von Fragen zu Handlungen

Das zweidimensionale Modell mit seinen insgesamt 24 Inhaltskategorien eroffnet eine Reihe von Anwendungsmoglichkeiten in der betrieblichen Praxis. Sie reichen von der Erfassung des Innovationspotentials oder der Veranderungsfahigkeit bis hin zur Bewußtseinsbildung und Schulung in Sachen Innovationskompetenz.

Zu Beginn dieses Kapitels wurde von einem weitverbreiteten Wissens- und Erfahrungsdefizit daruber, wie Veranderungsprozesse systematisch anzugehen sind, gesprochen. Dem kann durch das Modell quasi checklistenartig begegnet werden. Es sagt uns, woran wir zu denken haben, wenn Neuerungen eingefuhrt werden sollen, welche Voraussetzungen zu schaffen sind, und es lenkt das Augenmerk auf die multifaktorielle Verknupfung der Innovationsbedingungen.

Ist damit das Problem Innovation schon gelost? Das ware zu schon, um wahr zu sein. Die eigentlichen Fallstricke und Probleme von Innovationen tauchen namlich in der Regel wahrend des Prozesses auf, wenn die Bedingungen in Wechselwirkung miteinander treten: wenn zum Beispiel notwendige Partizipation kollidiert mit Zeitdruck oder die Veranderung von formalisierten und bewahrten Ablaufprozeduren Unsicherheit auslost und Fehler hervorruft.

Allerdings hilft das Modell auch hier, da es dazu anhalt, vor einem Veranderungsprozeß in relativer Vollstandigkeit die Bedingungen einzuschatzen, die auf der Basis wissenschaftlicher und praktischer Erfahrungen berucksichtigt werden mussen. In diesem Sinne seien drei praktische Anwendungsmoglichkeiten aufgezeigt.

Die Innovations-Potential-Analyse IPA

Beantwortet man die Fragen zu den Kompetenzbereichen auf den vier Ebenen erhalt man Auskunft daruber, ob die einzelnen Menschen (individuelle Ebene), die Arbeitsgruppen und -teams (soziale

Wie verhalt man sich bei Innovationen?

Ebene), das Unternehmen beziehungsweise eine Abteilung (organisatorische Ebene) oder das Neuerungssystem sich fur eine erfolgreiche Veranderung anbieten – ob also die Moglichkeit besteht, daß eine geplante Innovation mit Aussicht auf Erfolg eingefuhrt werden kann (ist das notwendige Potential fur die Innovation vorhanden?).

In standardisierter Form sind diese Fragen als Innovations-Potential-Analyse IPA formalisiert. Die IPA mißt in quantitativer Form, wie die Chancen fur die Einfuhrung einer Neuerung stehen. Die Kennzahlen geben Auskunft daruber, wo fur den Innovationsprozeß besondere Starken vorhanden sind und wo Schwachen abgebaut werden mussen, um die Einfuhrung einer Neuerung nicht zu gefahrden. Der Fragebogen und weiterfuhrende Erklarungen zur IPA befinden sich im Anhang.

Die Fragen der IPA sind zunachst für drei Personengruppen von praktischer Bedeutung:

- Personen, die direkt und indirekt von einer Veranderung betroffen sind. Die Ergebnisse lassen schnell erkennen, wo mit Schwierigkeiten zu rechnen sind und welche Starken strategisch fur den Prozeß genutzt werden konnen. Außerdem eignen sich die Ergebnisse hervorragend, um einen Diskussionsprozeß unter den Betroffenen zu initiieren, der erfahrungsgemaß nicht nur die Akzeptanz fur die anstehende Veranderung steigert, sondern auch unterstützende Energien freisetzt.

- Fuhrungskrafte und Change agents, also Personen, die den Veranderungsprozeß zu steuern und zu koordinieren haben. In einer Art Bilanz konnen sie ihre Erfahrungen mit den von der Veranderung Betroffenen systematisch bilanzieren und ihre Eindrucke durch das Fragenraster verdichten und systematisieren. Eine effiziente Steuerung des Change-Prozesses sollte dadurch moglich werden.

- Teilnehmer von Fortbildungsveranstaltungen zum Thema Change Management. Mit der IPA wird in systematischer Form die Auseinandersetzung mit innovationsrelevanten Bedingungen gefordert und ein Veranderungsbewußtsein entwickelt.

Systemische Handlungsplanung

Hat man über das Modell und möglicherweise über die Innovations-Potential-Analyse kritische Bedingungen ausgemacht, die den Veränderungsprozeß gefährden konnten, so läßt sich eine vernetzte Analyse anschließen, um Handlungsmöglichkeiten und -ansatzpunkte herauszuarbeiten. Ausgehend von der Grundannahme, daß kritische Bedingungen zum Teil in einer Wechselbeziehung stehen, werden graphisch die kritischen Bedingungen untereinander vernetzt: Auf die Frage „Was beeinflußt was?" werden entsprechende Wirkpfeile eingezeichnet. Anschließend zählt man die aktiven Pfeile, die von einem Bedingungsfaktor ausgehen, und die passiven Pfeile, die auf einen Faktor gerichtet sind, aus und erhält einen Aktionsquotienten. Ausgehend von der einfachen Überlegung, daß solche Schachstellen zuerst beseitigt werden sollten, die am meisten Wirkung ausüben, waren in der strategischen Handlungsplanung die kritischen Bedingungen zu bearbeiten, die relativ mehr aktive als passive Wirkpfeile bündeln.

Die vernetzte Analyse schafft damit also in nachvollziehbarer Weise und in einem organischen Anschluß an das Modell eine Handlungsbasis.

Analyse von Innovationswiderständen und Maßnahmen zur Akzeptanzförderung

Daß Veränderungen nicht reibungslos über die Bühne gehen und in der Regel mit Widerstand zu rechnen ist, bedarf als Erfahrungstatsache zunächst keiner weiteren Bemerkung. Es fragt sich jedoch immer, welche Faktoren dafür verantwortlich sind, beziehungsweise welche sie auslösen. In aller Regel handelt es sich um Ursachen, die in dem dargestellten Modell und in den entsprechenden Fragen als kritisch identifiziert werden (vgl. Beitrag Freimuth/Hoets „Umgang mit Widerständen in organisatorischen Veränderungsprozessen").

In umgekehrter Richtung mag es von praktischer Bedeutung sein, daß die oftmals empfohlenen Maßnahmen zur Akzeptanzsteigerung mit dem Modell beziehungsweise mit den entsprechenden Fragen der IPA verbunden werden. Damit stellt man einerseits die Maßnahmen in einen übergeordneten Kontext und andererseits kann man deren Sinn fur eine praktische Anwendung besser einschatzen. Dazu einige Beispiele:

Information als akzeptanzfordernde Maßnahme seitens des Unternehmens ordnet sich ein auf der Ebene der organisatorischen Bedingungen und fordert die konstruktive Kompetenz (Spalte): Mit ausreichender Information ist der einzelne und die Gruppe eher in der Lage, sich ein angemessenes Bild von der Problemlage zu machen und konstruktive Ideen fur eine Losung zu entwickeln.

Qualifikations- und Schulungsmaßnahmen sind auf der Organisationsebene akzeptanzfordernde Voraussetzungen, um – je nach Inhalt der Maßnahme – Kompetenzbereiche zu fördern; ein Kurs in „Problemlosungstechniken" wurde die Methoden-Kompetenz fordern, ein Seminar „Kreativitatsforderung" ware auf die Entwicklung der Konstruktiven Kompetenz gerichtet.

Maßnahmen zur *Teamentwicklung* unterstutzen auf der Ebene der sozialen Gruppe den Bereich Soziale Kompetenz.

Die Empfehlung, *Innovationsvorhaben als Projekte zu managen* und die Mitarbeiter entsprechend zu schulen, schafft gunstige Bedingungen fur die Partizipative ebenso wie fur die Methodische Kompetenz.

Ebenso erlaubt es das Modell, nach Versaumnissen hinsichtlich der Akzeptanzforderung zu fragen. So macht es darauf aufmerksam, daß in der Literatur beziehungsweise in Praxisberichten kaum Maßnahmen genannt werden, die die Personliche Kompetenz fordern: Der Umgang mit der Unsicherheit der Innovationssituation, das Bedurfnis, Sicherheiten zu haben hinsichtlich des Arbeitsplatzes und des Lohns beziehungsweise Gehalts, der Wunsch, Vor- und Nachteile des Vorhabens sowie dessen Chancen und Risiken einschatzen zu konnen oder das Bedurfnis, uber den Sinn und die Zusammenhange des Vorhabens orientiert zu sein, um eine Identifikation entwickeln zu konnen, bleiben als Maßnahmen zur Akzeptanzforderung weitgehend unberucksichtigt.

Desgleichen kommen in der Regel solche Maßnahmen zu kurz, die die Partizipative Kompetenz fordern. Die Klarung des Handlungs- und Entscheidungsspielraumes, die Realisierung eines Partizipativen Fuhrungsstils oder das Delegieren von Verantwortung wird in der Regel sehr restriktiv gehandhabt.

Entwicklung von Innovationskompetenz

Versteht man unter Innovationskompetenz die Fahigkeit, Veränderungsprozesse kompetent zu begleiten und zu fordern, so mag man darin zustimmen, daß diese Fahigkeit in den deutschen Unternehmen insgesamt zu wenig verbreitet ist. In Maßnahmen der betrieblichen Weiterbildung fur Fuhrungskrafte, Projektmanager und Change Agents hat sich die Auseinandersetzung mit dem Modell als außerordentlich hilfreich erwiesen. Es schafft ein Bewußtsein fur die Bedingungen und Voraussetzungen erfolgreicher Veranderungsprozesse. Aufgrund der Plausibilitat des Modells und der damit verbundenen Akzeptanz konnen systematisch förderliche und hinderliche Faktoren besprochen und durchgearbeitet werden. Die unterschiedlichen Abstraktionsebenen des Modells lassen von der Grob- bis zur Feinstruktur ein Eindringen in die Hintergrunde von Innovationprozessen zu. Die Erkenntnis der Bedeutsamkeit der einzelnen Faktoren verbindet sich dabei mit Ansatzen zur praktischen Handlung, die durch die operativ angelegten Fragen der IPA nahegelegt werden. Es ist dann auch nicht verwunderlich, wenn die Beschaftigung mit dem Modell zu der Erkenntnis fuhrt: „Jetzt weiß ich, was wir falsch gemacht haben." oder: „Jetzt habe ich endlich einen Wegweiser, was zu tun ist, wenn wir wieder einen Innovationsprozeß zu bewaltigen haben." In diesem Sinne fordert die Auseinandersetzung mit dem Modell die Fahigkeit, sich und anderen differenziert die Fragen stellen und in den Kategorien denken zu konnen, die die zentralen Kriterien eines Innovationsprozesses beruhren.

Literatur

Dreesmann, H./Herrmany, J.: Soziale und organisatorische Betriebsanleitung zur Einfuhrung Flexibler Fertigungssysteme, Munchen 1991
Hersey, P./Blanchard, K.H.: Management of Organizational Behavior, Englerwood Cliffs, Nr. 3 Prentice-Hall, 1977
Kasper, H.: Innovation der Organisation in der Krise, in: Holzmuller, H./Schwarzer, S. (Hrsg): Krise und Krisenbewaltigung, Wien, 1986
Knetsch, W.: Organisations- und Qualifizierungskonzepte bei CAD/CAM-Einfuhrung, Berlin 1987
Louks, S.F./Newlove, B.W./Hall, G.E.: Measuring Level of use of the Innovation: A Manual for Trainers, Interviewers and Raters, The Research and Development Center for Teacher Education, University of Texas, Austin 1975
Meißner, W.: Innovation und Organisation, Stuttgart 1989
Peters, T.J./Waterman R.H.: Auf der Suche nach Spitzenleistungen, Landsberg 1983

Wie weit sind organisatorische Veränderungsprozesse planbar?

von Joachim Freimuth

Veränderungen in komplexen Organisationen lassen sich kaum am Reißbrett entwerfen und dann nahtlos umsetzen, weil immer unvorhergesehene systeminterne Reaktionen in Rechnung gestellt werden müssen. Auf der anderen Seite kann man die Gestaltung von Wandlungsprozessen nicht vollkommen ad hoc und naturwuchsig verlaufen lassen. Wo aber liegt zwischen diesen beiden Polen das richtige Maß?

Im wesentlichen sind vorgängig geplante Veränderungsschritte immer auch als Hypothesen zu fassen, deren Tragfähigkeit im Austausch mit dem Klientensystem ständig zu uberprufen ist. Auf diese gemeinsamen Dialoge und Lernprozesse kommt es letztlich immer an. Die verschiedenen Phasenmodelle organisatorischen Wandels bieten fur diesen Dialog Konzepte und Kategorien.

Theoretische Modelle von Prozessen des organisatorischen Wandels

In der Literatur finden sich eine Vielzahl von Versuchen, die wichtigen Stationen von Veränderungsprozessen in Organisationen zu klassifizieren. In aller Regel bezieht man sich dabei auf zeitlich-sequentielle Ablaufe; es gibt aber auch Versuche, die Kernaktivitäten nach Inhalten zu differenzieren und zusammenzufassen. Solche Modellkonstruktionen von Prozessen eines geplanten organisatorischen Wandels spiegeln immer auch die historisch spezifischen Entwicklungsprobleme, vor denen die Unternehmungen jeweils standen. Wenn man vor diesem Hintergrund einmal in die Geschichte der Organisationstheorie zurückblickt, lassen sich zusammenfassend drei Ansätze zur Kategorisierung von Wandlungsprozessen beschreiben:

- *Sequentielle Konzepte* Sie sind durch die Definition von logisch aufeinanderfolgenden und sich bedingenden Prozeßschritten charakterisiert.

- *Iterative Konzepte·* Auch hier werden diskrete Prozeßschritte unterschieden. Es wird jedoch betont, daß sie sich überlappen und ineinander verschränkt sind.

- *Vernetzte Konzepte.* In diesen Ansätzen geht man davon aus, daß der organisatorische Wandel kaum planbar ist, weil immer wieder Widerstände oder überraschende Konstellationen auftauchen, die die vorgängigen Planungen über den Haufen werfen. Change-Management besteht demzufolge darin, jeden neuen Interventionsschritt vor der je spezifischen Konstellation zu planen und mit den Repräsentanten der Organisation abzustimmen. Damit bleibt man auch offen für neue Situationen und legt sich keine Fesseln durch starre Schemata an.

Insgesamt spannt sich damit in der Literatur ein Spektrum von Konzepten auf, das gleichsam von dem Extrem getakteter Netzplan-Modelle bis zu dem einer Chaos-Organisation reicht.

Sequentielle Konzepte des Wandels

Am bekanntesten und de facto auch den meisten anderen, späteren Ansätzen zugrunde liegend, ist das Modell von Kurt Lewin, der die Phasen „Unfreezing", „Moving" und „Refreezing" unterscheidet. Dieses Grundmodell besagt, daß Organisationen für den Wandel zunächst sensibilisiert werden müssen, um aufnahmebereit zu sein für Veränderungsschritte, die dann nach und nach in die Routinen integriert werden können. Lewins Modell, das aus dem Jahre 1947

Theoretische Modelle 89

stammt, gibt bereits wesentliche Hinweise für die Gestaltung des organisatorischen Wandels:
- Jeder Phase der Veränderung geht eine Phase voraus, in der etablierte Verhaltensweisen erkannt und aufgegeben werden.
- Damit stößt jeder Prozeß des Wandels unweigerlich auf Widerstände. Diese Widerstände bilden den zentralen Ansatzpunkt für die notwendigen Transformationen.
- Mit dem Eintauchen in die Phase des Unfreezing entsteht ein Orientierungsbedarf, da neue Verhaltensstandards gefunden werden müssen. Dieser ist die Basis für die Einleitung von Moving-Schritten.
- Je größer die Transparenz des Prozesses ist und je mehr die Organisationsmitglieder selbst mit gestalten können, um so eher darf Akzeptanz erwartet werden. Das heißt auch: Die Form der Interventionen in die Organisation ist keineswegs neutral, sondern nimmt einen wesentlichen Einfluß auf den Prozeß und seinen Erfolg.
- Organisationen streben nach Phasen des Wandels schnell einem neuen Gleichgewicht zu, das zunehmend wieder Kräfte ausbildet, die den Status quo konservieren. Das ist auch wichtig, denn nur in einem solchen Kontext ist die Ausbildung von Verhaltensroutinen oder Lernkurven möglich. Diese aber führen zu den Economies of Scale, welche für die Wirtschaftsstrukturen und die entsprechenden Organisationsgestalten in der Mitte dieses Jahrhunderts typisch waren.

Hier wird auch die Zeitgebundenheit von Lewins Ansatz deutlich. Ihm liegt zweifellos nach wie vor ein sehr mechanisches Verständnis von Organisation zugrunde, das seine Beeinflussung durch die damalige Physik nicht leugnen kann (zum Beispiel bei der Wahl wichtiger Kategorien: Feldmodell, Kräftegleichgewicht etc.).

Gleichwohl liefert Lewins Ansatz für viele Veränderungsprozesse nach wie vor so etwas wie einen roten Faden der Prozeßgestaltung. Er verweist auf die Wichtigkeit des Einstiegs, wo vor allem Veränderungsbereitschaft entwickelt werden muß, und auf die Notwendigkeit vertiefender Interventionen in systemverträglicher

Komplexität. Gleichzeitig hebt er hervor, wie wichtig es ist, auch wieder loszulassen. Nur so kann erkannt werden, inwieweit die Organisation durch ihre Selbststeuerungsfähigkeit in die Lage versetzt wurde, wieder ihre eigenen Wege zu gehen.

Iterative Konzepte

Iterative Konzepte des organisatorischen Wandels unterscheiden gleichfalls einzelne und aufeinander folgende Prozeßschritte, diese können aber ineinander verschoben sein. Lernschleifen aufgrund von Widerständen oder überraschenden anderen Einflüssen sind also normaler Bestandteil der Organisationsentwicklung, gleichwohl läßt sich nach wie vor eine gewisse Ordnung der Schritte vorher planen und schließlich auch durchhalten.

Beispielhaft für einen solchen Ansatz mag hier der Vorschlag von Rosove stehen, der ursprünglich für die Entwicklung und Einführung DV-gestützter Informationssysteme konzipiert wurde, aber durchaus auf andere Veränderungsprozesse übertragbar ist. Er unterscheidet im wesentlichen folgende Phasen (vgl. Kirsch/Esser/ Gabele 1979, S. 36 ff.):

- Formulierung der Anforderungen an das System vor dem Hintergrund der organisatorischen Ziele,
- Entwicklung eines System-Entwurfs,
- Produktion des neuen Systems,
- Installation des Systems und schließlich
- die operative Phase, in der die Kinderkrankheiten korrigiert werden.

Von größerem Interesse für unsere Systematik sind die Rückkopplungen zwischen den einzelnen Phasen (Abbildung 8). Die Darstellung macht sinnfällig, daß Teilprozesse parallel laufen und sich in unterschiedlichen Stufen befinden können. Damit sind im Prozeß Feedback-Kopplungen möglich, die es erlauben, inzwischen erworbenes Wissen und Erfahrungen für neue Entscheidungen fruchtbar zu machen. Der Prozeß wird also nicht mehr so linear begriffen und konzipiert, wie in den sequentiellen Mo-

Theoretische Modelle 91

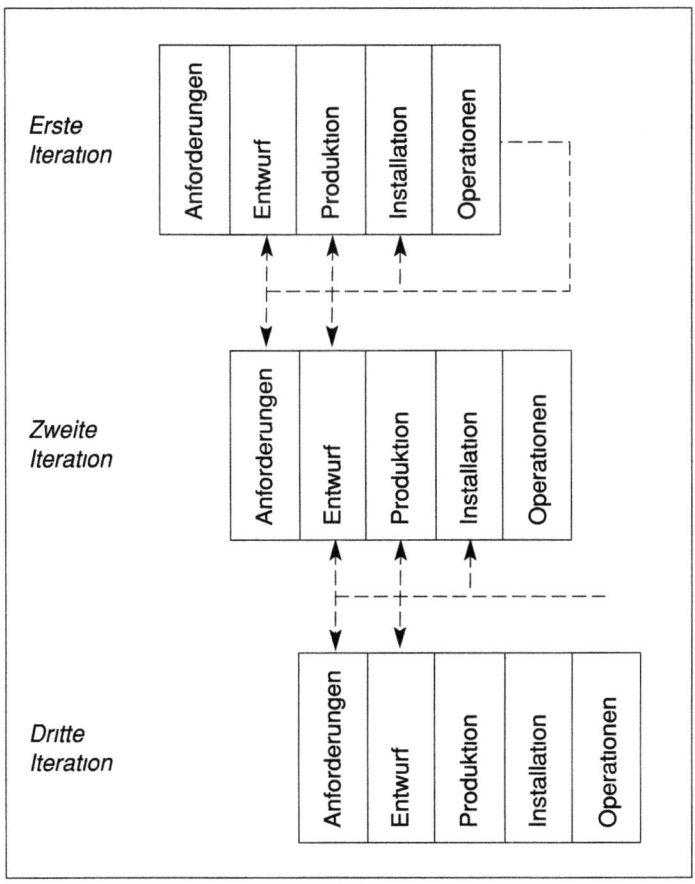

Abbildung 8: Beispiel für ein iteratives Konzept von Wandel in Organisationen

Quelle Kirsch et al , 1979, S 45

dellen, sondern in sich verschoben und widerspruchlich. Die Ruckkopplungen geben naturlich auch wichtige Hilfen fur die Planer von Organisationsveranderungen: Sie verhindern, daß diese die Komplexitat ihrer Vorhaben zu gering einschatzen und sich Reißbrettphantasien hingeben.

Vernetzte und systemische Konzepte

Die Erfahrungen der letzten Jahre in der Organisationsentwicklungsberatung haben gezeigt, daß auch die iterativen Ansätze die Komplexität, die sich zuweilen entwickelt, nur beschränkt abbilden können. Tatsächlich verschieben sich die Phasen häufig noch stärker ineinander, es kommt zu Rückschlagen oder die Wirkungen schwieriger Interventionen lassen sich nicht absehen, so daß man sich möglichst viele Optionen für Folgeschritte offenhalten muß.

Handlungen und Verständigungsprozesse in modernen Organisationen werden in vernetzten und systemischen Konzepten weitaus komplexer gesehen, als in den Einbahnstraßen-Modellen der auf Ursache-Wirkung reduzierten Denkweisen. Es ist daher sehr schwierig, einen Ansatzpunkt für Interventionen zu finden, denn es gibt keine Ursachen für Ereignisse, sondern lediglich die zirkulare Verflechtung unterschiedlicher Einflüsse (vgl. Weick 1985). Soziale Systeme haben ihr Eigenleben und damit zusammenhängend ihre eigene Art, sich selbst und die Realität wahrzunehmen und zu bewerten. „Was immer aber als Einheit fungiert, läßt sich nicht von außen beobachten, sondern nur erschließen" (Luhmann 1988, S. 61).

Das Problem organisatorischer Beratung und Veränderung besteht dann zunächst einmal darin, „anschlußfähig", das heißt für das System verständlich, zu werden. Zum anderen führen die internen Dynamiken immer zu „Immunreaktionen", die Veränderungsabsichten durchkreuzen. Der Ansatzpunkt für den Wandel aus der systemischen Perspektive zielt dann darauf:

„1. die im Unternehmen zur Zeit gelebten Wirklichkeiten sowie die Widersprüche im Denken und Handeln sichtbar werden zu lassen,

2. mit Hilfe von Interventionen schöpferische Selbstorganisationsvorgänge zum Aufbau alternativer Wirklichkeiten auszulösen" (Kommescher/Witschi 1992, S. 27).

Das Initiieren des Wandels bleibt so auf Anregungen beschränkt und die „Kunst der Intervention" besteht darin, „angesichts von Indeterminiertheit brauchbare Verknüpfungen von Intervention und

Theoretische Modelle

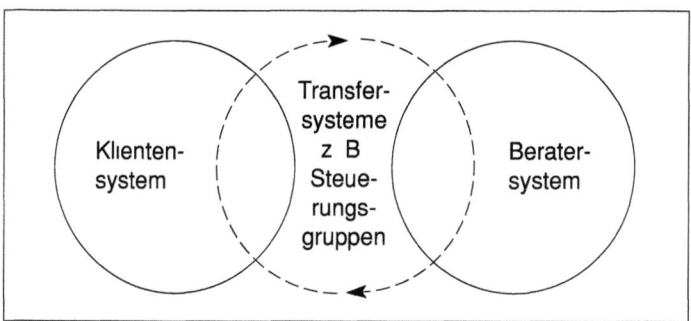

Abbildung 9: Die Herstellung von Anschlußfahigkeit zwischen dem Berater- und dem Klientensystem

Systemreaktionen zu finden" (Willke 1987, S. 356). Wie Abbildung 9 verdeutlicht, werden dafür Transfer-Einrichtungen benötigt, in denen das beratende System mit dem Klientensystem in Kontakt kommt. In diesem übergreifenden Bezugssystem wird der Wandlungsprozeß ständig verhandelt, und zwar im Sinne von: „einem laufenden Perspektivenwechsel zwischen Selbstreferenz und Fremdreferenz, zwischen den internen Belangen und Möglichkeiten der Organisation und den externen Forderungen und Zwangen, auf welche die Organisation neu eingestellt werden soll" (Wilke 1987, S. 349f.).

In diesem Modell läßt sich der Wandel nicht mehr auf einer Zeitachse abbilden. Er wirkt eher wie ein gemeinsamer Tanz von Klienten und Beratern um ihre Problemstellungen herum, wobei die Melodie sich plötzlich verändern kann, so daß beide gemeinsam immer wieder hinhören müssen, um nicht aus dem Takt zu kommen.

Sechs Teilprozesse des Wandels

Unabhängig davon, wie der Prozeß des Wandels vom zeitlichen Verlauf her im einzelnen konzipiert wird, lassen sich für eine erste Orientierung doch eine Reihe von konkreten Aktivitaten festhalten, die im Verlauf von Prozessen regelmäßig wiederkehren und bewußt zu gestalten sind (vgl. Doppler 1991). Wir bilden diese Aktivitaten stark vereinfacht auf einem idealtypischen Prozeß-Spannungsbogen ab, der die langsam zunehmende und systemverträgliche Komplexität des Veranderungsprozesses und dann seine Handlungsorientierung bei abnehmender Komplexität zum Ausdruck bringen soll (Abbildung 10).

Phase 1 · Aufwärmen und Sensibilisieren

Hier geht es in erster Annäherung darum, für die Prozeßbeteiligten grobe Ziele und Vorgehensweisen deutlich zu machen sowie die fur beide Seiten tragfahigen Spielregeln zu vereinbaren. Je großer hier die Transparenz ist, um so weniger muß man damit rechnen, an dieser Stelle schon unnötige Widerstände hervorzurufen.

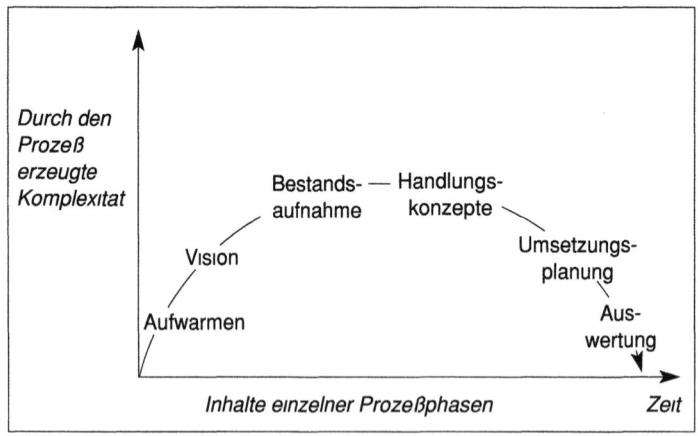

Abbildung 10: Phasen des Wandels im Rahmen eines Prozeß-spannungsbogens

Sechs Teilprozesse des Wandels 95

Phase 2 Vision und Orientierungsrahmen

Jeder Veränderungsprozeß braucht uber die klassischen unternehmerischen Ziele hinaus so etwas wie eine mentale Grundierung, die alle Aktivitaten gleichsam beseelt. Das ist die Aufgabe einer Vision, die vom Management in der zweiten Phase formuliert und vor allem auch kontinuierlich glaubwurdig vorgelebt werden muß.

Phase 3 Bestandsaufnahme und Diagnose

In dieser Phase steht das Bemuhen im Vordergrund, sich ein moglichst umfassendes Bild von der Organisation, von Strategien, Strukturen und Kulturen sowie von den verschiedenen Problemsituationen zu machen, etwa mit Hilfe umfassender schriftlicher Befragungen, Problemklausuren oder diagnostischer Interviews. Wichtig ist dabei auch, die verschiedenen Perspektiven der Betroffenen kennenzulernen und die Konfliktfelder herauszuarbeiten.

Phase 4 · Handlungskonzepte

Aus dem Kontrast von Vision und Ist-Situation ergibt sich der Handlungsbedarf. Dieser wird in uberschaubare Projekte operationalisiert und portioniert, diese wiederum in kleinere Aktivitäten und Tatigkeiten, die von verantwortlichen Mitarbeitern oder Gruppen umzusetzen sind. Als Instrumente stehen hier zunachst Klausuren mit dem Management im Zentrum, das ein organisationsvertragliches Vorgehenskonzept verabschieden muß. Zu den konkreten Maßnahmen konnen ganz unterschiedliche Aktivitaten gehoren, Trainings oder Einzelcoaching, Konfliktworkshops oder die Erarbeitung von funktionalen Teilstrategien, Zirkeln oder Task forces, Kampagnen oder Informationsmarkte etc.

Zum Prozeß gehört auch eine Projektorganisation, die repräsentativ für die Organisation zu besetzen ist und mit entsprechenden Kompetenzen ausgestattet werden muß. Es empfiehlt sich auch, gleichsam eine für moderatorische Arbeit eingerichtete Denkwerkstatt als Projektforum für den Prozeß einzurichten, in der die Gruppen tagen können.

Phase 5 Umsetzungsplanung

Die Umsetzungsplanung beschäftigt sich schließlich mit der konkreten Implementierung. Dazu gehören immer Widerstandsanalysen, in denen vorgängig zu prüfen ist, wo sich möglicherweise Probleme ergeben, nicht nur im System, sondern auch bei den Trägern selbst. Manchmal einigt man sich im ersten Schritt auf ein Pilotvorhaben, das zu Ergebnissen, die für die verbreiterte Umsetzungskonzeption repräsentativ sind, führen soll.

Wesentliches Instrument der Umsetzungsplanung sind verschiedene tools der Ergebnissicherung in Prozessen, mit deren Hilfe die Resultate der Organisation gleichsam in homöopathischen Dosen verabreicht werden können.

Phase 6 Auswertung und Reflexion

Im Grunde sind Auswertung und Reflexion natürlich Prozesse, die ein komplexes Organisationsentwicklungsvorhaben ständig begleiten. Durch sie versichern sich Management und Berater wechselseitig, daß die richtigen Schritte unternommen werden. Auch hier können einerseits formale Methoden, wie etwa Befragungen, andererseits aber auch kleinere Workshops oder Klausuren, die der Feinsteuerung des Prozesses dienen, eingesetzt werden.

Institutionell ist dafür eine Steuergruppe einzurichten, die wesentlich die oben skizzierten Transfer-Prozesse zwischen den Beratern und der Organisation gewährleisten soll. Sie ist essentieller Teil der Projektorganisation. Dieser Kontakt zwischen Klientensystem und Beratern ist immer ein Modell für den Prozeß des Wandels selbst, das im Unternehmen auch wahrgenommen wird und wirkt.

Zwölf Regeln für die Gestaltung von Prozessen

Vor dem Hintergrund der mit den geschilderten Modellen gemachten Erfahrungen lassen sich vielleicht einige Maximen für die konkrete Gestaltung von Prozeßdramaturgien und für die Kooperation zwischen den Beteiligten formulieren:

1. Der Ausstieg spiegelt immer den Einstieg! Der Erfolg hängt ganz wesentlich davon ab, wie in der Anfangssituation der Kontakt und vor allem der Aufbau von Vertrauen gelingt. Dabei verstreicht viel Zeit ohne konkret meßbare Ergebnisse. Deshalb wird ein Prozeß nie ohne Unterstützung von seiten des Managements erfolgreich sein.

2. Loslassen können! Das Ziel jeder Intervention ist die Herstellung von Handlungsfähigkeit im System. Berater dürfen sich nicht in eine quasi-hierarchische Rolle hineindrängen lassen, auch wenn es verlockend ist.

3. Achtung beim „Macher-Symptom"! Gerade zu Beginn von Prozessen haben viele die Lösung schon in der Tasche, wesentlich ist aber weniger die „nobelpreisverdächtige" Lösung eines einzelnen, sondern breite Beteiligung, Konfrontation vieler Sichten und schließlich eine allgemein akzeptierte Lösung.

4. Achtung beim „Stabs-Symptom"! Eine Lösung kann nie perfekt sein – wer das fordert, hat häufig Handlungsangst. Das ist ein Pladoyer für plausible Lösungen und robuste Schritte. Nur Stabs-Theoretiker wollen eine wasserdichte Lösung.

5. Achtung bei „Scheinlosungen"! An den Schluß etwa eines Workshops gehört eine gemeinsame Reflexion darüber, wie nahe die erarbeiteten Aktivitäten an den wirklichen Konflikten und Problemen liegen.

6. Achtung bei „Euphorie"! Die Praxis holt zu hohe Erwartungen am Anfang sehr schnell wieder ein.

7. Den Prozeß-Spannungsbogen nicht abreißen lassen! Zum Prozeß gehört eine ständige „kreative Unruhe", die durch eine ge-

wisse Kontinuität in den Aktivitäten auch geschürt werden muß.
8. Kleine Schritte erzeugen kleine Widerstände! Die konkreten Tätigkeiten mussen ohne allzu großen Aufwand für die verantwortlichen Träger umsetzbar sein. „Große Brocken" liefern implizit gleich die Argumentation für eine Abwehr mit.
9. Viele kleine Schritte tragen den Prozeßerfolg! Der globale Prozeß-Spannungsbogen suggeriert vielleicht, daß das Ergebnis als „großer Wurf" am Ende steht. Er ist aber das Ergebnis vieler kleiner Schritte. Ergebnissicherung und -umsetzung ist ein stetiger Prozeß.
10. Verändere, indem du nicht verändern willst! Veränderungen lassen sich nicht verordnen, sondern müssen sich nach der spezifischen Geschwindigkeit des organisatorischen Lernens richten. Der lebendigste Teil eines Gartens ist haufig jener, der nicht bewußt gehegt und gepflegt wurde.
11. „Spaghetti-Effekte" nutzen! Wenn man beim Spaghetti-Essen die Gabel um eine oder zwei Nudeln dreht, sieht es erst sehr wenig aus. Zieht man aber die Gabel heraus, kleben immer mehr daran, als man zunächst dachte. So ist es auch mit den kleinen Prozeßschritten.
12. „Columbus-Effekte" beachten! Columbus hatte eine Vision, die ihn trieb, nur war sie leider falsch. Dennoch hat er eine großartige Entdeckung gemacht.

Die Erweiterung der Phasenkonzepte zu einem Change-Puzzle: Netzwerkmanagement

Ganz unabhängig davon, in welcher Phase des Prozesses sich ein Projekt befindet und welche konkrete Maßnahme zu implementieren ist – es kommt immer darauf an, daß sich ein Schritt harmonisch an den vorhergehenden anschließt und jeder für das soziale System verdaubar ist. Das lehren uns obige Regeln und die systemische Betrachtungsweise.

Netzwerkmanagement 99

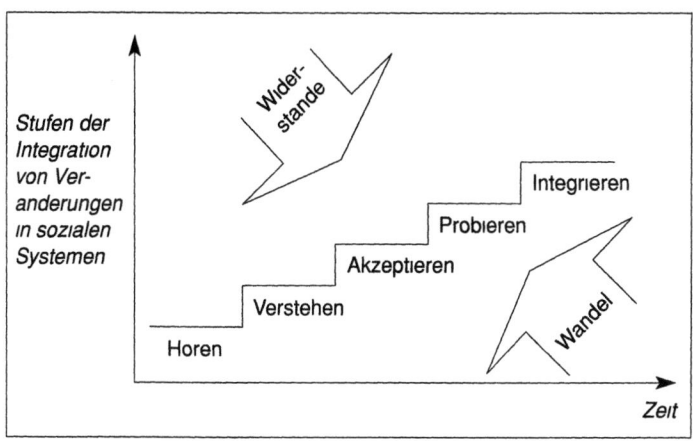

Abbildung 11: Anschlußfahigkeit an bestehende Diskurse als Stufenprozeß

Anschlußfahigkeit von intervenierenden Operationen herzustellen, ist ein Prozeß mit ganz unterschiedlichen Stufen (Abbildung 11; im Anschluß an Konrad Lorenz). Jede ruft jeweils spezifische „Attacken" des organisatorischen Immunsystems auf den Plan. Die internen Akkreditierungsmechanismen bringen selbst wohlgemeinte Vorschlage regelmäßig zu Fall.

Aus systemischer Perspektive ist das eine für die organisatorische Bestandssicherung absolut notwendige Funktion. Luhmann (1988, S. 52ff.) bezeichnet die Bestimmung der systemeigenen Grenzen als eines der wichtigsten Erfordernisse der Konstituierung von Systemen:

„Grenzen können für diese Funktion des Trennens und Verbindens als besondere Einrichtungen ausdifferenziert werden. Sie nehmen dann genau diese Funktion durch spezifische Selektionsleistungen wahr. Die Eigenselektivität der Grenzeinrichtungen, Grenzzonen, Grenzstellen reduziert dann nicht nur die externe, sondern auch die interne Komplexität des Systems mit der Folge, daß ein uber Grenzen vermittelter Kontakt keinem System die volle Komplexität des anderen vermitteln kann, ...

Es handelt sich dann vom System aus gesehen um ‚self-generated boundaries', um Membranen, Haute, Mauern und Tore, Grenzposten, Kontaktstellen."

Damit sind wir in einer paradoxen Situation, „denn warum sollte eine Organisation Informationen und Programme akzeptieren, die ihrem Selbstbild nicht entsprechen?" (Willke 1992, S. 38). Wie soll sie etwas aufnehmen, wenn die Sensoren dafur fehlen?

Systemvertraglicher Wandel hat also zur Bedingung, daß die organisatorischen Grenzfunktionen umgangen werden können. Genau das ist eine Leistung, die soziale Netzwerke in Organisationen vollbringen. Sie sind gerade durch die Abwesenheit klarer Grenzen gekennzeichnet. Die Grenzen der Netzwerke verlaufen fließend und zufällig, sind nicht steuerbar und kontrollierbar:

„Insbesondere durch die Fähigkeit, die Grenzen von sozialen Systemen zu uberwinden, sind Netzwerke in dieser sich so schnell wandelnden Zeit so aktuell. Sie erlauben organisatorisches Probehandeln, wo Institutionen den Instanzenweg benötigen ... In den Netzwerken kann Neues leichter getestet werden, weil nichts den Charakter des Dauerhaften hat ...

Auf der Ebene von Organisationen wagen wir zu behaupten, daß neue Theorien, Produkte, revolutionare Entwicklungen in der Regel außerhalb dieser Organisationen entstanden sind und erst in erprobtem Zustand von diesen aufgegriffen wurden. Selbst in den Fallen, wo Neues innerhalb der Organisation entstanden ist, ware zu prufen, ob es nicht in einem Netzwerk, das quer zur Organisation liegt, entwickelt wurde, welches sich spater der Organisationsoffentlichkeit bediente" (Boos/Exner/Heitger 1992, S. 56f.).

Gerade dieser letzte Gedanke des sukzessiven Einspeisens von Veranderungen in Organisationen über innovative Netzwerke wurde in einem anschaulichen Konzept, das in den achtziger Jahren in der Beratungsgesellschaft Metaplan entstand, aufgegriffen (vgl. Abbildung 12).

Zunächst werden vier verschiedene Phasen unterschieden, in denen sich Prozesse jeweils befinden konnen:

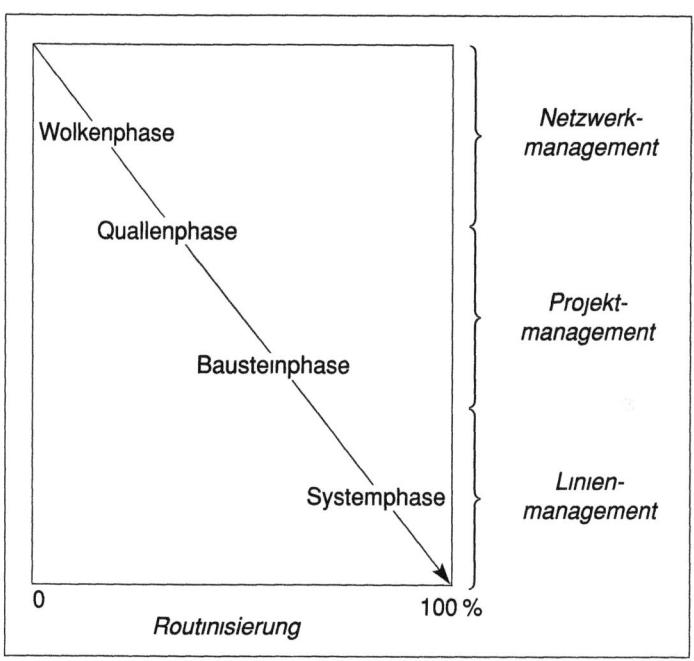

Abbildung 12: Phasen der Integration von Neuerungen in Sozialsystemen

- Die Wolkenphase, in der noch ein hohes Maß von Unklarheit über Probleme, Ziele, Schritte oder zu beteiligende Personen herrscht; gleichzeitig kann von einem hohen Konfliktgehalt ausgegangen werden, der noch ausgelotet werden muß.

- Die Quallenphase ist in dieser Hinsicht schon konturenschärfer und ausdifferenzierter, Problemumrisse zeigen sich, Lösungsrichtungen und Konfliktfronten werden sichtbar.

- Die Bausteinphase ist durch die Herausbildung einzelner Lösungselemente charakterisiert. Diese passen aber noch nicht so recht zusammen, es kommen andere hinzu, einige werden auch wieder verworfen. Konfliktfelder werden klarer und beginnen sich zu lösen.

- Schließlich tendiert die Organisation in der Systemphase wieder zu ihrer Routine und ihren Standards, die wesentlichen Fragen sind geklärt und die Konfliktparteien befinden sich in den kommunikativen Bahnen eines etablierten sozialen Systems.

Das Aufgreifen von Veränderungsimpulsen und ihre Entwicklung zu intern diskutier- und vorzeigbaren Diskursen ist die Funktion von Netzwerken, die sich in den Ritzen und Fugen der etablierten Organisation ihre Nischen und Wachstumsbedingungen schaffen. Erst dann, wenn sie von den Grenzgängern quasi über die grüne Grenze gemogelt wurden, finden die innovativen Diskurse Gehör und werden als definierte Bausteine im Rahmen des Projektmanagements gleichsam serienreif gemacht, um schließlich von den hierarchischen Linienfunktionen übernommen zu werden. Dann ist ihnen die Ruchbarkeit der Innovation aber schon lange nicht mehr anzusehen.

Wenn man dieses Denkmodell mit den eingangs skizzierten Phasenkonzepten verbindet, könnte man sagen, daß gleichsam quer zu den Phasen von Veränderungsprozessen – wie sie auch immer konzeptualisiert sein mögen – immer wieder der dornige Weg von der Wolkenphase bis zur Systemphase durchlaufen wird. Ist man sich beider Entwicklungen bewußt, läßt sich daraus ein individuelles Change-Puzzle konzipieren (Abbildung 13), gewissermaßen ein Reißbrett für die Planung des Unplanbaren, das ganz individuell entsteht und viele leere Stellen und Optionen hat.

Das Management des Wandels benötigt für die beschriebenen Stationen ganz unterschiedliche Instrumente und vor allem Einstellungen. Für das Projektmanagement steht schon ein ziemlich differenzierter Katalog davon zur Verfügung, für das Netzwerkmanagement jedoch nicht (vgl. Freimuth 1991). Hier stößt das Management auch endgültig auf die Quadratur des Kreises. Denn die flüsternden Diskurse in der Wolkenphase kann man nicht „produzieren", man kann nur maximale Rahmenbedingungen für sie schaffen, etwa durch eine gemeinsame Denkwerkstatt: „ ... die zufälligen Begegnungen sind oft die interessanteren und nutzbringenderen Kontakte, weil sie unter normalen Umständen eben nie stattfinden würden." (Meyersen 1992, S. 90.)

Netzwerkmanagement 103

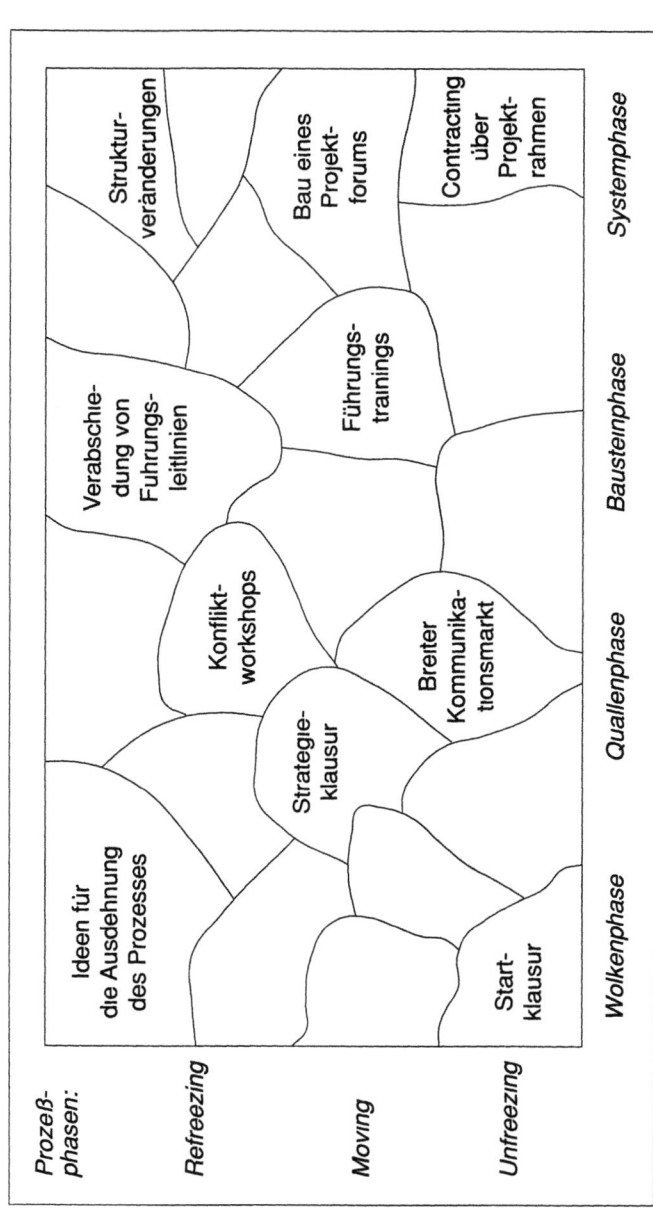

Abbildung 13: Puzzle des Wandels

Letztlich aber überlisten nur sie allein die Selbstreferentialität sozialer Systeme. Sie sind die Bedingung des Wandels. Netzwerke sind offenbar so etwas wie die Unscharferelation der Organisationspsychologie: Sie sind Teil der Organisation, sind es aber doch nicht. Dieser schattenhaften Existenz verdanken sie ihre Bedeutung für den Prozeß des organisatorischen Wandels.

Hilfestellung und Anregung

Die hier dargestellten Modelle, Konzepte, Regeln etc. sind leider auch nur subjektive Vorstellungen von organisatorischer Realität. Sie sollten Hilfestellungen und vor allem Anregungen geben. Wenn das der Fall war, bleibt nur noch zu sagen:

„Meine Sätze erlautern dadurch, daß sie der, welcher mich versteht, am Ende als unsinnig erkennt, wenn er durch sie auf ihnen uber sie hinausgestiegen ist. (Er muß sozusagen die Leiter wegwerfen, nachdem er auf ihr hinaufgestiegen ist.)" (Wittgenstein 1989, S. 85.)

Literatur

Boos, F./Exner, A./Heitger, B.: Soziale Netzwerke sind anders, in: *Organisationsentwicklung*, 11. Jg., 1/1992

Doppler, K.: Management der Veränderung, Entwicklungsprozesse erfolgreich steuern und gestalten, in: *Organisationsentwicklung*, 9. Jg., 1/1991

Freimuth, J.: Über die Wirkung von Unvollkommenheit im Diskurs, Elemente einer innovations- und kooperationsfordernden Redekultur, in: *Organisationsentwicklung*, 10. Jg., 3/1991

Kirsch, W./Esser, W.M./Gabele, E.: Das Management des geplanten Wandels von Organisationen, Stuttgart 1979

Kommescher, G./Witschi, U.: Die Praxis systemischer Beratung, in: *Organisationsentwicklung*, 11. Jg., 2/1992

Luhmann, N.: Soziale Systeme, 2. Aufl., Frankfurt a.M. 1988

Meyersen, K.: Die moderierte Gruppe, Frankfurt a.M. 1992

Weick, K.E.: Der Prozeß des Organisierens, Frankfurt a.M. 1985

Willke, H.: Beobachtung, Beratung und Steuerung von Organisationen in systemtheoretischer Sicht, in: Wimmer, R. (Hrsg.): Organisationsberatung, Neue Wege und Konzepte, Wiesbaden 1992

Willke, H.: Strategien der Intervention in autonome Systeme, in: Baecker, D. et al. (Hrsg).: Theorie als Passion, Frankfurt a.M. 1987

Wittgenstein, L.: Tractatus logico-philosophicus, Werkausgabe, Band 1, Frankfurt a.M. 1989

Umgang mit Widerständen in organisatorischen Veränderungsprozessen

von Joachim Freimuth und Anna Hoets

An der Straße des Fortschritts bleichen die Gebeine der Pioniere. (Gemeinplatz aus der Innovationsberatung)

Der Begriff Widerstand in Zusammenhang mit Veränderungsprozessen wird häufig sehr „beraterzentriert" verwendet, im Extremfall im Sinne von: Das „kranke System" stellt sich den gut gemeinten Vorschlagen des Spezialisten entgegen, aus Angsten, Unwissenheiten oder aus Interessenlagen heraus. Das Ziel musse dann darin bestehen, aufklarerisch-missionierend die Betroffenen vom Gegenteil zu uberzeugen, etwa durch eine entsprechende Prozeßplanung Widerstände zu vermeiden oder sie listenreich zu umgehen.

Erfahrungsgemäß entstehen aber gerade dann Widerstände, und man darf dieses Zurückweisen von Zudringlichkeiten missionierender Besserwisser zu den „gesunden" Reaktionen zahlen, über die soziale Systeme verfugen.

Wenn wir uns zunächst einmal von Freud, dem Altmeister der Psychologie, leiten lassen, dann stoßen wir auf ein vertieftes Verstandnis von Widerstand, das auch Hinweise fur das Management des organisatorischen Wandels gibt:

- Zunachst sind Widerstände eine existentielle Notwendigkeit fur die Ausbildung von Identität. Fehlen sie, kommt es zu einer Desintegration des Ichs. Allerdings konnen Abwehrmechanismen, die zunächst vielleicht Schutz gegeben haben, auch unangemessen werden und zu einer – so Freud – „immer weiter greifenden Entfremdung von der Außenwelt und dauernden Schwachung des Ichs" fuhren (zitiert nach: Schmidtbauer 1982, S. 289).

- Die Veränderung von Einstellungen und Verhaltensformen, die offenbar unangemessen sind und die Lebensfahigkeit beeintrachtigen, kann nur an diesen Widerstanden ansetzen. Das heißt, daß diese Teil und Voraussetzung jeder Entwicklung sind. Das Sichtbarwerden eines Widerstandes ist eine Chance, keine Bedrohung.

- Veränderungen finden nicht gegen den Widerstand statt, sondern mit ihm. Psychischer Widerstand kann nur langsam und schrittweise aufgelöst werden. Insbesondere – so Freud – wenn er seit langem konstituiert ist, muß man „mit Geduld warten" (zitiert nach: Jappe 1982, S. 427). Veranderungen haben ihre eigene Geschwindigkeit.

- Schließlich beruht Widerstand auf Verdrängungen und äußert sich daher nicht unmittelbar sichtbar, sondern eher in Chiffren, deren Gehalt erst erschlossen werden muß. Um Veränderungen zu initiieren, mussen die Widerstande zunächst transparent und als Resultat der eigenen Kognitionen erkennbar werden. Erst dann können therapeutische Interventionen sinnvoll angeschlossen werden, beziehungsweise genauer: Eigentlich ist das schon die erste therapeutische Intervention.

Ganz analog verhalt es sich auch mit Prozessen des organisatorischen Wandels. Resistenz gegen Veranderungen ist zunachst aus der Perspektive der organisatorischen Bestandssicherung rational, kann natürlich auch zu einem Problem werden. Die notwendigen Veranderungsschritte führen nur uber diese Widerstände. Sie mussen im Rahmen des Change-Prozesses für die Betroffenen transparent werden. Diese müssen selbst erkennen, wo die Behinderungen fur die organisatorische Entwicklung liegen. Erst dann kann eine fur das System verdaubare Veranderungsstrategie konzipiert werden. Auch hier ist der Konnex von Erkennen, Analyse und Veranderung so verwoben, daß diese Trennung fast aufgegeben werden kann.

Ursachen und Erscheinungsformen von Widerständen

Der organisatorische Übergang von alten Verhaltensmustern zu zukunftsorientierten Formen der Problembewältigung bewegt sich in der Balance zwischen änderungshemmenden und änderungsfordernden Kräften (Abbildung 14).

Für die Analyse der Ursachen von Veränderungswiderständen sind schon sehr frühzeitig eine Reihe von Konzepten vorgeschlagen worden (vgl. Kasper 1990). So wurde etwa auf der personalen Ebene zwischen Anpassungsfähigkeit und Anpassungsbereitschaft unterschieden (Bohnisch 1975 und 1979). Probleme der Anpassungsfähigkeit ließen sich in dieser Perspektive auf der Grundlage von Personalselektion, -einsatz und -entwicklung lösen. Allerdings muß vor der immer wieder zu konstatierenden Personalisierung organisatorischer Probleme gewarnt werden, die nur zu

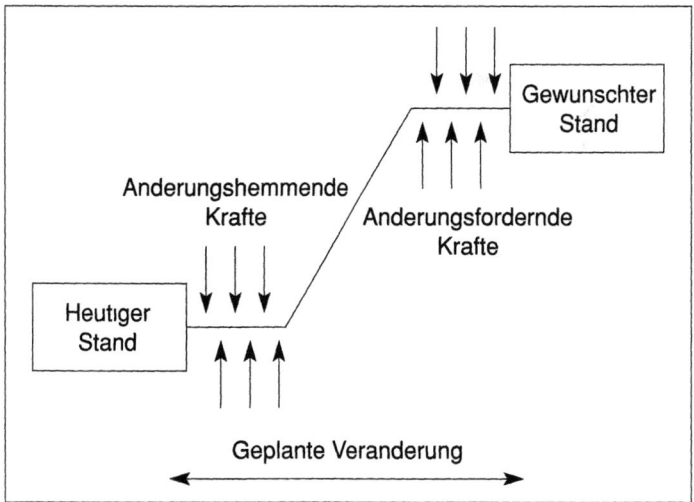

Abbildung 14: Änderungsfordernde und -hemmende Kräfte
Quelle Bleicher 1991, S 769

schnell entsprechend zentrierte „Ent- oder Versorgungsstrategien" nach sich ziehen. Beratung reproduziert so den organisatorischen Konservativismus, statt ihn zu irritieren (Staehle 1991).

Fehlende Anpassungsbereitschaft verlangt schon weitergehende Interventionen, die – so Bohnisch – primär auf einer breiten Information uber die Projektziele und auf Transparenz im Hinblick auf das Vorgehen zielen. Die Information aller Betroffenen uber ein geplantes Veranderungsprojekt im voraus ist aus heutiger Sicht immer noch eine notwendige, aber keinesfalls hinreichende Intervention, die unnotige Widerstände durch ein allzu übereiltes Vorgehen vermeiden hilft. Interventionen wie Informationsstrategien oder auch Trainings wirken aber alleine angewandt leicht etwas rationalistisch und aufklarerisch. Neuere Ansatze verbreitern die Sicht auf den Komplex der gesamten Organisation und insbesondere auf ihre Tiefenstrukturen. Dort sind ihre grundlegenden Kategorien und Werte aufgehoben, allerdings weitgehend der bewußten Wahrnehmung entzogen.

Erweitert man so die Perspektive im Hinblick auf das gesamte Sozialsystem, ergeben sich verbreiterte Einsichten in die Dynamik von Widerständen. In diese Richtung zielt die Unterscheidung zwischen Verhaltens- und Systemwiderständen sowie die zwischen eigentlichen Widerständen und Trägheit (Bleicher 1991, S. 770f.).

Daraus läßt sich eine mogliche organisationsbezogene Systematik entwickeln, die den Begriff Widerstand fur praktische Zwecke etwas operationalisiert.

Verhaltenswiderstände gehen nach dieser Auffassung zuweilen auch von einzelnen Organisationsmitgliedern und naturlich von Gruppen aus. Sie können unterschiedlich motiviert sein: Von der Bedrohung einer Machtposition uber konträre Wertvorstellungen bis hin zu Angsten, den Anforderungen der Neuerungen nicht gewachsen zu sein.

Verhaltensträgheit ist eher ein Unvermögen zum Wandel, das seine Ursachen in festgefahrenen Denkstrukturen oder tradierten Normenkonstrukten haben kann.

	Widerstände	Trägheit
Verhalten	zum Beispiel Bedrohung von Machtpositionen	zum Beispiel festgefahrene Denkstrukturen
System	zum Beispiel fehlende strategische Ausrichtung	zum Beispiel bürokratische Strukturen

Abbildung 15: Systematik von organisatorischen Abwehrformen

Systemwiderstände bei Veränderungen lassen sich auf eine fehlende strategische und innovative Kompetenz der Organisation zurückführen, die etwa aus einer vorherrschenden Orientierung auf kurzfristige Ergebnisse oder einer traditionalistischen Führungskultur resultieren kann.

Als Ursachen für *Systemträgheit* lassen sich einmal infrastrukturelle Faktoren nennen, zum Beispiel lange standardisierte und konservierte Abläufe und Prozesse. Zum anderen tauchen hier wieder personale Komponenten auf, zum Beispiel der mangelhafte Ausbildungsstand der Mitarbeiter, Überalterung oder ähnliches (vgl. dazu zusammenfassend Abbildung 15).

Darüber hinaus ist zu bedenken, daß sich Widerstand beziehungsweise auch das begriffliche Pendant Akzeptanz nicht gleichförmig zeigen, sondern ganz unterschiedliche Ausprägungsformen haben können. Es lassen sich etwa aktive und passive Formen des Widerstandes ausmachen, und auch innerhalb dieser Muster sind

112 Umgang mit Widerständen in Veränderungsprozessen

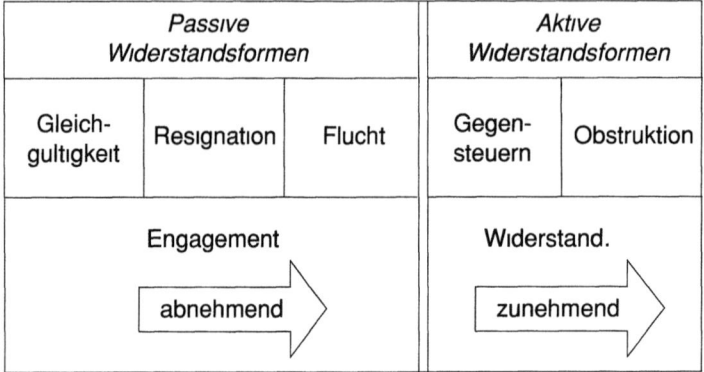

Abbildung 16: Ausprägungsgrad und Ausprägungsformen von Widerstandshaltungen (Übersicht)

Quelle Maydl 1987, S 36

Reaktion	Verhaltensformen	Typische Einstellungen
Gegensteuern	Bewußtes Beibehalten alter (überholter) Verhaltensweisen	„Von Hand geht doch alles besser "
	Nichtwahrnehmen von Vorteilen des Systems	„Ohne Computer kamen wir viel besser klar "
	Stimmung der Kollegen ausloten, negative Meinungen der Kollegen verstärken und unterstützen	
Obstruktion	Sabotage des Systems (zum Beispiel bewußte Falscheingaben)	„Denen zeig' ich's "
	„Stimmung machen" gegen das neue System	„Wollen doch mal sehen, ob ich das System nicht schaffe "
	„Kamikaze-Stimmung"	„Bevor ich abgesagt werde, lasse ich noch das ganze System „hochgehen "

Abbildung 17: Aktive Widerstandsformen

Quelle Maydl 1987, S 37

Ursachen und Erscheinungsformen von Widerständen 113

Reaktion	Verhaltensformen	Typische Einstellungen
Gleich-gültig-keit	Dienst nach Vorschrift Informationszurückhaltung Unterlassen von Verbesserungsvorschlägen Vernachlässigung von Qualitätsnormen Nicht-Eingehen auf Probleme	„Ohne mich " „Geht mich doch nichts an " „Sollen die doch sehen, wie sie ihr System zum Laufen bringen "
Resig-nation	„Innere Kündigung" Einschränkung bzw. Abbau sozialer Kontakte („Einigeln")	„Hat ja doch keinen Sinn " „Auf mich hört man ja ohnehin nicht " „Die machen ja doch, was sie wollen "
Flucht	Alkoholkonsum Absentismus Erhöhter Krankenstand „Tagträume", Ausmalen nicht existenter beruflicher Chancen	„Das hält man ja nur besoffen aus " „Früher war alles besser " „Dieses System macht mich krank "

Abbildung 18: Passive Widerstandsformen

Quelle: Maydl, 1987, S. 38

wiederum mehr oder weniger engagierte Formen des Verweigerns anzutreffen. Sie können alle Facetten vom Dienst nach Vorschrift bis hin zu spektakulären obstruktiven Tendenzen umfassen (vgl. Abbildung 16–18, aus: Maydl 1987, S. 36–38)

Schließlich muß eine weitere Dimension in Betracht gezogen werden, wenn man sich professionell mit Widerständen befaßt (Abbildung 19). Diese können den Betroffenen bewußt und klar sein, etwa wenn es eindeutige Interessenlagen gibt. Ebenso ist es möglich, daß Widerstandsmotive im Unbewußten liegen. Das ist etwa der Fall, wenn uneingestandene Ängste im Spiel sind.

114 Umgang mit Widerständen in Veränderungsprozessen

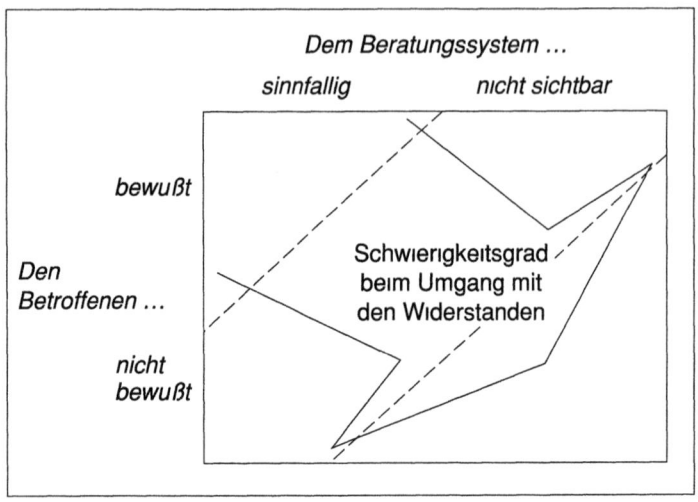

Abbildung 19: Bewußtheit und Wahrnehmbarkeit von Widerständen

Die zweite Dimension ist dann die der Wahrnehmbarkeit der Resistenzen, für jene, die für den Prozeß des Wandels die Verantwortung tragen. Im allgemeinen werden die systeminternen Bedenken nicht offen geäußert und zeigen sich auch nicht unmittelbar, vielmehr entziehen sie sich und üben ihre Wirkung jenseits des „Auges des Betrachters" aus:

„Ein wesentliches Kennzeichen betrieblicher Politik ist, daß sie sich in der Regel nur in und durch sachbezogene Auseinandersetzungen ausdrückt. Sachbezogene Argumentationen und die Verfolgung von Partikularinteressen sind jedoch immer untrennbar miteinander verbunden. Das Hauptproblem, vor dem jedes Unternehmen dabei steht, ist, daß es betriebliche Politik offiziell nicht geben darf; zugelassen ist lediglich die Verfolgung funktionaler Ziele, nicht aber die Durchsetzung persönlicher Ambitionen und Interessen." (Lullies et al. 1993, S. 127)

So entstehen gleichsam argumentative Arrangements, die sich an der Oberfläche verständigungs- und argumentationsbereit zeigen, während in der Substanz die Ablehnung schon halbwegs beschlossene Sache ist. Je weniger bewußt und je weniger sichtbar solche Prozesse sind, um so mehr darf man tendenziell Probleme erwarten, sie in den Vorgang des Wandels zu integrieren. Um so wichtiger ist es dann natürlich, über Strategien zu verfugen, die gerade solche nicht bewußte und nicht unmittelbar sinnfällige Widerstände transparent und fur Veränderungen anschlußfähig machen.

Dazu bedarf es aber eines vertieften Verständnisses der Dynamik sozialer Systeme. Dieses muß sich vor allem auf ihre immanente Logik einlassen und die Berater-Zentrierung, die zum Beispiel noch in Begriffen wie „Systemträgheit" zum Ausdruck kommen, ablegen. Die Analyse latenter Strukturen und Einstellungen ist natürlich auch eine reizvolle Berateraufgabe. Es muß aber beachtet werden, daß ein analysierender Berater leicht das Gefühl vermittelt, über prominentes Wissen zu verfügen, das zudem noch mit den eigenen Wertungen und der Arroganz, schon zu wissen was gut ist, durchsetzt ist:

„Nichts wäre im Hinblick auf komplexe Systeme verkehrter, als von beobachteten Pathologien auf die Möglichkeit direkter Interventionen zu schließen. ‚Pathologie' ist eine Kategorie des Beobachters. Sie muß erst zurückübersetzt werden in die Funktionslogik und Eigendynamik des Systems selbst." (Willke 1987, S. 350)

Widerstände aus systemischer Sicht

Wenn wir von „Change-Management" sprechen, ist das eigentlich schon ein Widerspruch in sich, denn im Begriff „Management" klingt immer noch etwas von dem technokratisch-utopischen Glauben der Machbarkeit und Kontrolle von Organisationen mit. In diesem Kontext wurde der Begriff Widerstand manchmal sogar sportiv gesehen, gleichsam als Herausforderung fur prometheische Führungspersönlichkeiten oder Berater, selten als Ausdruck der Eigenlogik und der internen Rationalität sozialer Systeme. Das aber legt die moderne systemische Perspektive nahe.

Widerstände sind hier Ausdruck der Geschlossenheit sozialer Systeme, die sich so gegen äußere Avancen ihre Identität bewahren. Der Begriff Widerstand bekommt in einer solchen Konzeption dann eher die Dimension der systemischen Eigenwilligkeit, möglicherweise konnte man ihn sogar fallenlassen. In jedem Fall markiert Widerstand hier die Inkompatibilität zweier sozialer Systeme mit ihren je eigenen Beurteilungen und Bewertungen derselben Realität, die unter sich noch keine Zugänge zueinander gefunden haben. Es ist die Aufgabe des Beraters, durch geeignete Interventionen zunächst einmal eine Verständigungsbasis herzustellen, also sprachlich wie nichtsprachlich Anschluß an das System zu finden (Kommescher/Witschi 1992, S. 27). Die Wertschätzung gegenüber dem Klienten ist von vornherein eine andere, wenn man etwa sagt: „Wir haben es noch nicht geschafft, uns verständlich zu machen oder Akzeptanz zu finden", statt „In der Organisation gibt es Widerstände."

Im Verlaufe jeder Systemgeschichte bilden sich eigene, spezialisierte Sprachen und Kommunikationsmuster heraus, die leicht anschließbare interne Dialoge und Verständigung sicherstellen. Das ist an sich keine überraschende Erkenntnis. Jeder kennt etwa die Sprachwelt der Juristen oder Psychologen, Berater bilden einen eigenen Jargon heraus, ebenso Unternehmen mit ihren spezifischen Kulturen. Neuen Mitarbeitern erschließt sich ein solcher Jargon erst nach und nach.

Der für unser Verständnis von Veränderungswiderstand wichtige Gedanke besteht nun aber darin, daß sich diese Kommunikationsformen stets aufeinander beziehen. Sie schaffen sich immer neu, reproduzieren sich selbst und werden andererseits für alternative Interpretationen immer weniger aufnahmefähig. Daraus resultiert eine gewisse Konservativität oder systemische Blindheit, die es sehr schwer macht, auch unangemessene und hinderliche Konzeptualisierungen von Realität zu erkennen. So werden etwa einmal erfolgreiche Strategien in Unternehmen in aller Regel auch auf andere Felder übertragen. Nicht nur weil die Erfahrungskategorien es nahelegen, sondern auch, weil sich um diese Strategie herum inzwischen ein ganzer Apparat von Systemen und

Strukturen, zum Beispiel Mittelzuweisungen oder Vorgehensanweisungen, gebildet hat, der ständig neue Anschlüsse gebiert, um seine Fortexistenz zu garantieren. An diesen systemischen Konservativismen scheitern regelmäßig auch organisatorische Neuerungen, wie etwa Projektmanagement:

„Wenn Manager davon ausgehen, daß Mitarbeiter ohne sie kein Projekt bearbeiten können, und sie deshalb laufend in deren Arbeit eingreifen, statt ihnen das dafür erforderliche Wissen zur Verfügung zu stellen und ihnen den Freiraum für Selbstorganisation einzuräumen, sind die Mitarbeiter der Aufgabe wirklich nicht gewachsen, und das Management muß eingreifen" (Lullies et al 1993, S. 73).

Die Ausbildung selbstreferentieller sozialer Systeme darf man sich jedoch – so Willke (1992, S. 23f.) – nicht als Absonderung vom gesellschaftlichen Gesamtzusammenhang vorstellen. Das hieße ja, daß etwa im Rechtssystem nur über Recht und in der Ökonomie nur noch über Geld gesprochen werden könnte.

„Entscheidend ist vielmehr, daß die Qualität (im Sinne des Informationsgehaltes) von Kommunikationen durch die jeweilige Art der Bezugnahme, also durch die Art der Beziehung zwischen Referent und Referiertem, definiert wird als politische, rechtliche, ökonomische, wissenschaftliche oder sonstige Kommunikation. Eine schnelle und zuverlässige Einordnung von Kommunikationen in je spezifische Kontexte geschieht durch eine Engführung des Bedeutungsstromes von Kommunikationen durch differentielle semantische Codes. Diese werden im Prozeß der Kommunikation zwischen Personen stetig in Form von Code-Schlüsseln mitsignalisiert. In Organisationen werden sie durch selbstreferentielle Bezugnahmen der Kommunikationen als systemspezifische und anschlußfähige gekennzeichnet" (Willke 1992, S. 24).

Die operative Geschlossenheit sozialer Systeme stellt für diese in einer komplexen und turbulenten Umwelt zunächst innere Ordnung und Stabilität, aber auch ein produktives Umgehen mit der eigenen internen Komplexität, das heißt letztlich – wie eingangs erwähnt – die eigene Identität sicher. Das wird möglich durch kommunikative Spezialisierung: Informationen aus dem Umfeld der Organisation, die mit den herrschenden Kategorien nicht übereinstimmen, werden nur sehr selektiv durch dafür legitimierte Organe aufgenommen. Das betriebliche Rechnungswesen ist zum Beispiel ein solches Organ, das regelmäßig Erkenntnisse verbreitet, die an vielen Stellen Entscheidungsgrundlage sind und damit zugleich auch immer den spezifischen organisatorischen Fokus mitliefern:

„Was den meisten Führungskräften präsentiert wird, sind ‚Probleme' – besonders in den Bereichen, in denen die Leistung hinter den Erwartungen zurückbleibt. Das heißt jedoch, daß Manager dazu neigen, Chancen gar nicht erst zu sehen. Sie werden ihnen nicht präsentiert." (Drucker 1985, S. 228)

Das hat aber durchaus seinen – systemischen – Sinn, denn auf diese Weise wird ja mindestens die Existenzberechtigung des Rechnungswesens und nicht zuletzt die des Managements legitimiert. Diese Großserienfertigung jeder Menge von Problemen sind ja lediglich hochaggregierte Konstrukte, in denen die Lebendigkeit betrieblicher Realität schon lange ausgelöscht ist. Sie schafft gleichwohl reichliche Anschlußpunkte für darauf bezogene Kommunikation und damit für die systemische Reproduktion. Nur von außen wird sie als Widerstand wahrgenommen, intern betrachtet dient sie der Erhaltung des Systems.

Der gleiche Mechanismus des Hervorbringens und Stabilisierens von Wirklichkeitsbildern gilt nun auch, wie angedeutet, für die Produktion von unangemessenen Konstrukten, die falsche oder schädliche Systemoperationen einleiten. Diese werden dann unter Umständen irgendwann einmal Beratern angeboten, etwa weil interne Konflikte einzelnen Mitglieder es ratsam erscheinen ließen, neue Akteure ins Spiel zu bringen. Ihre Aufgabe besteht im wesentlichen darin, die „defensiven Routinen" (Argyris 1992) auflösen zu helfen und die Problemlösungskompetenz des Systems zu erweitern. Der für Berater wie Organisationsmitglieder gleichermaßen dornenreiche Weg muß über die vorhandenen Konstrukte führen. Diese aber weigern sich qua definitionem beharrlich, neu

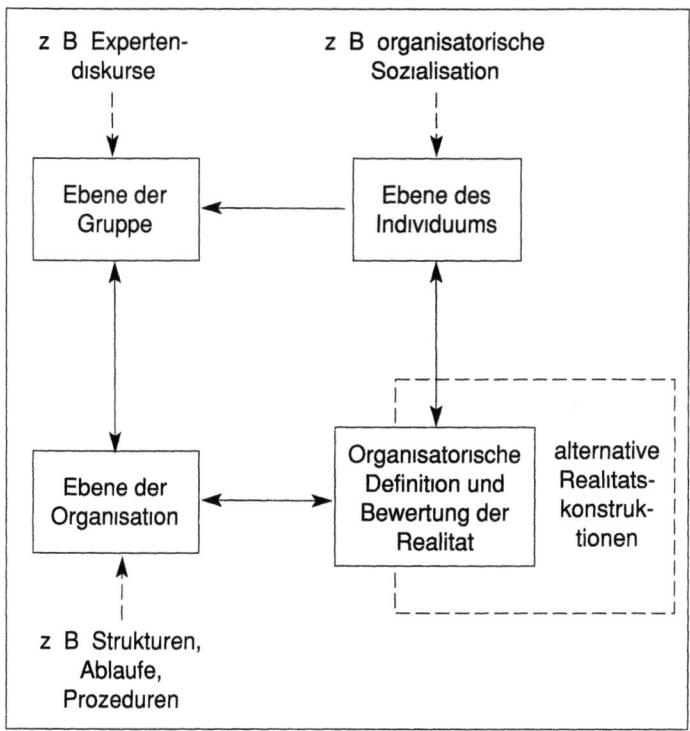

Abbildung 20: Die Zirkularität des organisatorischen Immunsystems

hinzuhören. Schlimmer noch: Oft gelingt es sogar, das beratende System zum integralen Teil dieses Diskurses zu machen, als „Mutter, Vater, Problemloser, Zauberer, Prediger, Erlöser usw." (Heintel/Krainz 1992, S. 130).

Change-Management muß daher immer mit einer immanenten Konservativität des Systems rechnen, die zunächst darauf bedacht ist, alles Neue gewissermaßen vor den Richtern der internen Kategorien und Werte zu akkreditieren. Diese Prozesse sind zirkular und gewinnen ihre Wirkungsstärke durch das orchestrale Zusammenspiel und die Überlagerung verschiedener Ebenen (vgl. Abbildung 20; die im ersten Abschnitt betrachteten personalen, sozialen und strukturellen Quellen von Widerständen sind hier in einem Konzept zusammengefaßt):

- Auf der Ebene der Individuen sorgt etwa die organisatorische Sozialisation dafur, daß diese sehr schnell lernen, die Realität durch die Brille des etablierten Diskurses zu betrachten:

  „… wer danebenredet (am Diskurs vorbei), andere Fachausdrucke verwendet, oder so redet, als ware er von der Allgemeingultigkeit des Diskurses nicht durchdrungen, wird in eine abseitige Position gezwungen, von der aus er bestenfalls noch verhandeln darf" (Gaudin 1981, S. 60).

- Auf der Ebene der verschiedenen Gruppen und Teilfunktionen werden Neuerungen etwa als Bedrohung des eigenen Expertentums ausgegrenzt:

  „Ob sie nun innerhalb oder außerhalb des Unternehmens entstanden sind, eine Innovation kommt denjenigen, die nicht auf die Idee gekommen sind, oft als Krankung vor, naturgemaß umsomehr, als ihre ureigenste Aufgabe eben darin besteht, auf Ideen zu kommen." (Gaudin 1981, S. 16)

- Schließlich verhindern die unterschiedlichsten organisatorischen Strukturen und Ablaufe, Anordnungen und Reglements die Verbreitung von Veranderungen. Sie sind die stummen und daher um so unerbittlicheren Kommissare, die das organisatorische Immunsystem aufrechterhalten:

  „… wer vom Fragerecht Gebrauch machen will, dem tritt die Macht in der Gestalt eines Formulars, eines Vorgesetzten, eines Vertreters entgegen. Derjenige, der die Modalitaten festgelegt hat, ist nicht greifbar. Die Macht versteckt sich unter einem riesigen Haufen von Texten und leistet von dort aus Widerstand …" (Gaudin 1981, S. 80)

Das Ende dieser Reihe unterschiedlichster Gespinste, in denen sich die Initiativen des organisatorischen Wandels verfangen konnen, ist wie der Anfang: Es werden primar die Fragen gestellt, auf die die Antworten im Grunde bereits feststehen, die internen Modalitaten entscheiden uber Erfolg und Akzeptanz von Interventionen.

Es liegt auf der Hand, daß diese erweiterte Interpretation organisatorischer Veranderungsresistenz fur die Gestaltung von Change-Prozessen einige Konsequenzen hat.

Wie macht man das Thema zum Thema?

Als Ergebnis unserer bisherigen Gedankenfuhrung konnen wir festhalten:
- Widerstande sind Ausdruck des organisatorischen Bemuhens, die eigene Identitat zu bewahren.
- Sie manifestieren sich in systemischen Kategorien und Werten, die intern zu standigen Folgeoperationen fuhren.
- Diese sind aber der Anknupfungspunkt fur Veranderungen und nur mit, nicht gegen ihre Logik lassen sich Veranderungen induzieren.

Da wir soziale Systeme als operativ geschlossene Codes gefaßt haben, muß sich – und das ist der Kern des Problems – Veranderungsmanagement in der Sprache des Systems verstandlich machen und Anschlußfahigkeit herstellen. Man kann nicht damit rechnen, daß mit fertigen Programmen in einem eigengesetzlichen Feld die geplanten Ergebnissen erreicht werden konnen.

Bartlett/Ghoshal (1990, S. 146f.) geben ein kritisches Beispiel dafur, wie theoretische Beraterkonstrukte in den internen Dialogen der Organisationen wirken konnen. Die Kategorisierungen von Produkten in Portfolio-Modellen als „arme Hunde" oder „Cash-Kuhe", also ohne Wachstumspotentiale, etwa im Vergleich zu den „Stars", fuhrt bei den betroffenen Managern zu defensivem und entmutigtem Verhalten: Qualifikationen verfallen, Unternehmertum und Kreativitat verloschen. Die Kategorisierung tragt damit offenbar zu der Entstehung der Realitat nachhaltig bei, wobei diese insofern intern anschlußfahig war, als sie vielleicht latenter Skepsis einen Namen und damit Leben gab. Aber auch diese Skepsis ist moglicherweise erst durch die Prasenz der Berater hervorgerufen worden.

Wie dem auch sei: Von entscheidender Bedeutung für das Verstehen von organisatorischer Innerweltlichkeit und daran anschließende Interventionen im Rahmen von Change-Prozessen sind nicht die Dinge, sondern die Kategorien, mit denen über sie verhandelt wird:

„Weder die Ressourcen, um die es geht, noch die psychischen Zustande der beteiligten Personen sind danach Elemente oder Bestandteile des Systems. Sie sind naturlich unerläßliche Momente der Umwelt des Systems. Über sie wird kommuniziert, und die Kommunikation nimmt ihrerseits Materielles und Psychisches in Anspruch. Sie wäre ohne diese Umwelt nicht möglich. Die Systembildung, um die es geht, liegt aber ausschließlich auf der Ebene des kommunikativen Geschehens selber. Nur dies kann in einem genauen Sinne als soziale Wirklichkeit beziehungsweise als soziales System bezeichnet werden." (Luhmann 1988, S. 14)

Das Ziel von verändernden Interventionen und auch ihre grundsatzliche Legitimität (vgl. hierzu: Wimmer 1992, S. 71ff.) besteht darin, bei „defensiven Routinen" innerhalb der Organisation Reflexion anzustoßen oder anzuregen, die Relativität der internen Sicht der Dinge erlebbar zu machen und die Möglichkeit alternativer Entwurfe in den Bereich der Betrachtung zu bringen. Die Wirkungen können nur innerhalb des Systems realisiert werden, denn nur das, was dort aufgenommen und akzeptiert wird, kann zum Ausgangspunkt neuer und erfolgreicherer Handlungsstrategien werden. Die klassischen Berater-Ansatze, die sich entweder auf die eigene Expertise verlassen und diese der Organisation gleichsam verabreichen, oder jene, die sich zunächst in breiten Analyse- und Diagnoseprozessen selbst ein Bild machen, übersehen, daß damit in beiden Fallen nichts gewonnen ist. Denn das Expertenwissen oder das eruierte Bild vom Status quo ist nicht a priori verwertbar beziehungsweise anschlußfahig für die Organisation. Im Gegenteil muß man sich haufig sehr gut uberlegen, ob nicht gerade mit dem bilderstürmerischen Offenlegen von latenten Strukturen Unvorhergesehenes ausgelöst werden kann (Luhmann/Fuchs 1989, S. 216). Widerstande bekommen dann sogar noch eine externe Legitimation.

Wie macht man das Thema zum Thema?

Es geht bei der Gestaltung von Interventionen im Zusammenhang mit systemischen Widerständen zunächst um das Finden oder Herstellen von geeigneten kommunikativen Zugängen, die sich der Logik der Ordnung bedient, um sie aber zugleich partiell außer Kraft zu setzen. Gegen diese läßt sich keine Veränderung durchsetzen. Interventionen sind lediglich gezielte Vorschläge und Anregungen, die darauf hoffen müssen, innersystemisch auf fruchtbaren Boden zu treffen. Das Ziel besteht darin, insbesondere das eigene Problemlösungsverhalten, geronnene Muster und Riten zu spiegeln, bewußt zu irritieren und anzuzweifeln. Es ist durchaus auch ein gewisses Lotteriespiel, aber kontrolliert und mit Chancen,

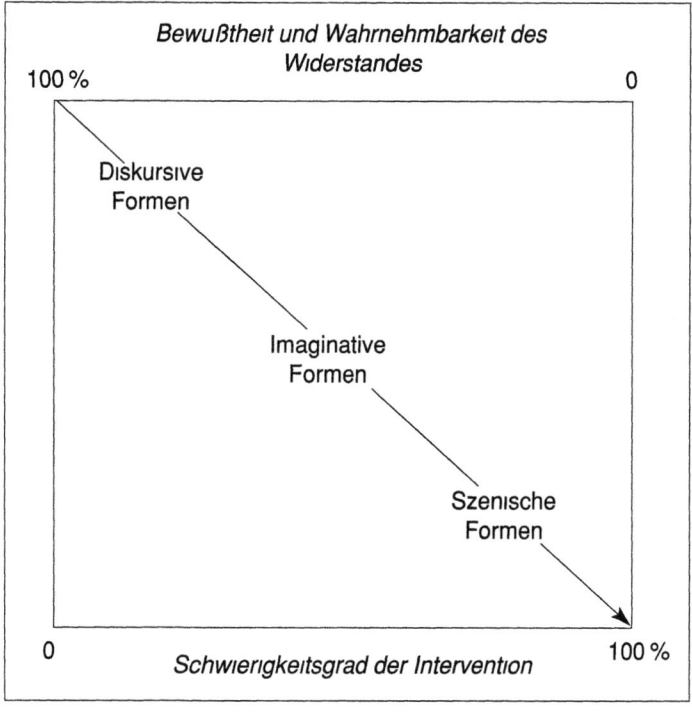

Abbildung 21: Formen des konstruktiven Umgangs mit Widerständen

die steigen, wenn auf seiten des intervenierenden Systems Verstandnis entsteht und der Respekt fur die Integritat des Klientensystems spürbar ist (Wimmer 1992, S. 101f.).

Die konkreten Ansätze fur den konstruktiven Umgang mit Widerstanden und die moglichen Interventionen, die diese transparent, erlebbar und damit dispositionsfahig machen sollen, sind unterschiedlich. Wir möchten hier exemplarisch – anknüpfend an Abbildung 19 – insgesamt drei Formen unterscheiden, die jeweils von ihrer Codierung beziehungsweise Form her an die spezifische Reprasentation bei den Klienten anknupfen sollen (Abbildung 21):

Diskursive Formen des Herausarbeitens von Widerständen bieten sich an, wenn diese mehr oder weniger greifbar oder evident sind und gewissermaßen nur noch auf den Punkt gebracht werden mussen. Das ist haufig im Verlaufe oder am Ende von Gruppenprozessen der Fall. Ein moderatorisches Instrument, um zunächst Sichtbarkeit herzustellen, sind Skalenfragen, die es den Teilnehmern ermoglichen, offen oder anonym mit Hilfe eines Klebepunktes ihre Meinung zum Ausdruck zu bringen. Damit wird sofort das gesamte Gruppenbild deutlich und das Ergebnis wirkt wie eine Initialzundung fur eine reflektierende Diskussion. Beispiele fur mogliche Fragestellungen sind etwa: „Wie nahe sind wir mit den heute erreichten Ergebnissen am Kern des Problems?", „Wie stark haben wir bei den erarbeiteten Losungen unsere eigenen Verhaltensanteile berucksichtigt?" etc.

Fragen sind die klassischen Interventionsformen im Umgang mit Systemabwehr. Sie sollten einerseits schon den Finger in eine – vom Berater vermutete – Wunde legen. Andererseits sollten sie aber Spielraume offnen, die den Klienten nicht das Gefuhl geben, uberrumpelt zu werden, sondern Ansatzpunkte für eine Ausbildung erweiterter Perspektiven bilden.

Imaginative Formen des Herauskristallisierens von Widerständen eignen sich fur Situationen, in denen Widerstande lediglich zu vermuten sind und auch mit rein sprachlichen Mitteln nicht ohne weiteres ausgedruckt werden können. Imaginative Formen der Reprasentation von Realitat knüpfen an latente Erlebensgehalte an

Wie macht man das Thema zum Thema?

und konnen ihnen eine aquivalente Form des Ausdrucks, eine Stimme verschaffen. Ein Beispiel dazu:

Zu Beginn eines Prozesses zur Entwicklung einer schlanken Organisation baten wir Workshop-Teilnehmer, sich das Ganze wie einen Gang durch ein großes Haus oder Schloß vorzustellen, in das sie nun die ersten Schritte unternehmen sollten. Die konkrete Aufgabe bestand dann darin, diesen tastenden und orientierenden Prozeß des Kontaktaufnehmens, die außere Front des Gebaudes, seine Gestalt, Details wie Eingangsbereich, Fenster etc. darzustellen. Unsere Interpretation der Werke und insbesondere die Gesamtschau der Ergebnisse vermittelten den Teilnehmern und Beratern ein lebhaftes Bild von den anfanglichen Dispositionen. Verschlossene Fenster oder halbgeoffnete Turen, eine solide Bauweise oder ein weniger stabiles Gemauer, all das sind Hinweise, die Anknupfungspunkte fur ein sensibleres Vorgehen ermoglichen. Sie zeigen, wie die Teilnehmer ihre Realitat im Moment wahrnehmen und bewerten und vor allem, wo und welcher Art die Bedenken und Abwehrpotentiale sind, die latent in der Gruppe schlummern.

Dabei ist zu betonen, daß solche Darstellungen nicht zu einer Klagemauer werden dürfen, die die erlernte Hilflosigkeit der Betroffenen legitimieren. Die beraterische Fragestellung muß auch immer herausarbeiten helfen, was das Klientensystem unter Abschatzung der Risiken selbst bewegen kann und will.

Die *szenische Aufarbeitung* von Widerstanden reflektiert noch starker auf die organisatorischen Tiefenstrukturen und versucht, diese behutsam an die Oberflache zu bringen. Ein Beispiel mag wieder zum Verstandnis behilflich sein: In der Beratung war eine Gruppe von betriebsinternen Personalentwicklern, die ihre ersten Konzepte innerorganisatorisch umsetzen wollte. Von den Mitarbeitern des Unternehmens kam uberwiegend Akzeptanz, wahrend die Fuhrungskrafte eher zuruckhaltend reagierten. Nach den ersten Seminaren kamen von Mitarbeitern Klagen, daß sie von ihren Vorgesetzten in der Umsetzung der gelernten Inhalte behindert wurden. Weitere Seminarzusagen kamen nur sehr zogerlich.

Unsere Intervention im Workshop bestand zunachst darin, typische Gesprachssituationen mit den Fuhrungskraften, etwa zur Ermittlung von Personalentwicklungsbedarf, nachspielen zu lassen. Hier bestatigte sich unsere Vermutung, daß eine Konkurrenzsituation zwischen den zunachst abwartenden Vorgesetzten und den ubereifrigen, missionierenden Personalentwicklern entstanden war.

Das Nachspielen der Szenen bestatigte die Gruppe aber nur in ihrer Sicht, daß die Vorgesetzten storrisch und uneinsichtig seien, und gab auch zu allerlei Gelachter Anlaß. Die Irritation in der geschlossenen Wahrnehmungswelt der Gruppe entstand erst, als wir sie auf ihre Terminologie aufmerksam machten. In ihren Bedarfsanalysen fragten sie etwa nach „Problemen" der Vorgesetzten und schlugen ihnen entsprechende „Maßnahmen" vor, um diesen Problemen abzuhelfen. Die darin enthaltene Abwertung der Vorgesetzten wurde ihnen besonders im Kontrast zu ihrem eigenen, außerst verletzbaren Narzißmus deutlich, mit dem sie ihre internen Dienstleistungsangebote betrachteten.

Dieses Beispiel macht einen wichtigen beraterischen Fokus deutlich, den Luhmann (1988, S. 119) „Beobachtung der Beobachtung" nennt. Er zielt auf die gemeinsame Rekonstruktion der Prozesse, mit denen sich das beratende System seine Realitat konzeptualisiert und sich damit auch seine Probleme schafft.

Wir konnten in dem beschriebenen Projekt schließlich gemeinsam herausarbeiten, daß das Anbieten von Personal- oder Organisationsentwicklung nur glaubwurdig ist, wenn man zunachst vor der eigenen Tur gekehrt hat – auch wenn und gerade weil es weh tut.

Literatur

Argyris, C.: Eingeubte Inkompetenz, in: Fatzer, G. (Hrsg.): Organisationsentwicklung fur die Zukunft, Koln 1992
Bartlett, C.A./Ghoshal,S.: Internationale Unternehmensführung, Innovation, globale Effizienz und differenziertes Marketing, Frankfurt a.M./New York 1990
Bleicher, K.: Organisation, Strategien – Stukturen – Kulturen. 2. Aufl., Wiesbaden 1991
Bohnisch, W.: Personale Innovationswiderstände, in: Gaugler, E. (Hrsg.): Handworterbuch des Personalwesens, Stuttgart 1975
Bohnisch, W.: Personale Widerstände bei der Durchsetzung von Innovationen, Stuttgart 1979
Drucker, P.: Innovationsmanagement für Wirtschaft und Politik, Dusseldorf/Wien 1985
Gaudin, T.: Die Innovationsbremse. Der lange Weg des technischen Fortschritts durch Burokratien und Unternehmen, Frankfurt a.M. 1981
Heintel, P./Krainz, E.E.: Beratung als Projekt, Zur Bedeutung des Projektmanagements in Beratungsprojekten, in: Wimmer, R. (Hrsg.): Organisationsberatung, Neue Wege und Konzepte, Wiesbaden 1992
Jappe, G.: Die Entwicklung von Freuds Ich-Begriff mit Bezugnahme auf Paul Federn, in: Eicke, D. (Hrsg.): Sigmund Freud, Leben, Werk und Wirkung, Band 1: Tiefenpsychologie, Weinheim/Basel 1982
Kasper, H.: Die Handhabung des Neuen in organisierten Sozialsystemen, Berlin/Heidelberg u.a. 1990
Kommescher, G./Witschi, U. (1992): Die Praxis der systemischen Beratung, in: *Organisationsentwicklung*, 11. Jg., 2/1992, S. 22–33
Luhmann, N.: Die Wirtschaft der Gesellschaft, Frankfurt a.M. 1988
Luhmann, N./Fuchs, P.: Reden und Schweigen, Frankfurt a.M. 1989
Lullies, V./Bollinger, H./Weltz, F.: Wissenslogistik, Über den betrieblichen Umgang mit Wissen bei Entwicklungsvorhaben, Frankfurt a.M. 1993

Maydl, E.: Technologie-Akzeptanz im Unternehmen, Wiesbaden 1987
Schmidtbauer, W.: Die Verdrängung und andere Abwehrmechanismen, in: Eicke, D. (Hrsg.): Sigmund Freud, Leben, Werk und Wirkung, Band. 1.: Tiefenpsychologie, Weinheim/ Basel 1982
Staehle, W.H.: Organisatorischer Konservativismus in der Unternehmensberatung, in: *Gruppendynamik*, 22. Jg., 1/1991, S. 19–32
Willke, H: Strategien der Intervention in autonome Systeme, in: Baecker, D. et al. (Hrsg.): Theorie als Passion, Frankfurt a.M. 1987
Willke, H.: Beobachtung, Beratung und Steuerung von Organisationen in systemtheoretischer Sicht, in: Wimmer, R. (Hrsg.): Organisationsberatung, Neue Wege und Konzepte, Wiesbaden 1992
Wimmer, R.: Was kann Beratung leisten? Zum Interventionsrepertoire und Interventionsverstandnis der systemischen Organisationsberatung, in: ders. (Hrsg.): Organisationsberatung, Neue Wege und Konzepte, Wiesbaden 1992

Promotoren des Wandels: die Moving-Manager

von Sabine Kraemer-Fieger

Wie muß der Lotse durch das Chaos „Wandel" konstituiert sein, damit die Segel von der Mannschaft in den Wind gestellt werden konnen? Gibt es trainierbare Change-Skills? In diesem Beitrag wird die Rolle des Engpaßfaktors Mensch in den Brennpunkt geruckt; außerdem werden Hilfsmittel fur die Planung menschlicher Ressourcen im Moving-Prozeß thematisiert.

Moving-Manager beziehungsweise Change-Agents sind die Schrittmacher des pulsierenden Veranderungsprozesses. Um ihr Moving-Ziel zu erreichen, tun sie zweierlei: Sie erkennen menschliche Change-Ressourcen und motivieren die Moving-Teamer zum richtigen Zeitpunkt zu Hochstleistungen.

Veränderungen – Zusammenspiel von Lust und Unlust

Jeder, der eine Veranderung initiiert, verspricht sich davon eine Verbesserung seines Zustandes oder eine Linderung seines Unwohlseins. Um Veranderungschancen einzuschatzen, werden von deutschen Unternehmen Milliardenbetrage ausgegeben (zum Beispiel fur Markt- und Marketingforschung, Produkttests etc.). Ist der Weg bereitet und sind die Umweltfaktoren erforscht, dann muß die Idee, das Konzept durch den Engpaßfaktor Mensch katalysiert werden. Den Change-Agents, den Veranderungsmanagern, kommt dabei eine zentrale Rolle zu. Von ihnen hängt in einem wesentlichen Maße die erfolgreiche Entwicklung und Gestaltung des Veränderungsprozesses ab.

Um so erstaunlicher ist es, daß sowohl bei der Selektion als auch der Qualifikation von Change-Managern die intuitive Urteilsbildung (insbesondere bei mittelständischen Unternehmen) als Analyseinstrument herangezogen wird.

Bei persönlichen Veränderungsprozessen (zum Beispiel Stellenwechsel, Ortswechsel etc.) sind Initiator und Realisator des Change-Prozesses meistens in Personalunion vereint. Durch den Wunsch oder den Schmerzzustand motiviert, entwickelt der Prozeß bei dem Betroffenen in der Regel eine Eigendynamik, bis das Veränderungsbedürfnis befriedigt ist. In Organisationen sind häufig Teams, Abteilungen, also mehrere Menschen mit der Aufgabe betraut, das Veränderungsziel gemeinsam zu erreichen. Die Zusammensetzung der Gruppe ist für die erfolgreiche Gestaltung des Prozesses (vgl. Beitrag: Phasen und Stationen in Veränderungsprozessen) von höchster Bedeutung und somit ein wichtiger Bestandteil der Projektplanung. Im folgenden wird ein Modell skizziert, daß für die Planung der Projektguppe, die den Veränderungsprozeß steuert, herangezogen werden soll. Persönlichkeitsfaktoren von Change-Helden, also Multitalenten des Innovationsprozesses, werden nicht weiter berücksichtigt, da sie eher Ausnahmen als die Regel sind. Die Überlegungen zu Change-Qualifikationen leiten sich aus der IPA ab, die im Beitrag: „Innovationsprozesse: Die Systematik des Erfolges" vorgestellt wurden. Hieraus wird der Anwendungsbezug der individuellen Ebene, die Schlüsselqualifikationen der Change-Agents, extrahiert (Tabelle 2).

Modelle sind probate Hilfsmittel. Sie beschreiben oder simulieren, wie etwas auf einem bestimmten Gebiet funktionieren könnte. Sie sind im wesentlichen Entwürfe, Denkprothesen und stellen die Realität strukturiert dar. Wir suchen bei der Ausarbeitung von spezifischen Denkhaltungen im Veränderungsprozeß nicht unbedingt nach Wahrheiten. Wir versuchen, in Veränderungsprozessen beobachtbare Funktionsweisen zu benennen und den Einsatz mensch-

Tabelle 2: Die individuelle Ebene der Innovations-Potential-Analyse (IPA) und der Bezug zu den Change-Qualifikationen

Bedürfnisschwerpunkte von Menschen im Veränderungsprozeß	Kompetenzfaktoren	Zustand/ Stimmungen
Motivation zur Veränderung	Persönliche Kompetenz	Visionär
Wissen, Erfahrungen einbringen	Konstruktive Kompetenz	Analytiker
Aktivitäts- bzw. Macherorientierung	Partizipative Kompetenz	Macher
Kooperation, gezielter Austausch mit anderen	Soziale Kompetenz Methodenkompetenz	Implementator

licher Potentiale und Ressourcen in Change-Projekten planbar zu machen. Gleich einer Entwicklungsskizze im Design liegt der Wert des nachfolgenden Modells im Ergebnis, das wir durch seine Anwendung erreichen.

Logik und Gefühl: Mit-Wirkungen im Moving-Prozeß

Zur Phaseneinteilung des Veränderungsprozesses gibt es mehr als 100 Gliederungsvorschläge (vgl. Meißner 1989), die je nach Anwendungsanforderungen durchaus Sinn machen.

Joachim Freimuth unterscheidet sechs Kernstationen auf dem Weg zum Veränderungsziel:

1 Aufwärmen und Sensibilisieren,

2 Vision und Orientierungsrahmen,

3 Bestandsaufnahme und Diagnose,

4 Handlungskonzepte,

5 Umsetzungsplan,

6 Auswertung und Reflexion.

Der Change-Manager braucht in jeder dieser Phasen unterschiedliche Fähigkeiten und persönliche oder personelle Ressourcen. Zwar ist das kreative Träumen beispielsweise in der Visionsphase unabdingbar, doch kann es eine Organisation in der Umsetzungsphase paralysieren. Meffert (1987) hat dieses Phänomen als „Organisatorisches Dilemma" bezeichnet.

Die Tragfähigkeit von Veränderungsprojekten hängt insgesamt von vier Denkhaltungen ab, die durch die Teamer, also die Mitglieder der Projektgruppe, oder den Change-Agent zeitgenau und in der richtigen Intensität gesteuert im Projektverlauf wirken müssen (vgl. Abbildung 22).

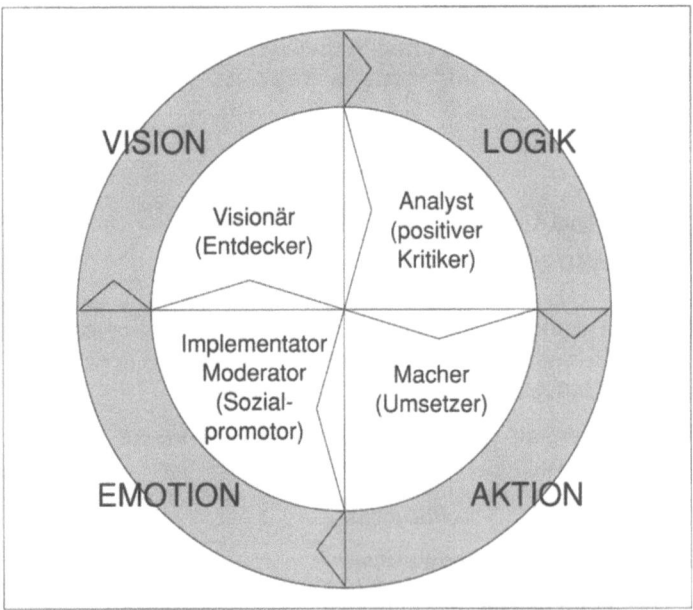

Abbildung 22. Moving-Stimmungsfaktoren

Logik und Gefuhl. Mit-Wirkungen im Moving-Prozeß

Die beschriebenen Denkhaltungen sind nicht im Sinne einer Typologie zu interpretieren, sondern eher als Stimmungen oder Zustande.

Einer der ersten, der Anfang der achtziger Jahre zu dieser Fragestellung publizierte, war der amerikanische Stanford-Professor Harold Leavitt. Er wies erstmalig auf drei Stimmungen von Managern hin, die sich im Innovationsprozeß erganzen und durchaus nicht in einer Person vereint sein mussen (vgl. Berth 1990):

- Pfadfinder: entdecken, träumen, visionieren,
- Analytiker: analysieren, positiv kritisch betrachten,
- Macher: realisieren, implementieren, machen.

Bei der Analyse erfolgreich verlaufener Change-Projekte stießen andere amerikanische Wissenschaftler auf den Allround-Unternehmer Walt Disney.

„Die Mitarbeiter sagten, sie wurden drei unterschiedliche Walts kennen – den Traumer, den Realisierer und den positiven Kritiker. Sie wußten nie, welcher von ihnen in das Meeting kam. Es war nur aufgrund von drei spezifischen Merkmalen zu prophezeihen – seine Physiologie, den Raum, den er wahlte und die Gesprachspartner, die er sich suchte" (Dilts 1990). Walt Disney ging davon aus, daß die drei Ressource-Zustande (träumen, analysieren, machen) voneinander getrennt werden mussen, damit ein Veranderungsprojekt erfolgreich verlaufen kann.

Der Ausgangspunkt dieser Ansicht ist die Erkenntnis, daß durch nicht klar strukturierte Kommunikationsprozesse im Team Konfusion erzeugt werden kann. Es ist sehr wahrscheinlich, daß der „kreative Schopfer" vom gleichzeitig agierenden Kritiker in seiner Ideenproduktion gehindert oder erstickt wird. Der Macher, der sofort die Umsetzbarkeit uberpruft und etwas tun will, wurde vielleicht durch die orientierungslose Gedankenflut der Kreativen zur Verzweiflung gebracht.

Damit ein Team oder eine Besprechung effizient funktionieren kann, sollten alle Teilnehmer in der fur die Phase notwendigen gleichen Stimmung sein; entweder:

Träumen der Phantasie freien Lauf lassen, Brainstorming, keine Einschränkungen, Quantität vor Qualität.

Analysieren Abwägen, Vor- und Nachteil-Relationen, Logisches Denken, Positives Kritisieren.

Machen Maßnahmenplan erstellen, umsetzen, ausprobieren, handeln.

Der geschickte Macher muß nicht unbedingt auch ein guter Träumer sein. Jeder Change-Teamer oder Change-Agent hat seine „Lieblingsstimmungen". In jeder Phase kann der, dessen Präferenz gebraucht wird, „ Primus inter pares" oder Teamleader sein.

Leider verhindern allerlei Denkblockaden dieses naheliegende Zusammenspiel der Kräfte in der Praxis:

- Kaum einer ist sich seiner Rolle beziehungsweise Stimmung bewußt,
- der Teamleiter will die Machtrolle nicht abgeben,
- es findet ein Konkurrenzdenken in der Gruppe statt,
- Vorurteile behindern den Prozeß: Zum Beispiel lehnen Macher Träumer oder Kritiker ab und ähnliches,
- die Gruppe ist einseitig zusammengesetzt (zum Beispiel nur Träumer, nur Kritiker).

In Systemen (Organisationen, Familien etc.) neigen Menschen, die ähnliche Lieblingsstimmungen haben, dazu, sich in Gruppen zusammenzuschließen. Menschen mit ähnlichen Denkhaltungen und Werten finden sich oft anziehend und sympathisch (vgl. Dilts 1990). Durch die homogene Besetzung einer Gruppe kann es zu folgenden Effekten kommen:

- Neutralisierung: Projekte stagnieren, weil zum Beispiel Macher fehlen.
- Ausweichung: Personen gehen sich aus dem Weg.
- Eskalation: Durch einen Übertragungsprozeß sieht jeder den Mangel nur beim andern.

- Polarisierung: Es findet Schwarzweißmalerei statt (zum Beispiel bei reiner Kritiker-Gruppe).

Nun kommen wir nach dem Träumer, Analytiker und Macher zur vierten Schlüsselqualifikation. Sie hilft, die oben genannten Effekte zu vermeiden: Methodenkompetenz und Soziale Kompetenz zeichnen den Implementator aus.

Diesem Prozeßmanager kommt die Aufgabe zu, durch methodisches Wissen (Projektmanagement, Veranstaltung von Teammeetings etc.) und Soziale Kompetenz (Einfühlungsvermögen, Schaffung eines kooperativen Klimas und vieles mehr) die neue Idee oder das Veränderungsprojekt in die Organisation zu implementieren. Für die Übernahme dieser Rolle sind Moderationsgeschick und soziale Akzeptanz wichtige Voraussetzungen.

Erkennen Sie Moving-Facetten ...

Wir gehen davon aus, daß Menschen sich nicht grundsätzlich und immer in derselben Stimmung befinden. Die jeweilige Denkhaltung ist von unterschiedlichen Situationen, zum Beispiel Zeitdruck, abhängig. Das heißt, daß wir im folgenden nur einen Teil des menschlichen Verhaltensrepertoires analysieren: Welche Verhaltensmuster zeigen Menschen in Veränderungssituationen – welche sind begrüßenswert, welche sollten vermieden werden?

Wir gehen dabei von dem Reiz-Reaktions-Verhältnis zwischen Situation und Change-Agent aus, wie in Abbildung 23 dargestellt.

Die wahrgenommene Veränderungssituation löst bei den Menschen, die sich im Veränderungsprozeß befinden, eines oder mehrere der vier Verhaltensmuster aus. Diese Reaktion ist auf die unterschiedlichen Wahrnehmungsfilter zurückzuführen. Dabei lassen sich allgemeine und spezifische Filter unterscheiden (Grinder/Bandler 1979).

Zunächst zu den allgemeinen Filtern: Tilgung, Verzerrung und Verallgemeinerung.

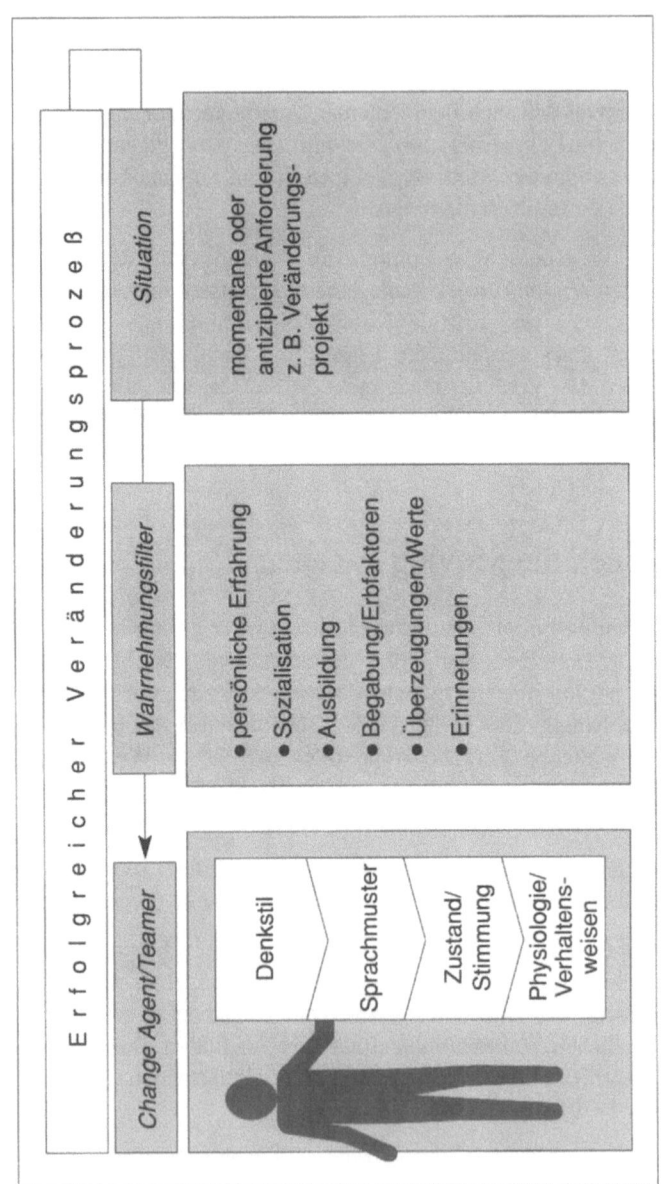

Abbildung 23. Wahrnehmung von Change-Anforderungen

Tilgung

Tilgen bedeutet selektiv, also mit einer Auswahl, wahrzunehmen. Ohne diesen Mechanismus wurden wir mit weit mehr Informationen konfrontiert, als wir verarbeiten konnen. So kann es zum Beispiel sein, daß der Macher nur die „umsetzungsrelevanten Daten" aufnimmt und ansonsten abschaltet.

Verzerrung

Zur Verzerrung kommt es, wenn wir durch eine falsche Wahrnehmung der Realitat die Situation einseitig verandern. Durch diese interne Bewertung kann es zu einer Veranderung der Physiologie und der sensorischen Informationsverarbeitung kommen. Wenn ein Traumer beispielsweise nur die Chancen eines Projektes sieht, die Gefahren allerdings vernachlassigt, dann kann bei der betreffenden Person Euphorie entstehen.

Verallgemeinerung

Bei dem dritten Informationsverarbeitungsprozeß handelt es sich um die Verallgemeinerung von einzelnen Erfahrungen. So kann es zum Beispiel sein, daß ein Manager haufig von seinem fruheren Vorgesetzten gelobt wurde, weil dieser immer schnell zur Tat schritt. Das kann dazu fuhren, daß er bewußt oder unbewußt davon ausgeht, daß schnelles Handeln immer gut sei.

Personliche und spezifische Wahrnehmungsfilter sind:
- Personliche Erfahrungen mit Veranderungen,
- Sozialisation: Beeinflussung durch das soziale Umfeld,
- Ausbildung, insbesondere die Berufsausbildung,
- Begabung, Talent, Erbfaktoren,
- Kontroll-Uberzeugungen, Wertesystem (Was ist gut/schlecht?),
- Erinnerungen.

Ein reiches Spektrum von Einflußfaktoren, die teilweise tief verwurzelt sind, hat Einfluß auf personenspezifische Verhaltensmuster in Change-Situationen. Es ist sicherlich oft besser, die Talente zu identifizieren, statt auf Personen zu schimpfen, (etwa: „Die/der hat tausend Ideen und setzt keine um") und komplementar, also erganzend, zu denken. Dabei muß sich der Moving-Manager überlegen, in welcher Phase des Veranderungsprozesses man welche Stimmungen braucht:

Braucht man die Inspirationen des Traumers oder Visionars, die kritischen Worte des Analytikers, das Engagement des Machers oder die sensible Unterstutzung des Moderators, der hilft, die Neuerung in das System, die Organisation zu implementieren?

Die in Abbildung 23 dargestellten Wahrnehmungsfilter sind innere Prozesse, die die menschliche Wahrnehmung der Realitat erheblich beeinflussen. Die Auswirkung der inneren Verarbeitung ist allerdings nur auf der Verhaltensebene (Sprache, korpersprachliche Reaktionen und vieles mehr) identifizierbar.

Was kann der Moving-Manager bei den Teamern beobachten, um Change-Ressourcen und -Qualifikationen zu identifizieren? Folgende drei Kriterien bergen aufschlußreiche Hinweise in sich:

- Denkstil, geaußert durch Verbalisierungen: Sprachmuster und Fragen.
- Physiologische Erscheinung: Körperhaltung und -spannung.
- Tatsachliches Verhalten in der Veränderungssituation.

Die Merkmalsauflistung in den Textkasten auf den folgenden Seiten hat eine Beispielfunktion. Sie ist das Ergebnis mehrerer Workshops zu dieser Thematik.

(Eine Checkliste zur Denkstilanalyse finden Sie im Anschluß an diesen Beitrag in Abbildung 30.)

Visionär/Träumer

Typische Sprachmuster:

- Aus der Vogelperspektive
- Einen Überblick bekommen
- Wir müssen weitsichtig denken
- Szenario aufmalen
- Ein geistiges Bild konstruieren
- Langfristige Perspektive haben
- Auf Entdeckungsreise gehen

Typische Fragen im Veränderungsprozeß.

- Wo wollen wir hin?
- Was wird in fünf Jahren sein?
- Wer ist unser strategischer Partner?
- Wie wirkt sich unser Handeln langfristig aus?

Denkstilmerkmale:

- Hin zum Positiven
- Strategische Orientierung
- Langfristige Folgen
- Wahlmöglichkeiten offenlassen
- Wir-Bezogenheit
- Konsensorientierung
- Lösungsorienterung

Physiologie·

- offen, aufgeschlossen
- gespannt
- aufmerksam
- extravertriert

Rolle im Veränderungsprozeß:

- Inspirator
- Sparringspartner auf dem Weg aus der Sackgasse

Macher/Realisator

Typische Sprachmuster:

- Aufmerksam bei der Sache sein
- Deutlich ausdrucken
- Wir legen jetzt los
- Eins nach dem anderen
- Wir fangen sofort an
- Das ist leicht gemacht
- In der Praxis sieht das alles anders aus

Typische Fragen:

- Was kann ich tun?
- Wer hilft mir?
- Wie soll das funktionieren?
- Was soll das im Ergebnis bringen?
- Welche Hilfsmittel brauchen wir?
- Wer macht was bis wann?
- Wann legen wir los?

Denkstil:

- Gegenwartsorientiert
- Operative Betrachtung
- Aufgabenorientiert
- Ich-Bezug
- Aktion
- Detailorientiert
- kurzfristige Planung

Physiologie:

- lebendig
- gespannt
- aktionsorientiert

Rolle im Veränderungprozeß:

- probiert aus
- motiviert andere
- gibt Feedback an die Projektleitung

Analytiker/positiver Kritiker

Typische Sprachmuster:

- Der Prozeß ist gut strukturiert
- Wir haben die richtige Reihenfolge gewahlt
- Wir gehen den sicheren Weg
- An unseren Ergebnissen werden wir gemessen
- Wir sollten die Logik nicht außer acht lassen
- Das sind vernunftige Entscheidungen

Typische Fragen:

- Haben wir schon Erfolge mit ahnlichen Projekten gehabt?
- Wie gehen wir vor?
- Wie konnen wir uns absichern?
- Wie sieht die Kosten-/Nutzen-Analyse aus?
- Von welchen Ergebnissen sprechen wir?
- Testen wir den moglichen Markterfolg?

Denkstil:

- Weg vom Negativen
- Detailorientiert
- Vergangenheit und Gegenwart
- Sicherheit
- Wir-Bezug
- Kurz- und Langfristig
- Aufgabenorientiert
- Problemorientiert

Physiologie:

- verschlossen
- sparsame Gestik
- introvertiert

Rolle im Veranderungsprozeß:

- Projektcontrolling
- Uberprufung der Zielerreichung
- Intervention, wenn notwendig
- positive Kritik, Ansporn des Teams
- Steuermann sein

Implementator/Moderator

Typische Sprachmuster:

- Wir kriegen das schon in den Griff
- Das gehen wir ganz ruhig an
- Wir mussen Verbindung/Kontakt aufnehmen
- Da mussen wir den Daumen drauf haben
- Die Karten auf den Tisch legen
- Wir durfen keine Panik machen

Typische Fragen:

- Wie wirkt das, was wir tun, auf andere?
- Wen mussen wir einbeziehen?
- Was verandert unser Handeln?
- Wen wollen wir fur den Prozeß gewinnen?
- Wie konnen wir die Betroffenen integrieren?

Denkstil:

- prozeßbezogen
- heute – morgen
- andere – selbst
- emotions- und stimmungsorientiert

Physiologie:

- zugewandt
- einfuhlsam, emphatisch
- sensibel
- offen

Rolle im Veränderungsprozeß:

- Akzeptanz fur die Veranderung bei den Betroffenen schaffen
- Einsatz unterschiedlicher Methoden fur das Informationsmanagement
- offenes Ohr fur Einzelfalle
- kummert sich um Minderheiten
- sorgt fur eine Balance der Stimmung im Gesamtunternehmen
- arbeitet politisch im Sinne des Projektes

In den seltensten Fällen gibt es eine Einfach-Begabung bei Menschen. Die häufigsten Konstellationen sind Zweifach-Orientierungen: Visionär/Macher; Analytiker/Macher; Macher/Impementator (vgl. Berth 1990). Das Bewußtsein, die eigenen Stärken und Defizite ebenso wie die der übrigen Change-Teamer zu kennen, ist eine wesentliche Voraussetzung für die Projektplanung. Für eine gute Planung muß sich der Change-Agent mit folgenden Fragen konfrontieren:

- *Welche Umgebungsreize (Räume, Arbeitsmittel und anderes) brauche ich, um einen Symbolismus für die einzelnen Veränderungsphasen zu schaffen ?*

- *Wie kann ich die Flexibilität der Change-Teamer, in die einzelnen Phasen und Stimmungen gleichgewichtig einzusteigen, erhöhen?*

- *Wer kann uns von außen unterstützen, beziehungsweise von außen als Verstärker einwirken ?*

Der Change-Agent selbst kann im gesamten Prozeß die Aufgabe eines Pace-Cars (Schrittmachers) haben, ohne daß er sich inhaltlich in den Prozeß einmischt. Um den oben genannten Forderungen gerecht zu werden, mußte er ein Projektmanager mit Spezialisierung auf Change-Prozesse sein.

Wer hat das Zeug zum „Moving-Teamer"?

Die vier Grundorientierungen, die im Change-Prozeß nützlich sind, wurden bislang nur in der Idealausprägung dargestellt. In der praktischen Anwendung ist allerdings eine Facettenhaftigkeit in den einzelnen Stimmungen beobachtbar.

Angenommen, Sie fordern ihr Projektteam auf, etwas umzusetzen. Diese Aufforderung kann bei den einzelnen unterschiedliche Macherqualitäten hervorrufen. Der eine wird vielleicht sofort zu handeln und das umzusetzen beginnen, was er meint verstanden zu haben. Andere wollen vielleicht genau wissen, was sie machen sollen. Die Ausprägung der einzelnen Stimmung kommt aufgrund der oben erwähnten spezifischen Wahrnehmungsfilter zustande.

Die folgende Klassifizierung hat heuristischen Charakter und konnte bei der Teambildung von Change-Gruppen verifiziert werden.

Visionär-Stimmungen

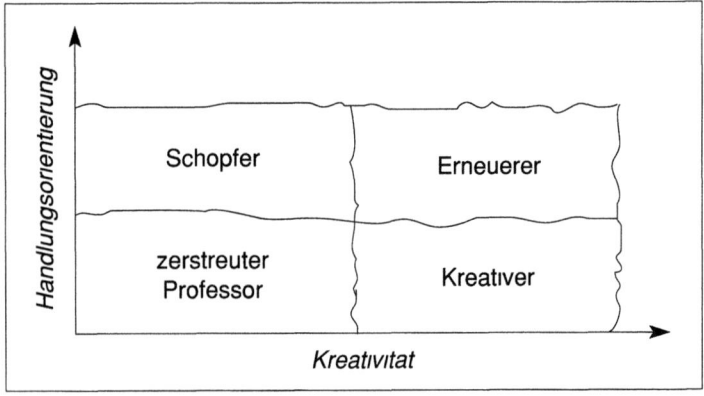

Abbildung 24: Visionär-Stimmungen

1 Zerstreuter Professor:

Lebt sein Eigenleben; ist eher introvertiert, wenig teamfähig; hat viele Ideen, setzt aber wenig um.

2 Kreativer

Hat viele Ideen, die auch schnell verbalisiert werden können; fungiert häufig als Berater, setzt selbst wenig um.

3 Schöpfer

Setzt auch unausgegorene Ideen schnell in die Praxis um, getreu der Maxime: Probieren geht über Studieren.

4. Erneuerer

Hat oder erkennt realisierbare Ideen und setzt sie mit durch beziehungsweise kennt den Weg, auf dem er sie durchsetzen kann (häufig gekoppelt mit Macher-Orientierung).

Macher-Stimmungen

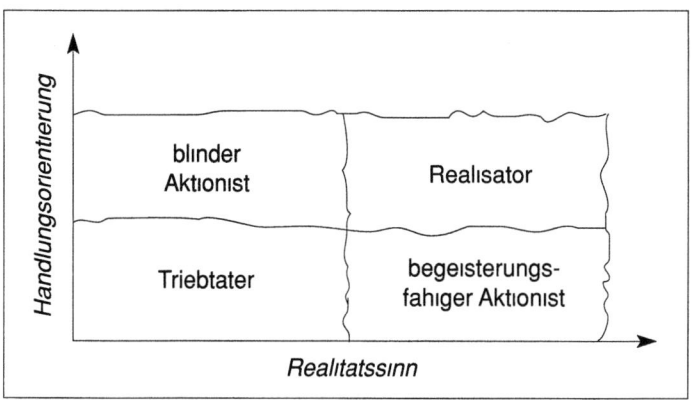

Abbildung 25: Macher-Stimmungen

1 *Triebtäter:*

Will viel; setzt alles sehr unüberlegt um; erkennt erst nach vollbrachter Leistung, ob etwas gut oder schlecht war; ist häufig unkoordiniert und unorganisiert.

2 *Begeisterungsfähiger Realist*

Ist augenscheinlich immer dabei und weiß auch, wie es geht; ist bei der ersten Niederlage frustriert und will geführt werden; stolpert häufig bei der Umsetzung.

3. *Blinder Aktionist*

Kämpft mit viel Dynamik viele Schlachten, aber nicht unbedingt die ergebnisreichen; macht viel mit wenig Ergebnissen.

4 Realisator:

Hat einen hohen Sinn für das Machbare; versteht es, ein Team verbal und durch Vorbildfunktion zu motivieren; handelt, wenn er die Chancen einschatzen kann.

Analytiker-Stimmungen

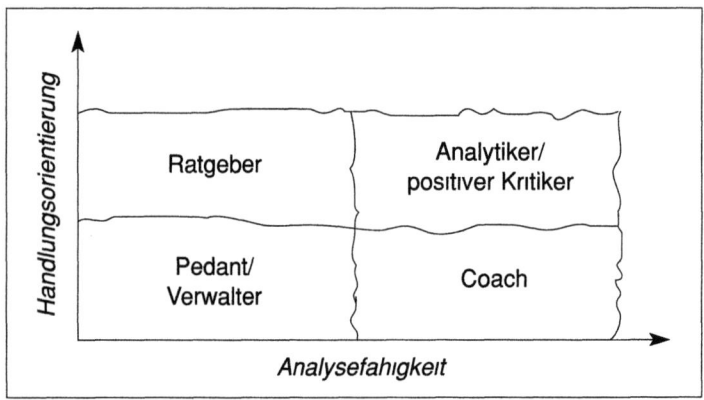

Abbildung 26: Analytiker-Stimmungen

1. *Pedant/Verwalter:*

   Arbeitet Fakten und Zahlenmaterial auf; geht nicht sehr in die Tiefe; ist nicht an Umsetzungen, sondern vielmehr an Regeln interessiert.

2. *Coach.*

   Hat eine hohes Erkenntnisvermögen; geht in die Beratung; gibt Losungsmöglichkeiten vor, ohne etwas selbst vormachen zu können.

3. *Ratgeber·*

   Erkennt die Anforderung der Situation durch eigene Erfahrungen und kann eventuell durch eigene Vorbildfunktion helfen.

Wer hat das Zeug zum „Moving-Teamer"?

4. *Analytiker*

   Sieht Defizite und Chancen klar; kann systematisieren, strukturieren und den Weg, der gegangen werden muß, klar benennen.

Im Spektrum der Moderationsfähigkeiten und der Handlungsorientierung spiegeln sich Qualitaten des Implementators.

Implementator-Stimmungen

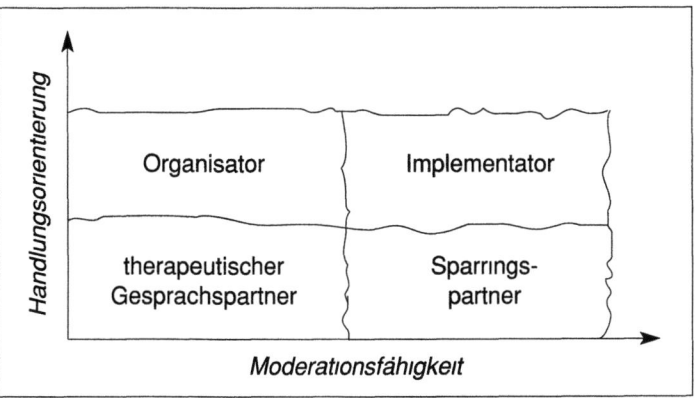

Abbildung 27: Implementator-Stimmungen

1. *Therapeutischer Gesprächspartner:*

   Stellt eine angenehme und offene Gesprachsatmosphare her; gibt keine Ratschlage, sondern ist aktiver Zuhorer; ist offen fur andere.

2. *Sparringspartner·*

   Ist sensibel fur die Situation des anderen und hilft bei der Umsetzung (Probelauf oder real).

3. *Organisator·*

   Ist methodisch gut ausgebildet und weiß, wann wo welche Ressourcen eingesetzt werden mussen.

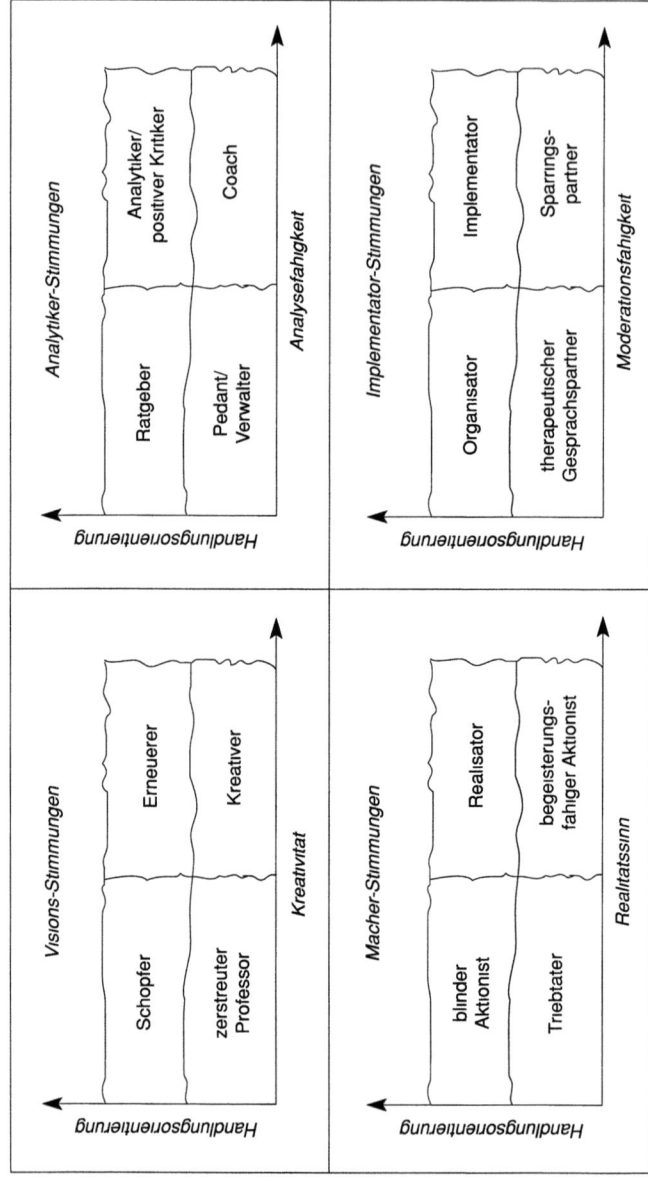

Abbildung 28: Facettenhaftigkeit der Moving-Stimmungen (für die Selbst-/Fremdbildanalyse)

4 Implementator

Ist aufgrund seiner Position berechtigt, Dinge zu implementieren; weiß, wie es gemacht wird; denkt systemisch und kann die Folgen seines Handelns abschätzen; hat eine hohe Akzeptanz bei den Teamern und Organisationsmitgliedern.

Diese Systematik verdeutlicht, wie facettenreich die einzelnen Stimmungen sind.

Praxisproben haben gezeigt, daß Mitarbeiter in Organisationen sich selbst treffsicher in diese Klassifizierung einordnen können. Fragen wie „Angenommen, Sie sind in einer Träumer-Stimmung – wie verhalten Sie sich meistens?" sind die Auslöser für dieses Selbsteinschatzungsverfahren (vgl. Abbildung 28).

Gottgegeben oder trainierbar?

Wirkungsvolles und verantwortungsvolles Verhalten im Change-Prozeß ist das Ergebnis des Zusammenspiels der unterschiedlichen Physiologien, Stimmungen und Denkhaltungen. Dies zu ermöglichen ist die Aufgabe des Moving-Managers. Daß die Denkkategorien klar voneinander abgegrenzt sind, bedeutet nicht, daß seine Arbeit eine mechanische ist. Sie ist vielmehr eine soziale Lebensform in Organisationen.

Es geht darum, die Führungskräfte und Mitarbeiter mit ihren Träumer-, Macher-, Kritiker- und Moderatoreneigenschaften zu erkennen und sie systematisch zu fördern und zu entwickeln. Die gegenseitige Akzeptanz der Andersartigkeit ist eine stille Voraussetzung für die Effizienz komplementär zusammengesetzter Change-Teams.

Wie könnten die Lernziele für die Entwicklung von Veränderungsbeziehungsweise Innovationsteams aussehen und welchen Anforderungen muß der Change-Agent entsprechen? Wir gehen davon aus, daß es zwei Möglichkeiten gibt, die unterschiedlichen Managerqualitäten zu nutzen:

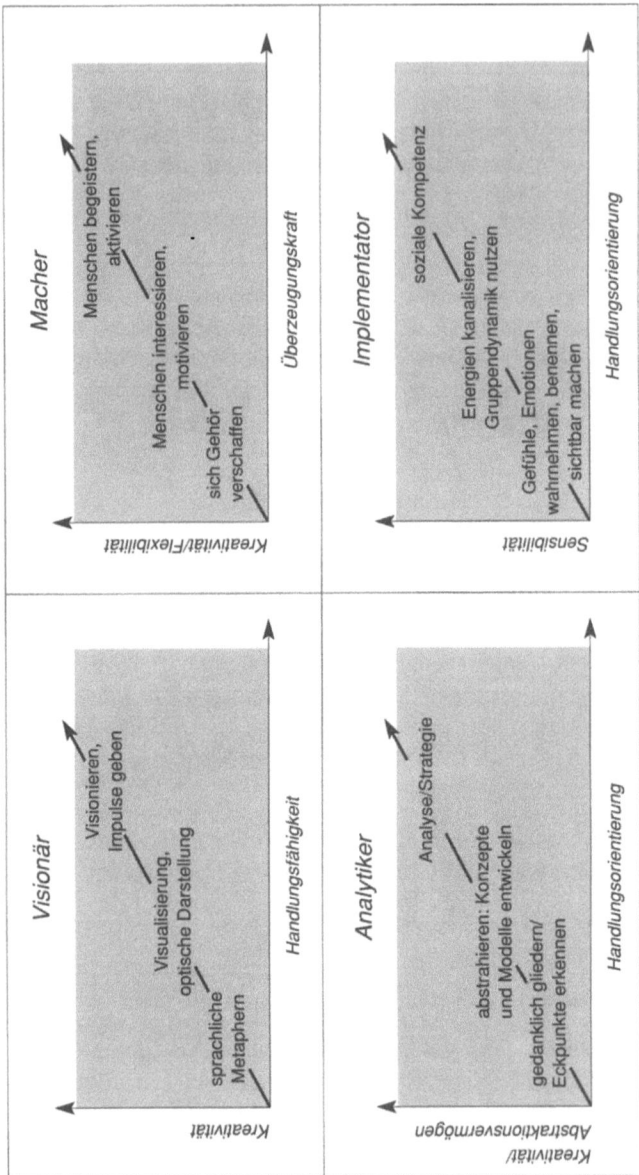

Abbildung 29: Denkstilrepräsentanzen als Trainingsmodule

Gottgegeben oder trainierbar? 151

1. durch Erhöhung der Flexibilität des einzelnen, schnell und intensiv in die jeweils erforderliche Stimmung zu kommen und sie auch authentisch zu erleben,
2. durch Identifizierung von Umgebungsreizen oder personellen Reiz-Reaktions-Mechanismen, die der Gruppe helfen, schnell einen „common sense" zu entwickeln.

Die Spannbreite der Erscheinungsmerkmale der unterschiedlichen Change-Qualifikationen haben wir in abgestufter Intensität dargestellt. Die Change-Agents, die durch eigene Vorbildfunktion als Schrittmacher den Prozeß steuern, können flexibel auf die situativen Anforderungen reagieren.

Welche Umgebungsreize helfen einer Gruppe, kurzfristig einen gemeinsamen Nenner beziehungsweise einen Gruppengeist zu entwickeln? Fünf Möglichkeiten, die ihre Praxistauglichkeit bewiesen haben, haben hier eine Beispielfunktion:

1. *Räumliche Anker:* Zimmergröße, Farben, Klänge, Geräusche, Zusammensetzung beziehungsweise -stellung des Mobiliars.
2. *Personelle Anker:* Vorbilder, die eine Geschichte für die Gruppe haben und die jeweilig notwendige Stimmung ausstrahlen, zum Beispiel ein visionärer Vorstand oder ähnliches.
3. *Projektive Verfahren zur Einstimmung.* Zum Beispiel Film über Kreativitätstechniken vor der Träumer- beziehungsweise Visionsphase oder Theaterszene mit Change-Teamern, die die nächste Projektsequenz antizipieren (Einstimmung und Konfliktbewältigung im Vorfeld der Handlung).
4. *Gemeinsame Assoziationsübung,* um sich auf den nächsten Schritt vorzubereiten.
5. *Coach,* der einzelnen Teamern den individuellen Zugang zur Projektphase verschafft.

Den Teamern gelingt es leichter, von einem Zustand in den nächsten Projektschritt zu gelangen, wenn der Anfang und das Ende eines Meilensteins ritualisiert werden. Dazu kann beispielsweise ein Raumwechsel, Projektleiterwechsel und ähnliches dienen.

Anforderungen an den Change-Agent: Planung und Intuition

Veranderungsteams, die sich nach den Komplementarfaktoren zusammensetzen, erbringen Pionierleistungen. Sie sind darauf angewiesen, ihre Erfahrungen zu inventarisieren und den personellen Planungsprozeß anhand der verbesserten Leistungsergebnisse zu verifizieren. Gleichwohl betrachten wir damit nur einen Ausschnitt der IPA – um genau zu sein, rein statistisch: ein Viertel. Dennoch ist es das Herz der Change-Planung, da durch die klare Organisation der menschlichen Ressourcen der Umgang der Teamer miteinander und mit der Organisation bestimmt wird. Fur den Einsatz der Change-Qualifikationen im geplanten Change-Prozeß (= Moving) gehen wir von einigen Grundannahmen aus:

- Gruppen kommen zeiteffizient zu guten Ergebnissen, wenn sie die Phasen Visionieren, Analysieren, Umsetzen und Implementieren voneinander trennen und in der jeweiligen Phase in der gleichen Stimmung sind.

- Vierfach-Begabungen sind die Ausnahme.

- Die unterschiedlichen Denkstile konnen gelernt und optimiert werden; trotzdem gibt es so etwas wie Lieblingsstimmungen, in denen der Teamer, der Change-Agent in einem optimalen „Leistungszustand" ist.

- Die Umgebungsgestaltung wie Raumwahl, Hilfsmittel etc. sind wichtige Reize, um eine Gruppe auf einer Wellenlange zu bringen.

- Menschen mit ahnlichen Denkstilen finden sich oft sympathisch und anziehend, behindern sich allerdings durch ihre Gleichheit im Prozeß.

- Fur die Einstimmung in eine neue Prozeßphase brauchen Sie mindestens eine Person, die diesen Zustand ausgezeichnet beherrscht.

Der Change-Agent kann im Planungsprozeß und in der Prozeßbegleitung die Rolle eines Beraters erfullen oder Zugpferd sein.

Anforderungen an den Change-Agent

1. Annäherung an die Fragestellung
- Hin zum Positiven   – progressiv
- weg vom Negativen   – reaktiv

2. Betrachtungsweisen
- strategische Orientierung   – Generalistentum
- operative Orientierung   – Detailwissen

3. Zeitliche Betrachtungen
- kurzfristig   – langfristig
- Vergangenheit   – Gegenwart   – Zukunft

4. Verfahrensweise zur Problemlösung
- Aufgaben
  1. Wahlmöglichkeiten – Ziele
  2. Prozeß – Aktionen
- Beziehungen
  1. selbst (ich, mein)
  2. andere (du, er, die)
  3. Zusammenhang (wir, die Firma, der Markt)

5. Vergleichsweisen (Code)
- Ähnlichkeiten   – Konsens
- Differenzen   – Konfrontation

6. Sprachliche Äußerung
- aktionsorientiert
- visionsorientiert
- logische Strukturen
- emotionale Elemente

7. Orientierung
- Problemorientierung
- Lösungsorientierung

8. Hinweise auf den Lerntyp
- kommunikativer Lerntyp: Verstehen im Gespräch
- optisch-visueller Typ: Verstehen durch Beobachten von Experimenten/Modulen und Zuhören
- haptischer Lerntyp: Verstehen durch Anfassen und Fühlen
- verbal-abstrakter Lerntyp: Verstehen anhand von Begriffen und Formeln

Abbildung 30: Annäherung an die Problemlösung (Denkstilanalyse)

Kreativ	*Machen*	*Analysieren*	*Moderieren*
... % von 100 %	... % von 100 %	... % von 100 %	... % von 100 %

1. In welchem Zustand sind Sie am häufigsten?
2. Wie wirkt sich das bei Ihnen aus?
3. Was oder wer hilft Ihnen, in diesen Zustand zu kommen?
4. In welcher Ausprägung schätzen Sie die Zustände bei sich selbst ein?

Abbildung 31: Selbsteinschätzung Ich-Zustände im Veränderungsprozeß

Ähnlich wie die Teamer muß auch er sein Rollenverständnis definieren und festlegen.

Vier weitere Planungsfaktorern kommen ihm neben der Klärung der Rolle des Projektleiters zu:

* Denkstileinschatzung der Teamer.
* Stufenkonzept fur die einzelnen Change-Phasen und Festlegung der Haupt- und Nebenrollen.
* Kreative Gestaltung der Umgebungsbedingungen.
* Reservekompetenzen: Wie konnen Supportleistungen (Unterstutzung) geplant werden?

Literatur

Bandler, R./Grinder, J.: Neue Wege der Kurzzeittherapie, Band 1, Paderborn 1990
Berth, R.: Visionares Management, Düsseldorf 1990
Dilts, R.: Master Models of Albert Einstein and Walt Disney, unveroffentlichtes Skript anlaßlich eines Gastvortrages in Koln 1990
Meffert, H.: Absatzpolitische Instrumente, Wiesbaden 1987
Meißner, W.: Innovationen in Organisationen, Stuttgart 1990

Kaizen und Innovation

von Alfons Roerkohl

Wir huldigen der Innovation. Unter Innovation sind große Veränderungen in Richtung auf einen technologischen Durchbruch oder die Einführung neuester Management-Konzepte beziehungsweise Produktionstechniken zu verstehen. Jede Innovation verlauft dramatisch und zieht die Aufmerksamkeit aller auf sich.

Große Innovationssprunge bringen in der Regel jedoch Probleme mit sich, reißen Lücken auf und machen Schwachstellen offenbar. Innovationsprozesse mussen daher von einem entsprechenden Problemlosungsprozeß begleitet werden. In Japan entstand dafur das Prinzip „Kaizen", das heißt kontinuierliche Verbesserung.

Im Gegensatz zur Innovation ist Kaizen wenig spektakular, seine Auswirkungen springen selten sofort ins Auge. Wahrend es sich bei Kaizen um einen kontinuierlichen Prozeß handelt, ist die Innovation meist ein einmaliges, in sich abgeschlossenes Phanomen. Ein weiterer Unterschied zwischen Kaizen und Innovation besteht auch darin, daß Kaizen kontinuierlicher Anstrengungen und Verpflichtungen bedarf, jedoch keiner großen Investition bei der Umsetzung. Der zu erwartende Erfolg einer innovativen Strategie kann in Form einer Treppe dargestellt werden, der Erfolg einer Kaizen-Strategie verlauft jedoch graduell. Statt dem Treppenmuster zu folgen, wird der tatsachliche Erfolg einer Innovation jedoch – sofern diese nicht von einer Kaizen-Strategie begleitet wird – eher in einer anderen Dimension verlaufen. Ursache dafur ist, daß sich der Zustand eines aufgrund von Innovation installierten Systems standig verschlechtert, wenn nicht kontinuierliche Anstrengungen unternommen werden, das System zu erhalten und zu verbessern. Eine weitere Eigenschaft von Kaizen ist, daß es im Grunde genommen der personlichen Anstrengung jedes einzelnen bedarf. Um den Geist dieser Philosophie zu erhalten, muß ihn das Management bewußt und kontinuierlich unterstutzen. Diese Art der Unterstutzung ist eine andere als die laute Anerkennung, welche das Management einem Mitarbeiter zollt, dem ein durchschlagender Erfolg gelungen ist. Kaizen widmet sich eher dem Prozeß als dem Ergebnis. Kaizen bedarf also einer echten Verpflichtung des Managements, Zeit und Aufwand zu investieren. Kapitalspritzen sind kein Ersatz dafur. In Kaizen zu investieren heißt, in Mitarbeiter zu investieren. Mit anderen Worten: Kaizen ist mitarbeiterorientiert, wahrend die Innovation technologie- und finanzorientiert ist.

Kaizen erfordert auch einen neuen Fuhrungsstil, der auf persönlicher Erfahrung und Uberzeugung beruht und nicht unbedingt auf Autoritat, Rang oder Alter. Jeder muß Fuhrungskraft werden konnen, wenn er die notigen Erfahrungen hat. Der Grund dafur ist einfach: Verbesserung bereichert das Leben um viele wirklich befriedigende Erfahrungen – Probleme erkennen, miteinander lernen, schwierige Aufgaben angehen und erfullen – und bringt den Menschen zu neuen Hohen der Leistung.

Was ist Verbesserung? Verbesserung kann sowohl in Kaizen als auch in Innovation ausgedruckt werden. Kaizen bedeutet Verbesserung des Status quo in kleinen Schritten als Ergebnis laufender Bemuhungen. Innovation ist die drastische Verbesserung des Status quo als Ergebnis einer großen Investition in eine neue Technologie und/oder Ausstattung.

Kaizen bezieht jeden Mitarbeiter eines Unternehmens in den fortschreitenden Prozeß der Firma ein, und so hat jeder nicht nur seinen bestimmten Platz in der Hierarchie, sondern wird stets auch von Kaizen miteingeschlossen.

3-MU-Checkliste der Kaizen-Aktivitäten

Zahlreiche Kaizen-Checkpointsysteme wurden entwickelt, um sowohl den Arbeitern als auch dem Management zu helfen, sich stets der Verbesserungsmoglichkeiten gegenwartig zu sein. Im fol-

3-MU-Checkliste der Kaizen-Aktivitaten

Tabelle 3: 3-MU-Checkliste

Muda (Verschwendung)	Muri (Uberlastung)	Mura (Abweichung)
1 Mitarbeiter	1 Mitarbeiter	1 Mitarbeiter
2 Technik	2 Technik	2 Technik
3 Methode	3 Methode	3 Methode
4 Zeit	4 Zeit	4 Zeit
5 Moglichkeit	5 Moglichkeit	5 Moglichkeit
6 Vorrichtung und Werkzeuge	6 Vorrichtung und Werkzeuge	6 Vorrichtung und Werkzeuge
7 Material	7 Material	7 Material
8 Produktionsvolumen	8 Produktionsvolumen	8 Produktionsvolumen
9 Umlauf	9 Umlauf	9 Umlauf
10 Platz	10 Platz	10 Platz
11 Art zu denken	11 Art zu denken	11 Art zu denken

genden ist ein weitverbreitetes Beispiel mit drei Prüfpunkten dargestellt, die 3-MU-Checkliste. Die drei „MU" Muda, Muri und Mura (vgl. Tabelle 3) sollen bei der Eliminierung jeglicher Verschwendung und Blindleistung helfen, die lediglich Kosten verursachen und zur Wertschopfung in der Gestalt von Kundennutzen nicht beitragen.

Die Einfuhrung einer Kaizen-Strategie erfordert sowohl den Ansatz von oben nach unten als auch den von unten nach oben. In den unteren Stufen der innerbetrieblichen Hierarchie mussen Arbeiter und Fuhrungskrafte im Gebrauch analytischer Werkzeuge ausgebildet werden. Wahrend der analytische Ansatz aus der Erfahrung zu lernen versucht, baut der Planungsansatz sozusagen an einer besseren Zukunft mit vorgegebenen Zielen. Obwohl der Planungsansatz bisher nur in begrenzten Bereichen, wie Industrial Engineering und Architektur zum Einsatz kommt, verdient seine Anwendung durch das Management volle Aufmerksamkeit. Wenn diese beiden Ansatze mit den Managementfunktionen Entscheidungsfindung und Problemlosung auf allen Ebenen kombiniert werden, konnen sie starke Tools zur Umsetzung der Kaizen-Strategie darstellen.

Bei der Umsetzung der Kaizen-Strategie wurden viele nützliche Konzepte und Werkzeuge entwickelt. Dazu gehören die Philosophie der Kundenorientierung, funktionsüberschneidendes Management, Durchgängigkeit von Zielen und Werkzeuge wie die 3-MU-Checkliste der Kaizen-Aktivitäten, die 4-M-Checkliste und die sieben statistischen Werkzeuge (für die letzten beiden: siehe Textkasten).

Die Strategie des Kaizen kann sich wie folgt auswirken:

1. Menschen begreifen viel schneller, worum es wirklich geht,
2. der Planungsphase wird höhere Aufmerksamkeit entgegengebracht,
3. Menschen werden ermutigt, prozeßorientiert zu denken,
4. Menschen konzentrieren sich auf die wichtigen Dinge,
5. jeder wirkt am Aufbau des neuen Systems mit.

Menschliches Verhalten kann durch eine Reihe von Faktoren oder Prozessen beeinflußt werden. Daher wird es stets möglich sein, ein Verhalten in seine einzelnen Schritte zu gliedern und sowohl Steuer- als auch Prüfpunkte festzulegen. Deshalb sind auch Management-Werkzeuge wie Entscheidungsfindung und Problemlösung von so allgemeiner Gültigkeit. Wenn auch der Einfluß anderer Faktoren im prozeßorientierten Denken berücksichtigt werden muß, bedeutet dies aber nicht, daß prozeßorientiertes Denken keine Gültigkeit hat. Kaizen ersetzt weder die Innovation, noch schließt es diese aus. Eher bedingen beide einander. Idealerweise sollte Innovation einsetzen, sobald Kaizen realisiert ist, und Kaizen sollte einsetzen, sobald die Innovation durchgeführt wurde. Kaizen und Innovation sind untrennbare Zutaten, Bestandteile des Fortschritts.

Kaizen verbessert den Status quo durch Wertsteigerung. Wenn man sich ständig bemüht, ein klar definiertes Ziel zu erreichen, müssen sich positive Ergebnisse einstellen. Die Begrenztheit von Kaizen liegt jedoch darin, daß es den Status quo weder durch einen neuen ersetzt, noch grundsätzlich verändert.

Sobald sich der Wert von Kaizen verringert, sollte man sich der Innovation als Herausforderung zuwenden. Es ist Aufgabe des Top-

4-M-Checkliste

A Mensch (Maschinenarbeiter)

1. Befolgt er die Standards?
2. Ist seine Arbeitseffizienz akzeptabel?
3. Denkt er problembewußt?
4. Hat er Verantwortungsbewußtsein?
5. Ist er ausreichend qualifiziert?
6. Hat er genügend Erfahrung?
7. Ist der Arbeitsplatz für ihn geeignet?
8. Ist er verbesserungswillig?
9. Bemüht er sich um gute zwischenmenschliche Beziehungen?
10. Ist er gesund?

B. Maschine (Anlagen)

1. Erfüllt sie die Anforderungen der Produktion?
2. Erfüllt sie die Anforderungen des Prozesses?
3. Ist sie richtig geölt (geschmiert)?
4. Reicht die Inspektion aus?
5. Führen mechanische Probleme häufig zum Maschinenstillstand?
6. Arbeitet sie ausreichend genau?
7. Verursacht sie irgendwelche ungewöhnlichen Geräusche?
8. Ist das Maschinenlayout richtig?
9. Reicht die Zahl der Maschinen (Anlagen) aus?
10. Ist alles in der richtigen Ordnung?

C. Material

1. Gibt es irgendwelche Abweichungen im Volumen?
2. Gibt es irgendwelche Abweichungen in der Qualität?
3. Ist es die richtige Marke?
4. Weist es Verunreinigungen auf?
5. Ist die Höhe des Umlaufs richtig?
6. Wird Material in irgendeiner Form verschwendet?
7. Ist der Materialtransport der richtige?
8. Wird ausreichend auf den Umlauf geachtet?
9. Ist das Materiallayout geeignet?
10. Ist der Qualitätsstandard ausreichend?

D. *Arbeitsmethode*
1 Gibt es geeignete Arbeitsstandards?
2 Wurde der Arbeitsstandard angehoben?
3. Ist die Methode sicher?
4 Gewährleistet die Methode ein gutes Produkt?
5. Ist die Methode effizient?
6. Ist die Abfolge der einzelnen Arbeitsschritte sinnvoll?
7 Ist die Aufstellung richtig?
8 Passen Temperatur und Feuchtigkeit?
9. Sind Beleuchtung und Ventilation ausreichend?
10. Gibt es genügend Kontakte zum vor- und nachgelagerten Prozeß?

Problemlösungswerkzeuge von KAIZEN

Die Sieben Statistischen Werkzeuge

Zur Problemlösung gibt es zwei verschiedene Ansätze Der erste kommt zum Einsatz, wenn Daten verfügbar sind und wenn die Aufgabe darin besteht, diese Daten zur Lösung eines bestimmten Problems zu analysieren.

Die meisten Probleme, welche im produktionsbezogenen Bereich auftauchen, fallen in diese Kategorie.

Für diese analytischen Problemlösungen stehen die folgenden Sieben Statistischen Werkzeuge zur Verfügung.

1. *Pareto-Diagramm:* Dieses Diagramm klassifiziert Probleme nach deren Ursache und Vorkommen Die Probleme werden nach ihrer Priorität als Balkendiagramm dargestellt, wobei die 100 Prozent-Markierung den Gesamtverlust darstellt.

2. *Ursache-Wirkungs-Diagramm:* Dieses Diagramm wird zur Darstellung der Eigenschaften von Prozessen oder Situationen und aller Faktoren verwendet, welche diese beeinflussen Ursache-Wirkungs-Diagramme sind auch unter den Namen „Fischgrat-Diagramm" und „Ishikawa-Diagramm" bekannt.

3 *Histogramm:* Meßdaten weisen im Verlauf einer Zeitreihe eine Spitze um einen bestimmten Wert herum auf Die Varianz der Qualitätseigenschaften wird „Verteilung" genannt, ihre graphische Darstellung ist das Histogramm

Es wird hauptsachlich verwendet, um Probleme mittels der Form ihrer Verteilungskurve, ihres Mittelwerts und der Art ihrer Streuung darzustellen

4 *Kontrollkarten:* Bei den Abweichungen kann man zwischen zwei Arten unterscheiden den unvermeidlichen Abweichungen, die unter normalen Bedingungen auftreten, und solchen, deren Ursache zuruckverfolgt werden kann

Letztere heißen „abnormale" Abweichungen. Kontrollkarten ermoglichen es, abnormale Entwicklungen in Form von Kurven darzustellen Sie unterscheiden sich insofern von anderen Kurven als in ihrer Mitte sowie an ihrem oberen und unteren Rand Kontrollgrenzen eingezeichnet sind Zur Darstellung der momentanen Situation des Prozesses und seiner Entwicklung werden auf der Kontrollkarte laufend die Ergebnisse von Stichprobenmessungen eingetragen

5 *Streuungsdiagramm:* Im Streuungsdiagramm werden die Werte von zwei zueinander in Beziehung stehenden Faktoren dargestellt Die Verteilung der einzelnen Punkte in der Graphik ermoglicht Ruckschlusse uber die Art der Beziehung zwischen den beiden Faktoren

6. *Kurven.* Hier gibt es je nach gewunschter Darstellungsart und nach dem Zweck der Analyse viele Moglichkeiten In Balkendiagrammen werden Werte in Form von parallelen Balken miteinander verglichen, wahrend in Liniendiagrammen eine bestimmte Entwicklung uber einen Zeitraum dargestellt wird Kreisdiagramme zeigen den jeweiligen Anteil eines Teils innerhalb der Gesamtheit und Spinnendiagramme helfen bei der Darstellung der zeitlichen Entwicklung von Werten

7 *Prufformulare:* Sie dienen zur Darstellung der Ergebnisse von Routineprufungen in Form einer Tabelle

Diese Werkzeuge werden haufig von QC-Zirkeln und anderen Kleingruppen, aber ebenso von Technikern und Managern zur Darstellung und Losung von Problemen verwendet

Es handelt sich bei ihnen um statistische und analytische Werkzeuge, Mitarbeiter von Unternehmen mit CWQC werden eigens trainiert, um diese Werkzeuge taglich anzuwenden

Typische Anwendungen fur die Sieben Werkzeuge:
- Forschung und Entwicklung,
- Einsparung von Kosten und Energie,
- Entwicklung neuer Technologie,
- Verbesserung der Sicherheit,
- Entwicklung neuer Produkte,
- Konkurrenzanalyse,
- Durchgangige Qualitat,
- Analyse von Forderungen,
- Verbesserung analytischer und diagnostischer Fahigkeiten,
- Verbesserung der Systeme der Qualitatssicherung,
- Produktionsplanung,
- Umweltschutz,
- Produktionssteuerung,
- Verkaufsmanagement,
- Produktivitatsverbesserung,
- Analyse der Marktinformationen,
- Einfuhrung der Automatisierung,
- Management der Zulieferer,
- Qualitatsverbesserung,
- Durchsetzung von Zielen

Managements dafur zu sorgen, daß zwischen Kaizen und Innovation ein Gleichgewicht besteht. Daher soll es nie vergessen, nach Moglichkeiten zur Innovation Ausschau zu halten. Kaizen-Strategie ist auch weitgehend auf andere Sektoren wie offentliche Verwaltung, Schulen und andere Institutionen anwendbar. Selbst dann stellt Kaizen als Konzept immer noch ein wirksames Mittel zur Uberprufung des Fortschritts dar. Wir sollten hoffen, daß es uns gelingt, unseren derzeitigen Zustand zu verlassen, und daß die

Strategie des Kaizen nicht nur im Geschaftsleben angewendet wird, sondern auch in allen Institutionen und Gesellschaften der ganzen Welt.

Total Quality Management (TQM)

Vor dem Kaizen war in den westlichen Landern das *Total Quality Management (TQM)* bekannt und relativ weit verbreitet.

Das Qualitatsmanagement ist eine der wichtigsten und auch kompliziertesten *Fuhrungsaufgaben* der heutigen Unternehmensfuhrung. Das Konzept des Qualitatsmanagements stellt einen qualitatsbezogenen Problemlosungsprozeß dar. Es ist in erster Linie ein systematisches Konzept zur Sicherung der Qualitat, und damit der erfolgreichen Weiterentwicklung des Unternehmens, und zur Senkung der Qualitatskosten. Die Trager des Qualitatsmanagements sind die Qualitatsfuhrungskrafte, das heißt die Personen, die die Tatigkeiten der Qualitatsplanung, Qualitatssteuerung und Qualitatskontrolle wahrnehmen. Dabei werden alle internen organisatorischen Fuhrungseinheiten der Unternehmung einbezogen, da sich die genannten Tatigkeiten in jedem Bereich der Unternehmung befinden. Folgende Komponenten bilden ein umfassendes Qualitatsmanagement:

Qualitat als wesentliches Unternehmensziel

Um die wachsende Bedeutung der Qualitat zu beachten ist es erforderlich, den Qualitatsaspekt als Ziel in die Unternehmenskultur zu integrieren. Folglich ist das Total Quality Management-Konzept keiner zeitlich begrenzten Lebensdauer unterlegen, sondern vielmehr ein langfristiges und strategisches Konzept. Qualitatsziele sollten eindeutig formuliert, leicht verstandlich und realistisch sein.

Mehrdimensionaler Begriff

Eine umfassende Qualitatspolitik erfordert einen erweiterten und mehrdimensionalen Qualitatsbegriff. Er sollte neben der Qualitat der Produkte und Dienstleistungen auch die Qualitat der Arbeitsbedingungen und die Qualitat der Außenbeziehungen enthalten.

Qualität als Aufgabe des gesamten Unternehmens

Eine umfassende Integration von Qualitat erfordert die Einbeziehung aller Abteilungen eines Unternehmens. Hierbei sind auch die der Produktion vorgelagerten Bereiche und die Verwaltungsbereiche zu berucksichtigen. Alle Mitarbeiter sollen aktiv in das TQM-Konzept einbezogen werden. Davon sind einerseits die Fuhrungskrafte betroffen, die die Qualitat als Fuhrungsaufgabe verstehen und sich dementsprechend vorbildlich verhalten sollten. Andererseits ist es erforderlich, fur die Einbeziehung der Mitarbeiter die entsprechenden Voraussetzungen zu schaffen, wie zum Beispiel differenzierte Kleingruppenkonzepte, die sowohl unterschiedlichen Bedurfnissen nach Mitwirkung als auch verschiedenen Aufgabenstellungen gerecht werden konnen.

Prinzip der Vorbeugung

Die betriebliche Qualitatspolitik erfordert eine vorbeugende Orientierung. Vorbeugung bedeutet die Vermeidung von Fehlern, das heißt: Fehler sollten gar nicht erst gemacht werden. Wesentliche Voraussetzung dafur sind die Kunden- und die Prozeßorientierung. Kundenorientierung bedeutet in diesem Zusammenhang, daß die standige Ubereinstimmung mit den Anforderungen der internen und externen Kunden als alleiniger Maßstab fur Qualitat gilt. Im Rahmen der Prozeßorientierung hat die Anwendung der ergebnisorientierten Qualitatssicherung an Bedeutung gewonnen. Die verstärkte Beobachtung von Prozessen und Arbeitsablaufen schaffen Voraussetzungen fur rechtzeitige Eingriffsmoglichkeiten zur fruhzeitigen Fehlerbeseitigung. Hier sind die Kosten der Fehlerbehebung von entscheidender unternehmenspolitischer Bedeutung.

Total Quality Management (TQM)

Es handelt sich allerdings nicht ausschließlich um technische Prozesse und ihre Prozeßfähigkeit. „Process Management" wird mit dem Ziel betrachtet, eine systematische Analyse sämtlicher Prozesse im Unternehmen vorzunehmen, diese zu verbessern und entsprechende Meßgrößen dafür aufzustellen. Die Meßgrößen reichen von umfassenden und abteilungsübergreifenden Geschäftsprozessen bis hin zu arbeitsplatzübergreifenden Einzelpunkten.

Kommunikation

Viele Probleme im Unternehmen sind auf mangelnde Kommunikation zwischen den Mitarbeitern zurückzuführen. TQM will die Kommunikation zum einen durch die Verbesserung der horizontalen Kommunikation über die Abteilungsgrenzen hinweg auf gleichberechtigter Ebene fördern. Zum anderen soll mit TQM die Verbesserung der vertikalen Kommunikation innerhalb eines Arbeits- und Funktionsbereiches unterstützt werden. Methoden um dies zu erreichen, sind bereichsübergreifende Projektgruppen, Qualitätskreise, Lernstätten und der Einsatz interaktiver Hilfsmittel. Nicht zuletzt sind Schulungen, Trainings- und Pilotprojekte kommunikationsfördernde Maßnahmen. Soll eine derartige Qualitätsphilosophie in die Praxis umgesetzt werden, gilt es, die entsprechenden *Rahmenbedingungen* zu schaffen, um dann die geeigneten Methoden und Instrumente einsetzen zu können. Für die Rahmenbedingungen läßt sich kein universelles Schema entwickeln, da sich jedes Unternehmen nach den individuellen Unternehmenszielen, Vorstellungen und Umweltgegebenheiten ausrichtet. Allerdings lassen sich die Bedingungen grob in *organisatorische, personelle* und *technische Rahmenbedingungen* einteilen.

FMEA – Ein Qualitätsinstrument, das den Innovationsprozeß begleitet

(FMEA: Failure-Mode-And Effects-Analysis – Fehlermoglickeits- und Einfluß-Analyse.)

Die Diskussion um Qualitat, wie sie in der Vergangenheit und Gegenwart in den USA, Japan und Europa gefuhrt wurde und wird, hat uns sicherlich die Erkenntnis gebracht, daß die Qualitat unserer Produkte und Dienstleistungen heute ein entscheidender, wenn nicht sogar der entscheidende wirtschaftliche Faktor ist. Die Entwicklung und Veranderung auf den internationalen Markten, die gekennzeichnet sind durch steigende Kundenerwartungen, Kostendruck, verscharften Wettbewerb und erhohter Sensibilitat im Umweltbewußtsein, stellen hinsichtlich der Qualitat unserer Arbeit standig neue Anforderungen. Nur wenn wir uns alle mit Engagement und Flexibilitat auf diesen Wandel einstellen, konnen wir uns am Markt erfolgreich behaupten. Wir mussen die Sicherung der Qualitat als eine ganzheitliche Unternehmensaufgabe betrachten, die bereichs- beziehungsweise profit-centerubergreifend getragen und bereits in den ersten Phasen der Entstehung einer Leistung entwickelt werden muß. Wir mussen die konventionellen Verfahren der Fehlerentdeckung umgehen und durch fruhzeitig wirksame Methoden der Fehlerverhutung ersetzen.

Warum wird FMEA eingefuhrt?

- Methoden wie FMEA gehoren zu einem modernen, leistungsfahigen Qualitatsmanagementsystem.

- Risikomangement anstelle von Krisenmanagement.

- Agieren statt reagieren.

- Erfolgreiche Unternehmen arbeiten mit interdisziplinierter Kommunikation. Bereichsubergreifende Produkt- und Kundenanalysen liefern gunstigere und ausgereiftere Produkte.

- Dienstleistungs-/Produkttransparenz verbessert die Arbeitsqualitat und damit die Motivation der Mitarbeiter.

- Formaler systematischer Ablauf erhöht die Effektivität von Sitzungen.
- Dokumentiertes Wissen ist bleibendes Wissen.
- Dokumentiertes Wissen ist übertragbar.
- Dokumentiertes Wissen bringt Entlastung bei Haftungsfallen, Motivationseffekte etc.

Ziele der FMEA

- Das frühzeitige Erkennen potentieller Fehler sowie ihrer Ursachen und Folgen während der Entscheidungsphase.
- Konsequente Festlegung und Durchführung von Maßnahmen, die das Auftreten von Fehlern verhindern oder verringern können.

Eine FMEA ist erst dann abgeschlossen, wenn alle festgelegten Aktivitäten zur Behebung möglicher Fehler und deren Ursachen durchgeführt sind

Es gibt zwei Arten, die Konstruktions- und die Prozeß-FMEA.

Aufgaben der Konstruktions-FMEA:

- Analyse und Beurteilung des Entwurfsergebnisses,
- Umsetzung der Kundenwünsche (QFD, siehe Seite 184),
- Berücksichtigung von Einflußfaktoren wie Umwelt, Standardregelwerke, Wettbewerb, Kosten, Herstellbarkeit.

Aufgaben der Prozeß-FMEA:

- Analyse und Beurteilung der Herstellung des Produktes,
- Analyse einzelner Prozeßfortschritte.

Zur Vermeidung von Fehlerfortpflanzung innerhalb der Prozeßfolge, ist jedes Verfahren auf seine Eignung unter Berücksichtigung des nachfolgenden Arbeitsganges zu analysieren.

Sieben Schritte zur Einführung von FMEA

1. *Konzeptvorbereitung:*
   - Annahme von Schulungsangeboten, um notwendiges Fachwissen zu erhalten.

2. *Präsentation vor der Unternehmensführung*
   - Inhalte: Einführung der Thematik
     Ziele der FMEA
     Methodik, Aufbau, Kosten-/Nutzenerwartung
     Beispiele zur Anwendung
     Vorschlage zur weiteren Vorgehensweise
     Festlegen der Verantwortlichkeiten/Teams.

3. *Information der Fachbereiche·*
   - Verkauf
   - Beschaffung
   - Konstruktion/Entwicklung
   - Produktionsplanung
   - Fertigung/Montage
   - Kundendienst
   - Rechnungswesen/Controlling
   - Organisation

4. *Festlegen der Teams·*

   In Abstimmung mit den betroffenen Fachbereichen müssen die Teilnehmer der Teams und die Verantwortlichkeiten festgelegt werden.

   Konstruktions-FMEA = zuständiger Konstruktions-Ingenieur

   Prozeß-FMEA = zuständiger Prozeß-Ingenieur

   Diese Festlegung sollte unbedingt umgesetzt werden, da nur diese Bereiche die Verantwortung für das jeweilige FMEA-Ergebnis tragen.

5. *Steuerfunktion FMEA*

   Neben der verantwortlichen Durchführung der FMEA sind eine Reihe koordinierender Aufgaben wahrzunehmen. Diese sollten

durch einen Fachmann aus dem Bereich Qualitatssicherung
ubernommen werden.

Zu diesen Aktivitaten gehoren unter anderem:

- ubergreifende Koordination aller FMEA-Aktivitaten in Abstimmung mit den Fachbereichen und Teams
- Mitwirkung bei der Vorbereitung der Teamsitzungen, der Rahmenbedingungen und Terminabstimmung; Beschaffung notwendiger Dokumentationsunterlagen
- Mitwirkung beim Einsatz standardisierter FMEA-Verfahren
- Weiterbildungsmaßnahmen im Bereich FMEA
- Vertretung des Unternehmens bei externen FMEA-Kontakten, zum Beispiel mit Kunden und/oder Lieferanten
- Mitwirkung bei Aufbau und Pflege der FMEA-Dokumentation
- Präsentation der FMEA-Ergebnisse.

6. *Planung und Festlegung der Ausbildungsmaßnahmen*

Die fur die Teams vorgesehenen Teilnehmer mussen alle gleichzeitig auf einen aquivalenten Wissensstand gebracht werden.

7. *Festlegen der ersten FMEA*

Die erste FMEA sollte an einem neuen Produkt durchgefuhrt werden. Wenn aber kurzfristig keine Neuentwicklung vorliegt, kann zum Beispiel auch ein neues oder geandertes Fertigungsverfahren analysiert werden.

Arbeitsblätter zur FMEA – Vorselektion

Der Fehlerbaum (vgl. Abbildung 32) ist komplementar zur Ausfallart und Ausfallwirkung, denn er verlauft „top-down" (von oben nach unten) statt „bottom-up" (von unten nach oben). Er beginnt mit einem moglichen Unfall und skizziert die Abfolge von Ereignissen, die fur einen Unfalleintritt notwendig waren. Ziel ist es, Fehlertypen und Fehlerwege zu indentifizieren, damit Praventivmaßnahmen ergriffen werden konnen.

172　　　　　　　　　　　　　　　　Kaizen und Innovation

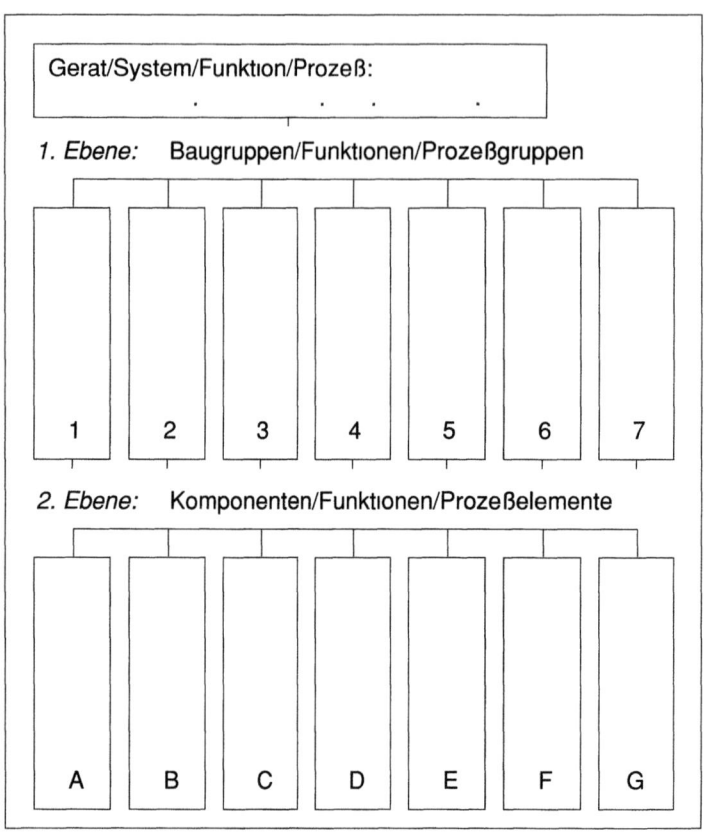

Abbildung 32: Fehlerbaum FTA, 1 Ebene

Die Quality Function Deployment-Matrix (Abbildung 33) enthält beziehungsweise führt zu einer Reihe von kritischen Auslegungsanforderungen, die in besonderem Maße die vom Kunden geäußerten Wünsche darstellen. Diese Anforderungen werden in Bauteilcharakteristiken übersetzt, von denen wiederum die wichtigsten (QFD-Wertzahlen) für eine weitere vertiefte Bearbeitung ausgewählt werden.

FMEA – Ein Qualitätsinstrument

QFD-Matrix	Baugruppen/Funktionen/Prozeßgruppen des Lieferanten							
		1	2	3	4	5	6	7	
Qualitätsforderungen des Kunden an Produkt oder Prozeß	F a k t o r f	x/y	x/y	x/y	x/y	x/y	x/y	x/y	Max
		/	/	/	/	/	/	/	2/
		/	/	/	/	/	/	/	2/
		/	/	/	/	/	/	/	2/
		/	/	/	/	/	/	/	2/
		/	/	/	/	/	/	/	2/
		/	/	/	/	/	/	/	2/
		/	/	/	/	/	/	/	2/
		/	/	/	/	/	/	/	2/
		/	/	/	/	/	/	/	2/
Summe S =	■								Max=
in Prozent Q = QFD-Wertzahl	■								100

Berechnung: $y_i = x_i \cdot f_j$
$S_i = \Sigma y_i$
$Q_i = S_i / MAX \cdot 100$

Faktoren f: 10 sehr wichtig
5 wichtig
1 unwichtig

Bewertung: 1 trifft zu
2 trifft in besonderer Weise zu
0 trifft nicht zu

Abbildung 33: Quality Function Deployment

	Baugruppen/Funktionen/Prozeßgruppen							
FMEA-Kriterien	G/P	1	2	3	4	5	6	7	Max
Kundenforderungen/Reklamation Aufforderung der K-FMEA									2
Neuentwicklung, neue Prozesse									2
neuartige Verfahren, neue Maschinen/Werkzeuge									2
wesentl Produktänderungen, wesentl Prozeßanderungen									2
Umwelt/Sicherheit, Umwelt/Arbeitsrisiken									2
Problemteile, Problemprozesse									2
wesentl Organisationsänderung z B SPC-Einführung									2
Zulieferrisiko, Herstellrisiko									2
neue Einsatzgebiete, neue Werkstoffe									2
schwieriger Transport, Zwischenlagerung									2
Summe der Punkte S = je Spalte	■								20
in Prozent F = FMEA / Wertzahl	■								100
Berechnung F = S/20 100 (%) Bewertung 1 trifft zu 2 trifft in besonderer Weise zu 0 trifft nicht zu									

Abbildung 34· Checkliste der FMEA-Kriterien

FMEA – Ein Qualitätsinstrument 175

```
Fachabteilungen:
M = Marketing, Vertrieb      E  = Entwicklung
K = Konstruktion             PP = Prod.-Planung
F = Fertigung/Montage        Q  = Qualitätsstelle
S = Service
```

Risikopotential: Rang übernehmen

Verantwortlichen Bearbeiter aus
Projektplan übernehmen

Aus Fehlerbaum übernehmen

Nr.	Bau-/Prozeß-gruppe FMEA	Verantwortlicher Bearbeiter							Rang
		M	E	K	PP	F	Q	S	
1									
2									
3									
4									
5									
6									
7									

Kennzeichnung:
- FMEA-Projektteamleiter einkreisen
- FMEA-Protokollführer unterstreichen
  (bei Rechnereinsatz auf Übung achten)

Abbildung 35: FMEA-Teambildung

Wie sollten Abhilfmaßnahmen gefunden, bewertet und ausgewahlt werden? Nicht jeder potentielle Fehler bedeutet unbedingt auch, daß gleich aufwendige Abstellungsmaßnahmen eingeleitet werden mussen (vgl. auch Abbildung 34).

Probleme.

- zuviel unterschiedliche Abstellungsmaßnahmen,
- ungleich wirkende Maßnahmen,
- unklare zeitliche Auswirkungen,
- unklare Wirtschaftlichkeit.

Lösung

- Definition der oberen und unteren Risikoschwelle,
- Abhilfemaßnahmen nur fur Risikozahlen oberhalb des oberen Schwellenwerten vorsehen,
- Probleme mit Risikozahlen unterhalb des unteren Schwellenwertes nicht weiterverarbeiten,
- am Ende einer Analyse durch Zusammenfassung und Bewertung der Wirksamkeit der Kosten und der zeitlichen Auswirkungen eine Prioritatenliste vorgeschlagener Maßnahmen erarbeiten.

Projektteamleiter			
Protokollfuhrer			

Termin	Zeit	Arbeitsziel	Ergebnis·

Abbildung 36: Projektplan FMEA

FMEA – Ein Qualitätsinstrument

Q-Merkmale/Forderungen	Komponenten/Funktionen/Prozeßelemente							Anmerkungen
	1	2	3	4	5	6	7	
zuverlässig, ausfallfrei/Standzeit								
sicher, umweltverträglich								
fehlerfrei, Prozeßfähigkeit								
Funktionserfüllung, technische Anforderungen								
hohe Maßhaltig-/Genauigkeit								
vollständig, unbeschädigt/nicht vertauscht								
benutzerfreundlich, prüfbar								
austauschbar/wartbar, montierbar								
verständlich, klar transparenz								
Durchlaufzeit, Taktzeit								
Summe der Punkte								
Rangfolge der Bearbeitung in Spalte der FMEA								
Bewertung 1 trifft zu, 2 trifft in besonderer Weise zu, 0 trifft nicht zu								

Abbildung 37: Checkliste der Qualitätsmerkmale zur Festlegung der Bearbeitungsreihenfolge

178   Kaizen und Innovation

vorgesehene Abstellmaßnahme	bringt A B E	kostet TDM	zeitl wirksam K/M/L	Umsetzbarkeit E/M/S/U	Rang A/B/C

Risikoverbesserung
  A Auftretenswahrscheinlichkeit
  B Bedeutung
  E Entdeckungswahrscheinlichkeit

Realisierbarkeit
  L langfristig realisierbar
  M mittelfristig realisierbar
  K kurzfristig realisierbar

Umsetzbarkeit
  E einfach umsetzbar
  M mittelschwer umsetzbar
  S schwer umsetzbar
  U nicht umsetzbar, unmoglich

Rangfolge der Realisierung
  A allererster Rang, größte Wichtigkeit
  B große Wichtigkeit
  C untergeordnete Maßnahme

Abbildung 38: Auswahl geeigneter Abstellmaßnahmen, die zur Durchfuhrung empfohlen werden sollen

In Abstimmung mit den entsprechenden Fachbereichen müssen die Teammitglieder und die Verantwortlichkeiten nach Abteilungen gegliedert in das FMEA-Team integriert werden (Abbildung 35).

Der Projektplan in Abbildung 36 zeigt, wie der Teamleiter, der Protokollfuhrer, Termine, Zeit, Ziel und Ergebnis kurz und prägnant im Projektplan skizziert werden sollten.

Mit der Checkliste in Abbildung 37 wird die Rangfolge der Bearbeitung in der FMEA festgelegt.

FMEA – Ein Qualitätsinstrument

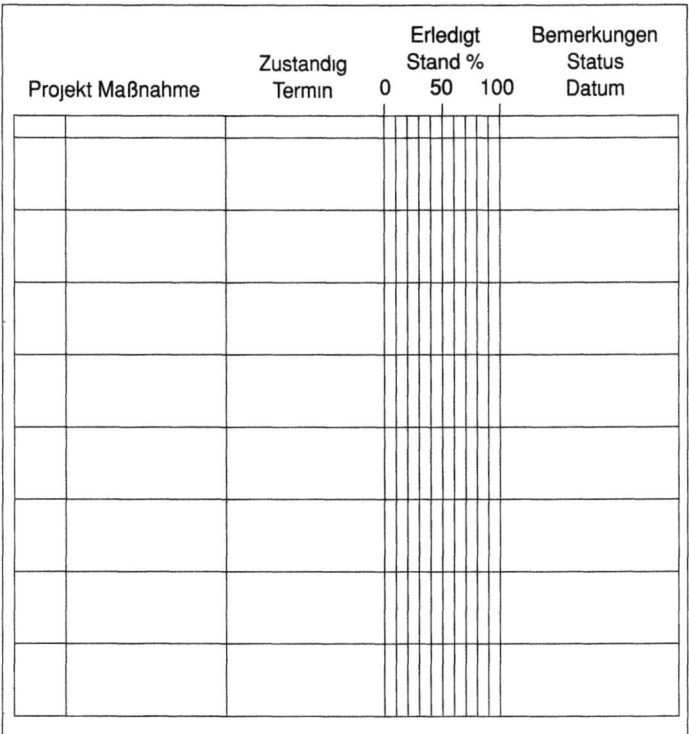

Abbildung 39: FMEA-Projektverfolgung

Im Formblatt „Auswahl geeigneter Abstellmaßnahmen" (Abbildung 38) werden die einzuleitenden Maßnahmen nach den Kriterien Risikoverbesserung, Realisierbarkeit, Umsetzbarkeit, Realisierungsrangfolge und Wichtigkeit unterschieden. Ziel dieses Formblattes ist es, in übersichtlicher Form kurzfristig realisierbare Ergebnisse auszuwahlen.

Im Formblatt „FMEA-Projektverfolgung" (Abbildung 39) werden alle eingeleiteten Maßnahmen innerhalb des FMEA-Projektes mit ihrem Zielerreichungsgrad dargestellt. Der Nutzen fur den Anwender liegt darin, daß er dadurch bei nicht erzielten Projektstufen sofort reagieren kann.

Die acht Phasen der FMEA

Phase 1 Aufnahme der Methode

- Die FMEA muß als Meilenstein in den Projektablaufplan integriert werden.
- Eine Risikoanalyse sollte bei jeder Neuentwicklung gemacht werden.
- Unterstützung der FMEA-Aktivität durch das Management.
- Ausbildung der Mitarbeiter.

Das Management muß in Erscheinung treten.

Phase 2 Vorbereitung

- Team muß ausgewählt, benannt und eingeladen werden.
- Termine müssen abgesprochen und festgelegt werden.
- Räumlichkeiten müssen reserviert werden.
- Angepaßte Checklisten müssen vorhanden sein.
- Arbeits- und Bewertungskataloge müssen bereitgestellt werden.
- Prototyp sollte vorhanden sein.
- Arbeitsmittel/Medien müssen funktionstüchtig bereitgestellt werden.
- Betreuung des Teams muß sichergestellt werden.
- Störungen während der FMEA-Bearbeitung müssen ausgeschaltet werden.

Phase 3 Auswählen

- Die mit FMEA zu untersuchenden Systeme/Merkmale/Prozesse müssen mittels Checklisten auf relevante Bearbeitungspunkte reduziert werden.
- Fehlerbaum beziehungsweise Funktionsbaum.
- Aspekt Qualität mit Hilfe der QFD-Checkliste.
- Klassifizierung der Merkmale mittels Portfolio (Vierfeldertest.)
- Wichtigste Funktionalität und Eigenschaften ermitteln und selektieren.

Phase 4 Analyse

- Stammdaten erfassen.
- Systeme/Merkmale/Prozesse definieren.

FMEA – Ein Qualitatsinstrument 181

- Potentielle Fehler analysieren.
- Potentielle Folgen analysieren.
- Potentielle Ursachen fur die Folgen analysieren.
- Derzeitige Verhutungs- und Prufmaßnahmen erfassen.

Phase 5 Bewerten

- A = Auftreten des Fehlers durch die Ursache,
- B = Bedeutung der Folge,
- E = Entdeckung der Ursache vor Fehler
- Die Bewertung wird mit Ziffern zwischen 1 und 10 gewichtet. Bewertungsziffer 10 bedeutet hier eine negative Bewertung (worst case).
- Die Risikoprioritatszahl errechnet sich aus der Multiplikation der drei Bewertungsziffern: A x B x E = RPZ.

Phase 6 Entscheidung.

- Welcher FMEA-Ast liegt uber der Risikoschwelle?
- Empfehlen von Prufmaßnahmen.
- Erfolgserwartung schatzen.
- Empfehlen von Verhutungsmaßnahmen.
- Erfolgserwartung schatzen.
- Verantwortung fur die Durchfuhrung.
- Abstellmaßnahmen zuteilen.
- Festlegen des Ecktermins bis die Abstellmaßnahme durchgefuhrt werden muß.
- Ermitteln der zeitlichen Wirksamkeit, der Umsetzbarkeit und der Kosten fur die empfohlenen Abstellmaßnahmen.
- Abstellmaßnahmen gewichten und Prioritaten festlegen.

RPZ < 40   geringes Risiko
RPZ > 100   Risiko vorhanden
40 < RPZ < 100   Bewertungen uberdenken.

Phase 7. Veranderung

- Rucksprache mit den Verantwortlichen.
- Investieren in die Abstellmaßnahmen.
- Organisieren der Abstellmaßnahmen.

- Etablieren der Abstellmaßnahmen.
- Durchfuhrung der Abstellmaßnahmen.

Phase 8. Verfolgung·

- FMEA-Projektverfolgung.
- Ecktermine fur Maßnahmen verfolgen.
- Getroffene Maßnahmen verfolgen.
- Getroffene Maßnahmen in Formular ubernehmen und erneut bewerten.
- Restrisiko gegebenenfalls weiterverfolgen.
- Dokumentation der Ergebnisse.
- Prasentation der Ergebnisse.

Vorteile der FMEA

- Expertenwissen in einem Pool,
- gleicher Wissensstand in verschiedenen Abteilungen,
- gezieltes Erkennen von Schwachstellen,
- systematische Arbeitsweise,
- Reduktion von Risiken,
- quantifiziertes Risiko,
- funktionales Denken: Fehler – Ursache – Folge,
- Wissenstransfer,
- abgestimmte Abstellmaßnahmen,
- bekanntes Restrisiko,
- nachvollziehbarer Entscheidungsweg.

Kosten-Nutzen-Betrachtung

Um sich am Markt mit qualitativ hochwertigen und gleichzeitig wettbewerbsfahigen Produkten behaupten zu konnen, mussen alle Anstrengungen unternommen werden, um dem wachsenden Kostendruck durch hohe Wirtschaftlichkeit bei der Produkterzeugung zu begegnen. Dies zwingt trotz der heutigen Vielfalt der Aufgabenstellungen in allen Unternehmensbereichen zu kostenbewußtem Verhalten und restriktivem Personaleinsatz. Die sich hieraus ergebenden Problemstellungen wirken sich häufig negativ auf notwendige Präventivmaßnahmen zur Sicherung der Qualität aus. Dazu kommt eine vielfach langjährige positive Erfahrung mit dem eigenen Erzeugnis, welche zusätzlich vorbeugende Maßnahmen zur Sicherung der Qualität überflüssig oder zumindest unwirtschaftlich und kostenerhöhend erscheinen lassen. Es ist daher besonderes Gewicht auf die Ermittlung der durch FMEA entstandenen Kosten zu legen. Die Effizienz der FMEA kann dann mittelfristig durch eine gut organisierte Qualitätskostenrechnung nachgewiesen werden. Die erreichbaren Nutzeffekte werden sich, wenn auch erst mittelfristig, ergeben. Und zwar infolge von:

- Fehlerkostensenkung durch frühzeitiges Erkennen der Fehlerursachen und ihrer Folgen,

- langfristige Entwurfsoptimierung durch Erfahrungsrückfluß,

- produkt-serienübergreifend,

- Reduzierung des FMEA-Aufwandes bei gleichartigen Produktbaureihen und gleichartigen Produktprozessen,

- weniger Änderungen in Konstruktion und Prozeß,

- Kostensenkung durch geringere Personalbindung in Krisenbesprechungen und Fehlerbeseitigungsmaßnahmen,

- Vermeidung von Serienfehlern, Rückrufaktionen und den damit verbundenen Fehler-Folgekosten.

Bei der erstmaligen Durchführung einer FMEA wird man erkennen, daß viele gedankliche Elemente einer FMEA im Grundsatz schon seit jeher ihren Niederschlag in Konstruktion und Prozeßplanung gefunden haben.

Quality Function Deployment (QFD) bei Innovationen

QFD wurde ursprunglich in Japan entwickelt, um Mitarbeiter in Unternehmen anzuhalten, Qualitat schon im fruhen Entwicklungsstadium zu beachten. Deming und andere lehrten Qualitatsgesichtspunkte und versuchten, diese auszuweiten und zu implementieren. Toyota nutzte dieses Programm, um speziell Entwicklungszeiten signifikant zu reduzieren. Weiterhin wurde auch sehr erfolgreich die Rate der Anderungsbedingungen nach Produktionsstart verringert. Amerikanische Firmen lernten ebenfalls beim Erforschen der Vorgehensweise japanischer Firmen diese Methoden kennen. Es wurde ein weitgestreutes Trainigsprogramm entwickelt. Seither hat sich QFD auch in Europa Eingang verschafft. Die Schlusselpunkte bei der Durchfuhrung der Methode QFD im Unternehmen lassen sich wie folgt darstellen:

- Ziel des Unternehmens ist das Uberleben und damit die Sicherung der wirtschaftlichen Existenz der von ihm Abhangigen.
- Voraussetzung des Uberlebens ist dauerhafter Gewinn.
- Voraussetzung dauerhaften Gewinns sind hohe Ertrage und niedrige Aufwendungen.
- Alle Ertrage stammen vom Kunden. Voraussetzung hoher Ertrage sind zufriedene Kunden.
- Alle Aufwendungen werden von Mitarbeitern verursacht. Engagierte Mitarbeiter leisten bessere Arbeit als solche, die sich mit Unternehmen, Produkt oder Arbeitsplatz nicht identifizieren.

Die QFD-Systematik

Das Vorhaben

Das Vorhaben soll zum Zeitpunkt des QFD-Beginns so weit fixiert sein, daß die wichtigsten technischen und marktpolitischen Eckdaten, einschließlich der Kosten- und Preisvorstellungen, vor-

Quality Function Deployment (QFD) bei Innovationen

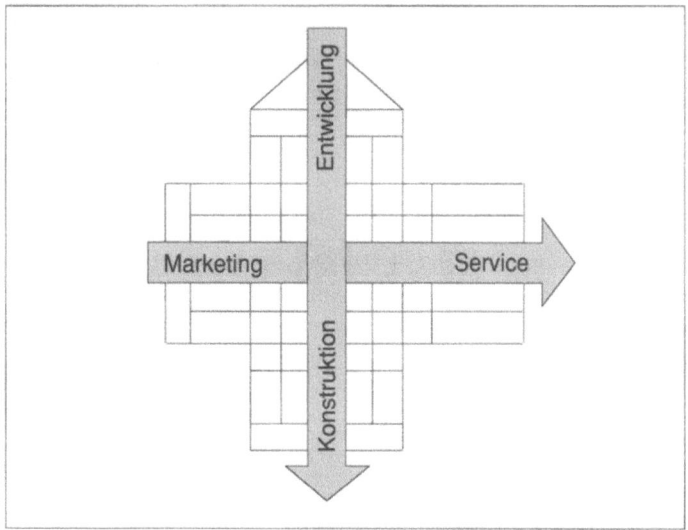

Abbildung 40. Datenfluß im „House of Quality"

liegen. Alle Teammitglieder sollten daruber einen Wissensstand aufweisen, der eine weitere Bearbeitung ermoglicht. Wichtig: QFD ist keine Methode, um neue Produkte zu finden (vgl. Abbildung 40).

Die Regeln

Die QFD-Regeln konnen auf einen einfachen Nenner gebracht werden:

Wir machen Qualitat fur unseren Kunden (er bezahlt uns), gegen den Wettbewerb (er bekampft uns), unter Optimierung des Mitteleinsatzes (Kosten, Reife, Zeiten, Kapazitaten).

Der Kunde

Die QFD-Planung beginnt mit der Definition und Beschreibung des Kunden. Eventuell zu unterscheiden sind Kaufer (Customer) und Benutzer (Consumer). Ein typischer Kunde sollte herausgearbeitet werden. Sein Kauf- und Entscheidungsverhalten sollte soweit wie möglich beschrieben und im Team abgestimmt werden. Wichtig: QFD ist keine Methode, um Kunden für ein bestehendes Produkt zu finden.

Der Wettbewerb

Die strategische Ausrichtung der Qualität erfordert ein Feindbild. Wer ist heute und morgen der wichtigste Wettbewerber, gegen den die Schlacht um den Kunden gewonnen werden muß? Je konkreter er benannt ist, desto besser lassen sich die Fähigkeiten ausrichten.

Der Aufwand

Das Erstellen eines QFD-Hauses (vgl. Abbildungen 42 und 43) erfordert einen zeitlichen Aufwand von etwa zwei Arbeitstagen. Die parallele Auswertung mit einem Rechner erleichtert die Arbeit und läßt Zeit, sich auf die Diskussionspunkte zu konzentrieren.

Ablauf der QFD

Die Stimme des Kunden:

Welche Forderungen stellt der Kunde? Zu unterscheiden sind unbedingt notwendige Funktionen, stillschweigend erwartete Eigenschaften und „aufregende, innovative Merkmale" des Produkts. Diese Merkmale sollten in der Sprache des Kunden formuliert sein. Es ist ausreichend, mit 15 und 20 Merkmalen zu arbeiten. Eine Gewichtung dieser Merkmale ist zwingend notwendig, um eine Fokussierung zu erreichen (siehe Abbildung 41).

Das Verkaufs-Bench-Marking:

Ein neues Vorhaben kann nicht isoliert im Gesamtangebot eines Unternehmens stehen. Das Image und die Kompetenz des Unternehmens prägt das Kaufverhalten. Im Bench-Marking wird deshalb ein Image-Profil bezüglich der Kundenmerkmale erstellt. An-

Quality Function Deployment (QFD) bei Innovationen

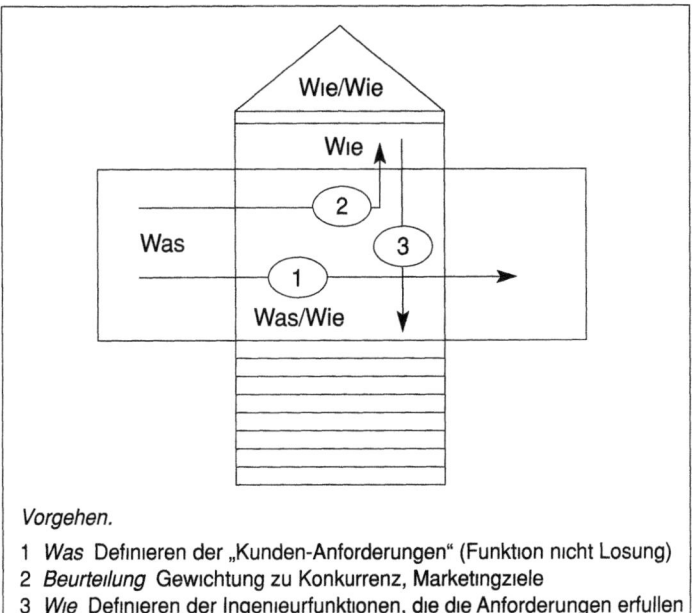

Vorgehen:
1 *Was* Definieren der „Kunden-Anforderungen" (Funktion nicht Lösung)
2 *Beurteilung* Gewichtung zu Konkurrenz, Marketingziele
3 *Wie* Definieren der Ingenieurfunktionen, die die Anforderungen erfüllen
4 *Was/Wie* Abhängigkeit der Ingenieurfunktion von der Anforderung
5 *Gewichtung* der Leistungen
6 *Wie/Wie* gegenseitige Abhängigkeit der Ingenieurleistungen
7 *Gewichtung* nach Kosten, Schwierigkeiten etc
8 *Übertrag* der Leistungen in neue Matrix nach bestimmten Kriterien

Abbildung 41. Vorgehensweise im „House of Quality"

schließend werden die wichtigsten Wettbewerber im angestrebten Bereich skaliert. Das angestrebte Imageprofil des Vorhabens wird dann gemeinsam entwickelt, Stärken und Schwächen werden so erkennbar. Verkaufsschwerpunkte werden erarbeitet.

Die Technik:

Die technischen Eigenschaften des Vorhabens werden aufgelistet und mit nachprüfbaren, quantifizierbaren Zahlenwerten belegt. Da sich im Laufe der Entwicklung Veränderungen dieser Festlegung ergeben werden, werden die für das Unternehmen positiven Veranderungen (größer, kleiner, billiger) durch Pfeile und Symbole gekennzeichnet.

Die technische Schwierigkeit:

Das Einhalten, das Erreichen oder das Optimieren dieser technischen Kriterien kann erhebliche interne Schwierigkeiten verursachen, die das Projekt selbst in Frage stellen konnen. Eine entsprechende Einstufung erleichtert die spatere Diskussion.

Das technische Bench-Marking:

Wie ist die Technik im Vergleich zum Wettbewerb einzustufen? Wie ist der eigene Stand heute und wie soll er sein, wenn das Projekt fertig ist? Das technische Profil zeigt Starken und Schwachen.

Die Vernetzung:

Im Kern des House of Quality (siehe Abbildung 43) werden nun die Kundenforderungen mit technischen Merkmalen korreliert. Die Starke einer Beziehung wird zahlenmaßig gewichtet, so entstehen Netzwerke mit starken und schwachen Netzpunkten, mit Haupt- und Nebenwegen.

Das Portfolio

Die Heftigkeit, mit der das technische Design die Kundenwunsche befriedigt, kann uber einfache Rechenregeln bewertet werden. Defizite werden erkannt. Uberfullung kann vermieden werden. Die Bedeutung der einzelnen technischen Positionen kann bewertet werden. Kritische Pfade werden lokalisiert. Qualitats-Portfolio liegt vor.

Die Konflikte

Jede folgende Veranderung der Technik fuhrt zu Kollisionen mit anderen Zielen. Es besteht ein Netz potentieller Zielkonflikte. Eine entsprechende Bewertung macht dies transparent, der Reifezustand des Entwurfs kann bewertet werden, die Dynamik von Veranderungen wird fruhzeitig beherrschbar, entsprechende Gegenmaßnahmen konnen rechtzeitig eingeleitet werden.

Quality Function Deployment (QFD) bei Innovationen

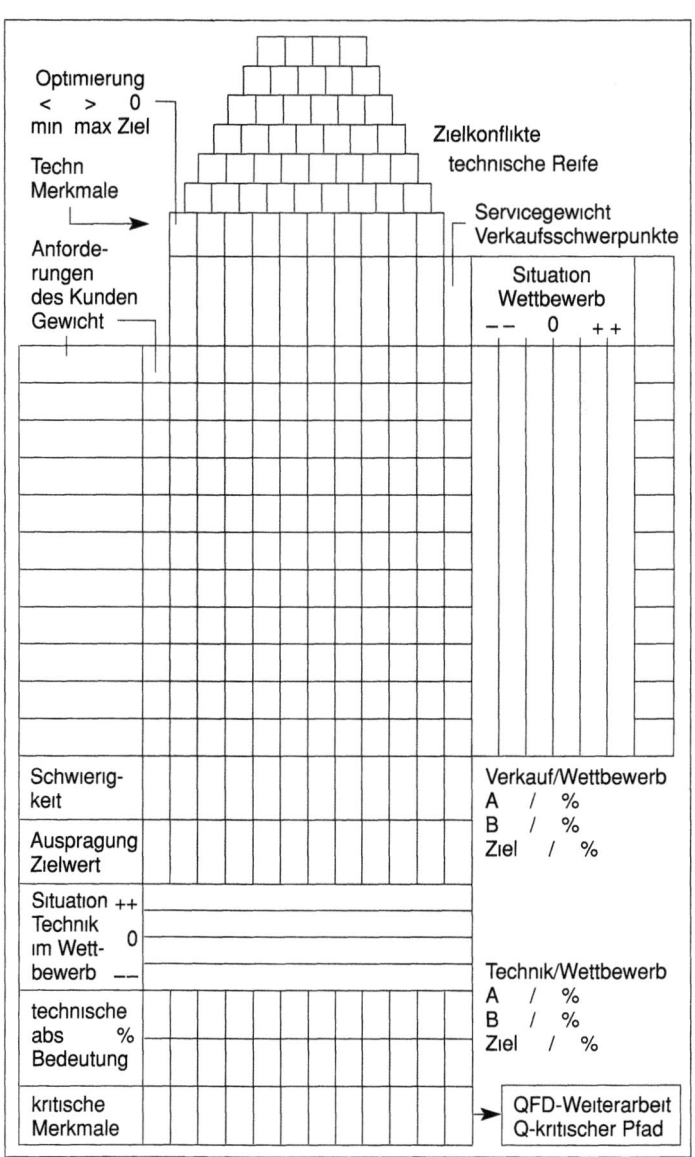

Abbildung 42: „House of Quality"

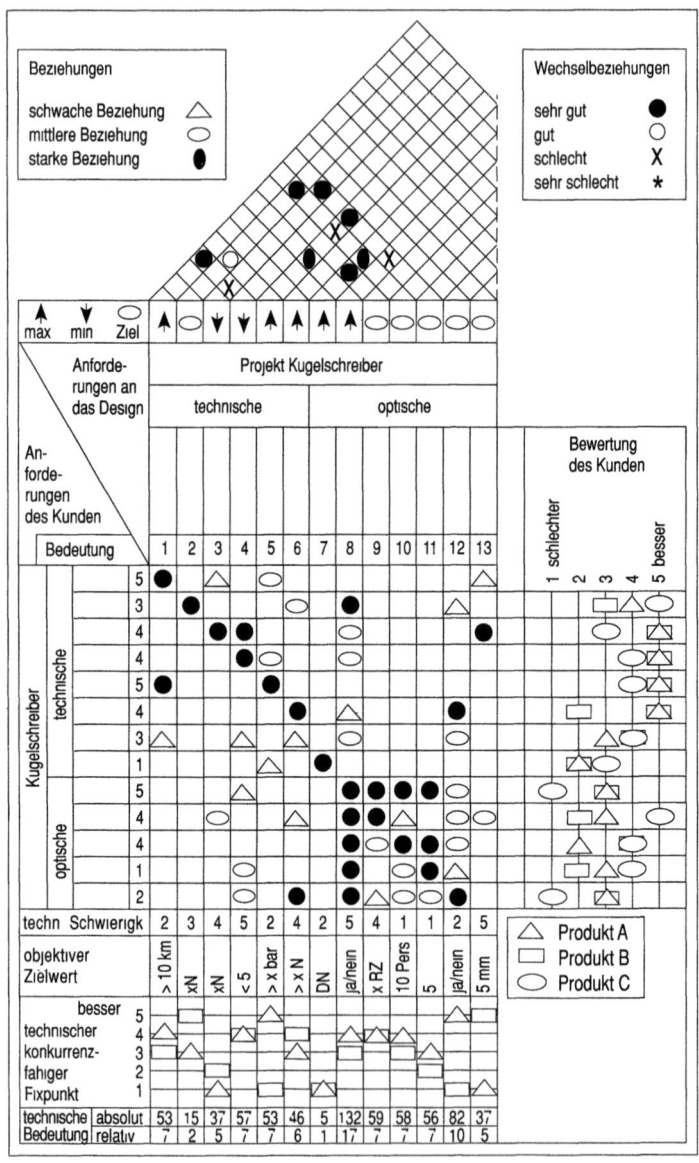

Abbildung 43: „House of Quality" im Mittelpunkt des QFD (Ausschnitt)

Die Ergebnisse

Das äußere Ergebnis eines QFD-Projektes ist das „House of Quality" (Abbildungen 42 und 43) mit all seinen Eintragungen. Je voller dieses Haus im Laufe der Bearbeitung wird, desto schwieriger wird es für den Einzelnen, seine bisherige Strategie zu halten. Hau-ruck-Strategien (Augen-zu-und-durch) verlieren mit jedem Eintrag mehr ihre Attraktivität. Ernüchterung und kritische Abwägung ersetzen blinden Aktionismus.

Die Macht des QFD-Prozesses liegt vor allem in der horizontalen, gleichberechtigten Diskussion und Abstimmung vieler einzelner Punkte (oft 600 und mehr einzelne Positionen). Das Team erarbeitet nun anhand des Hauses die eigentliche Produktstrategie.

Die Vorteile

Bessere Abstimmung, rechtzeitige Beschäftigung mit dem neuen Projekt, Wegfall umfangreicher Pflichtenhefte und Spezifikationen, Wegfall ineffizienter Entwicklungssitzungen, Verkürzung der Entwicklungszeit, zielgerichtetes Einsetzen der Ressourcen, vereinfachtes Projektmanagement, etc.

Zukunftsperspektiven für den Anwender

Kaizen, Innovation, Total Quality Management und die Methoden FMEA und QFD werden zukünftig die Qualitätsstrategie vieler, wenn nicht sogar aller Unternehmen beeinflussen. Dabei muß jedes Unternehmen für sich entscheiden, in welcher Weise das Konzept erfüllt werden soll. Dies ist neben technischen, ökonomischen sowie Markt- und Wettbewerbsfaktoren auch von der eigenen Tradition und den wachsenden Wertvorstellungen abhängig. Die Orientierung am Kunden ist ein unabdingbarer Faktor zur erfolgreichen Implementierung von TQM und Innovation. Qualitätsmanagement wird damit in Zukunft in dieser Form zentraler Inhalt einer Philosophie des markt- und kundenorientierten Managements. Um der Bedeutung der Qualitat als relevantes Unternehmensziel im internationalen Wettbewerb gerecht werden zu konnen, bedarf es einer entsprechenden Verankerung der Qualitatsphilosophie in der Unternehmenskultur. Die Ausfuhrungen haben verdeutlicht, daß TQM und deren Methoden kein Programm mit begrenzter Lebensdauer sein kann, sondern vielmehr eine langfristige und dauerhafte Aufgabe mit strategischer Relevanz ist. Dieses bedarf einer entsprechenden Zusammenarbeit aller unternehmerischen Krafte.

Ausgangspunkt einer umfassenden Qualitäts- und Innovationspolitik muß ein fur das jeweilige Unternehmen definierter Begriff, beziehungsweise eine klar umrissene Strategie sein.

Neben der Qualitat der Produkte und Dienstleistung ist auch die Qualitat der Prozesse entscheidend, in die die Qualitat der Arbeit und die der Außenbeziehungen integriert wird. Außerdem muß auf die Befriedigung interner und externer Kundenbedurfnisse bei der Festlegung von Innovations- und Qualitätsstrategien abgezielt werden.

Der Anspruch einer unternehmensumfassenden Verankerung erfordert die Einbeziehung aller Abteilungen eines Unternehmens. Des weiteren mussen alle Mitarbeiter in das Konzept einbezogen werden. Aufgabe der Unternehmensfuhrung ist in diesem Zusammenhang, die Qualitat als Schulungsaufgabe zu verstehen und eine Vorbildfunktion zu erfullen. Außerdem muß die Unternehmensleitung geeignete Voraussetzungen fur die Einbeziehung aller Mitarbeiter schaffen.

Diese Entwicklungen zu den zuvor dargestellten Konzepten in Deutschland stehen erst am Anfang und dementsprechend ist ein erheblicher Handlungsbedarf vorhanden. Die derzeitige Bewertung des Entwicklungsstandes ist naturlich wesentlich davon abhangig, was von den einzelnen Unternehmen unter TQM verstanden wird und welche Rolle dabei die *Denk- und Verhaltensweise der Unternehmensfuhrung* einnimmt. Die Orientierung an den dargestellten Strategien ist ein wichtiger Schritt, um eine international anerkannte und abgestimmte Grundlage zur Beurteilung der Qualitätsfähigkeit der Unternehmen, die Handelsbeziehungen zueinander aufnehmen wollen, wahrzunehmen. Dieses QM-System ist der Teil der Unternehmensorganisation, der die Qualität im besonderen Maße in die technisch-organisatorischen Abläufe integriert. Die Wichtigkeit des TQM in Deutschland erhielt den Denkanstoß aus den USA. Dies ist darauf zurückzuführen, daß man sich dort bereits früher als in Europa mit der japanischen Herausforderung auf diesem Gebiet auseinandergesetzt hat. Die Japaner haben ihr Qualitätsdenken im Laufe der Zeit von der Kontrolle der Endprodukte (statistische Stichproben) über die Verlagerung der Kontrolle in den Produktionsprozeß (statistische Prozeßkontrolle), bis hin zur Qualitätsplanung bei der Produktentwicklung (TQM-Konzepte) entwickelt. In der zuletzt genannten Phase begannen sie mit der Einbeziehung aller Unternehmensbereiche und aller Mitarbeiter. Die Zahl der Unternehmen in Deutschland, die TQM weitgehend realisiert haben, ist offensichtlich überschaubar. Die wettbewerbsentscheidende Relevanz des TQM-Konzeptes wird jedoch mehr und mehr erkannt – ein Prozeß, der seinen Ursprung in der Denk- und Verhaltensweise der Unternehmensführung findet und der, mit den vorgestellten Methoden bei entsprechender Anwendung langfristigen Unternehmenserfolg sichert.

Literatur

Brunner, F.J.: Höherer Gewinn dank „Totalem Qualitätssystem", in: *io Management Zeitschrift*, 1/1988, S. 42
Crosby, Ph.B.: Qualität ist machbar, Hamburg 1990, S. 68
Juran, J.M.: Quality Control Handbook, New York 1974, S. 54
Cherns, L.E.: The Quality of Working Life, New York/London 1975, S. 108
Vocht, R.K.: Handbuch der Qualitätsförderung, München 1974, S. 34ff.
Brisborn, G.: Qualität im Quantensprung, in: *Absatzwirtschaft*, Sondernummer 10/1991, S. 117
Imai, M.: Kaizen. Der Schlüssel zum Erfolg der Japaner im Wettbewerb, München 1993

Teil II

Vom Handeln zum Erfolg

„Bei uns ist das aber alles ganz anders" hört man oft in Diskussionen über Change-Prozesse. Jeder glaubt, seine Organisation sei etwas besonderes – das ist zwar nicht falsch, aber auch nicht richtig! Die folgenden Fallbeispiele sind deshalb sehr heterogen gewählt. Es sind Innovationsprozesse aus der Industrie, dem Gesundheitswesen, der Öffentlichen Verwaltung und aus Verbänden. Durch die völlig verschiedenen Rahmenbedingungen gibt es zwischen ihnen eigentlich keine Vergleichbarkeit. Und dennoch folgen sie alle der Logik von Innovationsprozessen. Immer geht es um die Umsetzung einer bedeutenden Neuerung, laufen die Schrittfolgen des Wandels nach dem Muster der Innovationsphasen ab und spielen Phänomene des Widerstandes eine Rolle.

Keines der Beispiele ist daher als „Blaupause" gedacht, denn bei jedem Moving-Prozeß handelt es sich um ein neues unstrukturiertes Problem. Ziel der Beiträge ist es vielmehr, im methodischen Sinne dem Leser Anregungen zu geben, wie er sein eigenes Moving-Projekt handhaben und bewältigen kann.

Kaizen – Frage Dich jeden Tag, was Du morgen besser machen kannst

Fallbeispiel Zulieferindustrie

von Robert Schlitt und Helmut Dreesmann

Die Zuwachsraten der Starbranche Automobilindustrie nahmen Anfang der neunziger Jahre ein jahes Ende. Markante Umsatzeinbußen markierten den Weg in einen harten Konkurrenzkampf um die verbleibende geringere Nachfrage. Es schien, daß dabei die Japaner wieder einmal die Nase vorn haben wurden. Die Studie des Massachusetts Institute of Technology MIT (vgl. Womack u.a. 1992) hatte aufgedeckt, daß die Japaner um ein Drittel schneller ihre Autos zusammenbauten und dabei markant weniger Fehler machten, also bessere Qualitat produzierten als die europaischen und auch als die amerikanischen Automobilbauer. Die Befunde der Studie versetzten die Fachwelt teils in unglaubiges Erstaunen, teils in Neid und Bewunderung. Das Schlusselwort fur die effizientere Produktionsweise der Japaner war schnell ausgemacht: *Kaizen,* das heißt bestandige Verbesserung. Das gleichnamige Buch von Maasaki Imai (1992) avancierte zum Topseller in der Managementliteratur, und Kaizen wurde zur Beschworungsformel, die sich aber nur wenige Werke umzusetzen getrauten. Zu fremd war das Wort, und uberhaupt – hatte man es denn angesichts der eigenen Erfolge in der Vergangenheit notig, von den ungeliebten Konkurrenten abzukupfern? Nur wenige machten sich wirklich die Muhe dahinterzukommen, was denn Kaizen eigentlich sei, und noch wenigere machten sich daran, ernsthaft das Konzept zu prufen und auf die eigene Arbeit zu ubertragen.

Der folgende Beitrag zeigt beispielhaft, wie ein Automobilzulieferer die Herausforderung der Krise angenommen hat und mit Kaizen sein Werk innerhalb kurzer Zeit nicht nur auf Erfolgskurs brachte, sondern es zu einer Musterwerkstatt für moderne Arbeitsorganisation entwickelte. Der Entwicklungsprozeß in diesem Werk begann, bevor Kaizen in Deutschland in aller Munde war, und es war die Frage, ob und wie sich die Mannschaft damit auseinandersetzen wurde.

Die Prinzipien von Kaizen – Alte Karten neu gemischt?

Die Faszination des fremdländischen Wortes Kaizen überdeckte lange die Tatsache, daß sich hinter diesem Konzept keineswegs neue Erfindungen verbergen. Im Kern geht es um Elemente, die auch hierzulande lange bekannt sind: Verbesserung dadurch, daß jeder einzelne darüber nachdenkt, wie man die Arbeitsabläufe im Alltag verbessern kann, und daß man in Gruppen Probleme erkennt, analysiert und zur Lösung bringt.

Paradoxerweise machte diese Erkenntnis die Prüfung des Kaizen-Ansatzes für seine Anwendung hierzulande nicht leichter. Denn hatte man nicht ein Betriebliches Vorschlagswesen? Hatte man nicht Qualitätszirkel? Es mußte also etwas anderes sein, und oft kam man dann in Diskussionen zu der Ansicht, Kaizen müsse etwas mit der japanischen Kultur und Philosophie zu tun haben, und schließlich sei der Japaner durch sein Gesellschaftssystem viel gruppenorientierter geprägt – er sei eben ein anderer Mensch als der Deutsche, der vermeintlich viel individualistischer orientiert ist. Das wirkte wie eine Freisprechung von jeglicher Schuld daran, daß man in Deutschland nicht so effizient arbeitete.

Das Geheimnis des Erfolges von Kaizen in Japan ist jedoch viel banaler, als daß dies mit tiefschürfenden pseudophilosophischen Überlegungen erklärt werden mußte. Worum es wirklich geht, sind drei Elemente, die in Abbildung 44 zu einem Dreick untrennbar miteinander verbunden sind.

Die Prinzipien von Kaizen

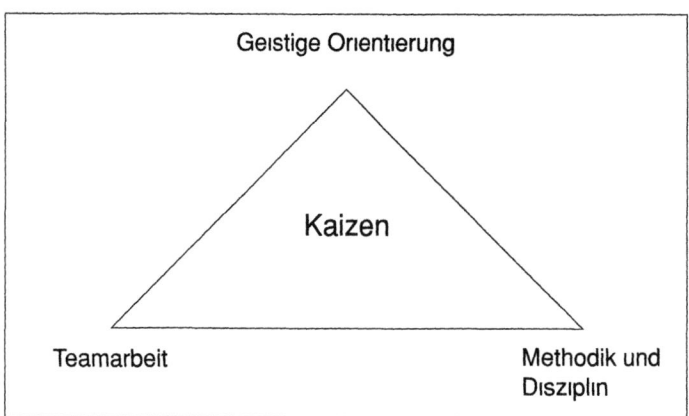

Abbildung 44: Drei Grundelemente von Kaizen

Was die drei Begriffe „geistige Orientierung", „Teamarbeit", „Methodik und Disziplin" zum Konzept Kaizen zusammenbindet und worin tatsachlich ein Unterschied zur bisherigen Praxis hierzulande liegt, bedarf der Erlauterung.

Zunachst ist allerdings eine Grundformel fur das Kaizen-Modell wichtig: *Jeder Mensch hat das personliche Bestreben, die Dinge so gut zu machen, wie er es vermag.* Fur den privaten Bereich akzeptieren wir diese Formel wahrscheinlich ohne Diskussion. Ubertragen wir sie auf den betrieblichen Bereich, wird sie von vielen Menschen sofort mit Skepsis versehen, und es werden unzahlige Beispiele genannt, die aussagen sollen, daß man dem einzelnen eben doch nicht vertrauen kann – deshalb muß man ihn kontrollieren und maßregeln, wenn er die Vorgaben nicht befolgt hat. McGregor (1970) hat dies als implizite Persönlichkeitstheorien von Fuhrungskraften beschrieben. Die einen gehen davon aus, daß der Mitarbeiter prinzipiell faul und dumm ist und es nur auf das Geld abgesehen hat – deshalb bedarf er der strengen Fuhrung und Kontrolle und gegebenenfalls sind Strafen notwendig (Theorie x). Die anderen sind eher optimistisch und vertrauen auf die Eigenverantwortung und das Mitdenken des Mitarbeiters und unterstutzen ihn dabei, seine Potentiale zu realisieren (Theorie y).

So absurd, wie manchem die Theorie x beim Lesen erscheinen mag, sie ist dennoch außerordentlich häufig bei Vorgesetzten in deutschen Betrieben anzutreffen. Vetrauen in die Fähigkeiten des einzelnen und in sein Bemühen, die Dinge so gut wie möglich zu machen, ist leider eher eine Ausnahme. Dieses Vertrauen in den Mitarbeiter und Kollegen ist jedoch eine Grundvoraussetzung für eine erfolgreiche Praxis des Kaizen. Letztlich lautet nämlich die Frage, ob und wie gut es einem Unternehmen gelingt, daß jeder Vorgesetzte und jeder Mitarbeiter sein Bedürfnis, die Dinge so gut wie möglich zu machen, umsetzen kann. Mit diesem Hintergrund ist die Erläuterung der drei oben genannten Schlüsselbegriffe zu verstehen; sie bezeichnen letztlich die notwendigen Rahmenbedingungen für das Kaizen des einzelnen.

Geistige Orientierung

Fragt man sich selbst, warum man etwas tut, und warum man etwas sogar gerne und motiviert tut, dann wird die Anwort den Grund des Tuns und seinen Sinn beschreiben. Das war nicht immer so. Unser Kulturkreis blickt auf eine lange Historie zurück, in der Befehl und Gehorsam die Frage nach Sinn und Zusammenhang ersetzte. Nach dem Wertewandel der letzten 20 Jahre funktioniert dieses Prinzip jedoch nicht mehr. Vor allem die jüngeren Menschen wollen wissen, warum sie etwas tun oder lassen sollen und in welchem Rahmen sich das eigene Handeln vollzieht. Das gilt auch für das Verbesserungshandeln. Nur wenn ich weiß, welche Auswirkungen mein Verbesserungsvorschlag auf meinen Arbeitsplatz und auf das Unternehmen hat, werde ich diesen Vorschlag auch im Rahmen des Verbesserungswesens machen. Nur wenn ich weiß, was mit den Ergebnissen der Arbeit meines Qualitätszirkels gemacht wird, werde ich mich engagiert und konstruktiv in diese Gruppe einbringen. Und nur wenn ich Kollegen habe, die ähnlich motiviert die Arbeitsbedingungen zu verbessern suchen, werde ich meinen Vorsatz der Verbesserung aufrecht erhalten können.

Gegen diese Prinzipien wird in der Praxis zumeist massiv verstoßen, und es ist kein Wunder, daß in den meisten Unternehmen

Die Prinzipien von Kaizen

das Betriebliche Vorschlagswesen ein Siechtum fristet und daß die Qualitatszirkelbewegung zu einer ziemlich lahmen Veranstaltung verkommen ist.

Für ein erfolgreiches Kaizen gilt jedoch, daß immer wieder der Sinn des Verbesserungshandelns herausgestellt wird und daß das Top-Management und alle Fuhrungskrafte durch ihr Handeln demonstrieren, daß sie von diesem Geist durchdrungen sind. Diese Aufgabe ist keineswegs schwierig. Denn was sollte denn daran hindern, der Belegschaft immer wieder deutlich zu machen, daß Verbesserungen dazu beitragen, den eigenen Arbeitsplatz zu sichern, die Konkurrenzfahigkeit des Unternehmens zu starken, unsinnige Arbeitsvorgange zu beseitigen, keine Mittel zu verschwenden usw.? Die Frage ist lediglich, wie ernst diese Aufgabe der Sinnvermittlung genommen wird. Ist dies der Fall, wird man auch nicht zogern, die Mitarbeiter umfassend zu informieren, etwa uber Produktionszahlen, uber Maschinenlaufzeiten, Storfalle, Fehlteile usw. Mit der Einbindung in Unternehmenszusammenhange entsteht fur den Mitarbeiter ein inneres Bild von seinem Arbeitsplatz und seinem Betrieb. Er weiß dann, was durch seinen Verbesserungsbeitrag fur den Betrieb bewirkt wird. Setzt man die genannten Kennzahlen um in ein Visual Management und macht man sie auf Schautafeln und in Grafiken im Betrieb allen Mitarbeitern bekannt, entsteht ein gemeinsamer Geist, besser werden zu wollen und die Zahlen noch weiter zum Positiven zu entwickeln. Damit ist eine gemeinsame geistige Orientierung erreicht, durch die gegenseitige Motivation und Unterstutzung entstehen.

Teamarbeit

Kein Arbeitsplatz in einem Unternehmen kann isoliert betrachtet werden, jeder ist von der Zuarbeit eines anderen abhangig. Das gilt fur den einzelnen wie fur Abteilungen. Die Produktion ist abhangig von der Konstruktion und vom Einkauf, dieser wiederum ist vom Input des Vertriebs abhangig und letztlich sind alle mit der EDV verzahnt. Geht es um die Erledigung einer Aufgabe oder eines Projekts, ist eine intensive Interaktion der daran Beteiligten unerläßliche Voraussetzung, um das Ziel zu erreichen.

Bei dieser permanenten Abstimmungsnotwendigkeit ist es selbstverstandlich, daß auch die Erarbeitung von Verbesserungen eine Sache ist, die in den meisten Fallen nur in der Gemeinschaft aller davon Betroffenen vorgenommen werden kann. Die Optimierung eines Arbeitsablaufs oder eine Verbessserung am eigenen Arbeitsplatz ist abhangig davon, daß andere mitmachen – von der Ideenentwicklung bis zur Umsetzung und schließlich bis zur Akzeptanz der Verbesserung im Arbeitsalltag.

Die Realisierung dieser eher trivialen Feststellungen sieht in vielen deutschen Betrieben absolut traurig aus. Bereichsabschottungen und individuelle Abgrenzungen sind die normale Realitat, Kommunikationsprobleme und Kooperationsbarrieren gehoren zum Alltag, offene und latente Konflikte behindern die Zusammenarbeit, Schuldzuweisungen paralysieren Initiativen. Dieser miserable Zustand wird durch eine Reihe von organisatorischen Elementen geradezu willentlich gefördert: Burokratische Regularien befriedigen Abteilungsegoismen, Entlohnungs- und Beförderungssysteme fordern Konkurrenzverhalten und Individualisierung, und die Strukturen der Aufbauorganisation nahren das Kastchendenken.

Dies beeinträchtigt natürlich zuallererst das Hauptziel eines Unternehmens, namlich die Produktion von Waren oder Dienstleistungen. Aber auch das Kaizen kann sich unter diesen Bedingungen nicht entwickeln. Wer wurde einen Verbesserungsvorschlag machen, wenn moglicherweise auch ein Kollege davon profitiert und dieser dadurch eher eine Lohngruppe nach oben rutscht? Wer redet in einem Qualitatszirkel offen uber Fehler in der eigenen Abteilung, wenn er furchten muß, daß er ob dieses Fehlers angegriffen und Gegenstand von Schuldzuweisungen wird? Wer wird sich in einem Arbeitskreis zur Verbesserung engagieren, wenn hier Stellvertreterkampfe der hierarchischen Linie ausgetragen werden?

Diese oft anzutreffende Realitat qualifiziert viele Bemuhungen um ein Verbesserungswesen zur Naivitat. Es reicht nicht, ein Betriebliches Vorschlagswesen zu etablieren oder Qualitatszirkel zu grunden und zu sagen: „Nun verbessert mal schon." Hier werden die einfachen Prinzipien der Kommunikation, Kooperation und Teamarbeit zum differenzierenden Faktor, hier entscheidet es sich, ob ein Unternehmen es den japanischen Vorbildern gleichtun kann.

Fur ein erfolgreiches Kaizen sind Kommunikation, abteilungsinterne und -ubergreifende Kooperation, das reibungslose Arbeiten in Teams und Zirkeln unerläßliche Voraussetzungen. Dazu gehort selbstverstandlich als Vorbedingung ein partizipativer Fuhrungsstil, der den Mitarbeiter in die Ablaufprozesse einbezieht und ihn so kompetent macht, daß er dann auch tatsachlich seinen Beitrag zur Verbesserung leisten kann.

Methodik und Disziplin

Beide Begriffe richten sich auf die Art und Weise, wie Arbeitsprozesse und Probleme behandelt werden. Mit ihnen ist das Prinzip der Standardisierung verbunden. Es handelt sich um okonomische Prinzipien, die fur wiederkehrende Situationen ein bestimmtes Vorgehensmuster beinhalten. Das entlastet von unnotiger Denkarbeit und verhindert, daß das Rad immer wieder neu erfunden wird. Gegenstand sind vor allem Routineablaufe und -situationen, die mit disziplinierter Anwendung einer bestimmten Methodik schnell, sicher und mit gleichbleibender Qualitat bewaltigt werden konnen.

Gegenstand von Methodik ist aber letztlich viel mehr, etwa die Handhabung und Verteilung von Information, die Praxis der Kooperation und Abstimmung und auch der Fuhrungsstil der Vorgesetzten. Die Methodik des Management by objectives soll beispielsweise dazu fuhren, daß das Verhalten von Vorgesetzten harmonisiert wird und alle in gleicher Weise mit ihren Mitarbeitern Ziele abstimmen und ihre Erreichung uberwachen. Damit wird die innerbetriebliche Kommunikation erleichtert, denn jeder weiß, daß in anderen Abteilungen genauso gearbeitet wird wie in der eigenen.

Für Kaizen und die Verbesserungsarbeit ist Methodik eine notwendige Bedingung. Gegenstand sind Probleme und Störsituationen, die inhaltlich zwar immer wieder verschieden, aber in ihren Grundmerkmalen gleich sind: Es handelt sich um unstrukturierte Problemsituationen. Sie sind durch folgende Merkmale charakterisiert:

- Komplexität, das heißt es gibt Wechselwirkungen zwischen den Problemkomponenten, die nicht sicher zu berechnen sind.
- Es gibt mehrere Lösungsalternativen – keine ist die richtige, sondern es gibt nur die relativ beste Lösung.
- Es ist mit Haupt- und Nebenwirkungen zu rechnen.

Strukturierte Probleme, bei denen es eine richtige Lösung gibt, die lediglich abhängig ist von einem ausreichenden Know-how, sind in der Regel kein Gegenstand von Kaizen. Kaizen richtet sich auf unstrukturierte Probleme, etwa auf einen zu hohen Anteil an Ausschuß und Fehlteilen oder auf die zu lange Dauer von Angebotsbearbeitungen oder auf den stockenden Materialfluß. Beginnt man in einem Unternehmen mit einem Kaizen-Prozeß, findet man jede Menge solcher Probleme.

Phasen des Problemlösezyklus und zugehörige Methodenbeispiele

Problemlösezyklus	*Methoden (Beispiele)*
Problembeschreibung	Meßkarten Pareto
Problemanalyse	Ishikawa Flußdiagramme
Lösungsfindung	Brainstorming
Bewertung und Entscheidung	Systematische Entscheidungsanalyse
Umsetzung	Aktionsplan

Die Prinzipien von Kaizen

Aufgrund ihrer gemeinsamen Merkmale als unstrukturierte Probleme ist es angebracht, sie mit dem entsprechenden methodischen Standardrepertoire anzugehen. Sie folgen dem Paradigma des Problemlösezyklus (vgl. Aufzählung im Kasten).

Diese Methoden sind die Grundausstattung für eine systematische Verbesserungsarbeit. Ihre Anwendung soll nicht nur erreichen, daß für ein Problem eine Lösung gefunden wird, sondern es wird gleichzeitig ein Lerneffekt bei den Beteiligten angestrebt, so daß derselbe Fehler nicht wieder auftritt. Das wird sich jedoch nur dann realisieren lassen, wenn die Methoden bekannt sind und in ihrer Systematik auch diszipliniert angewandt werden.

In der deutschen Unternehmensrealität ist allerdings das Gegenteil der Fall. In der Regel sind weder Führungskräfte noch ihre Mitarbeiter mit dieser Methodik vertraut. Schlimmer noch, sie empfinden es als Zeitvergeudung, mit einer solchen Methodik zu arbeiten. Statt dessen betreibt man Problemlösung nach dem Motto „Quick and Dirty" – Hauptsache die Symptome sind kuriert.

Hier liegt ein weiterer Unterschied zu den Japanern und ein Geheimnis ihres Erfolgs. Japaner gehen mit einer außerordentlichen Disziplin und Systematik an Probleme heran. Sie verwenden viel Zeit für eine umfassende Analyse und ebenso auch für die Abwägung der Lösungen. Die Umsetzung ist dann allerdings sehr viel schneller, zumal weniger Akzeptanzprobleme auftreten, wenn eine Problemlösung auf diese Weise vorbereitet wurde.

Will ein Unternehmen ernsthaft Kaizen umsetzen, so gibt es keinen Weg vorbei an einer intensiven Methodenschulung und an deren kontinuierlicher Perfektion. Eine disziplinierte Anwendung von Methoden wird allerdings nur zu erreichen sein, wenn die beiden anderen Elemente des Dreiecks gleichfalls realisiert werden: Methodische Arbeitsweise wird nur dann praktiziert, wenn man deren Sinn und Zusammenhang begreift und wenn man sich gegenseitig im Team dabei unterstützt.

Werden wir es schaffen? – Eine Analyse der Innovationsbedingungen vor Ort

Es war die Frage, ob das Werk des Automobilzulieferers die drei Bedingungen eines Kaizen-Prozesses wurde erfullen konnen, um die Einfuhrung von Kaizen zu einem Erfolg zu machen. Um auf Schwachstellen aufmerksam zu werden und drohende Probleme einschatzen zu konnen, wurde die Innovations-Potential-Analyse IPA (vgl. Dreesmann „Innovationsprozesse" und Anhang) durchgefuhrt. Sie sollte Hilfen fur den Einfuhrungsprozeß liefern und Hinweise darauf geben, was besonders zu berucksichtigen ist.

Die Analyse der IPA-Ergebnisse dämpfte voreilige Hoffnungen und zu hohe Erwartungen. Es stellte sich heraus, daß drei Ebenen des Modells kritisch ausgepragt waren (vgl. Tabelle 4). Insbesondere war die invidivuelle Innovationskompetenz der Betroffenen in den Bereichen Fachkompetenz, Soziale Kompetenz, Methoden-Kompetenz und Partizipative Kompetenz zum Teil stark defizitar.

- Beim Fachwissen (Bereich Fachkompetenz) handelte es sich weniger um Wissenslucken im Hinblick auf die unmittelbare eigene Tätigkeit, sondern vielmehr um das Wissen uber deren Zusammenhange und ubergreifende Einordnung. Diese „Fachidiotie" behinderte im Arbeitsalltag auch den Austausch mit den Kollegen und insbesondere mit den anderen Abteilungen und Bereichen und leistete einer Abschottung Vorschub.

- Die Kommunikation und Kooperationsbereitschaft der Mitarbeiter (Bereich Soziale Kompetenz) war aufgrund des oft ruppigen Fuhrungsstils der Vorgesetzten eher abwehrend und aggressiv.

- Das methodische Repertoire (Bereich Methoden-Kompetenz), etwa um Probleme systematisch anzupacken und einer Losung zuzufuhren, war eng begrenzt.

- Die partizipative Mitwirkung (Bereich Partizipative Kompetenz) an Entwicklungsprozessen war kaum vorhanden – eher ging eine resignative „Ist-mir-egal"-Haltung aus den Analyseergebnissen hervor.

Tabelle 4: Kritische Bereiche (schraffiert) aus der Innovations-Potential-Analyse (IPA) vor Einführung von Kaizen

Kompetenzbereiche \ Bedingungsebene	Fachliche Kompetenz	Persönliche Kompetenz	Konstruktive Kompetenz	Soziale Kompetenz	Methoden Kompetenz	Partizipative Kompetenz
Individuum	Qualifikation Wissen Erfahrung	Reife Emot. Stabilität Ambiguitätstoleranz	Intelligenz Kreativität Flexibilität	Offenheit Kommunikat.- Kooperationsbereitschaft	Methoden Instrumente Verfahren	Verantwortung Entscheidungswille Mitwirkung
Soziales Umfeld	Qualifikationsniveau	Gruppenidentifikation mit Innovation	Erfahrungsaustausch	Unterstützung	Funktionaler Arbeitsstil	Aktivitätsorientierung
Organisatorischer Rahmen	Qualifikationsanforderungen	Innovationskultur	Informationsmanagement	Partizipativer Führungsstil	Projektmanagement	Entscheidungsfreiraum
Innovationssystem	Komplexität	Nutzen	Gestaltbarkeit	Soziale Wirkung	Systematik	Beherrschbarkeit

Eine Analyse der Innovationsbedingungen vor Ort

Damit war die individuelle Innovationskompetenz insgesamt eine stark kritische Große fur den Kaizen-Prozeß.

Auf der sozialen Ebene waren fast alle Bedingungsbereiche kritisch und ebenso waren die Komponenten auf der organisatorischen Ebene uberwiegend defizitar.

Die vierte Ebene des IPA-Modells, das Innovationssystem Kaizen selbst, wurde als prinzipiell handhabbar eingeschätzt.

Aufgrund dieser Erkenntnisse war klar, daß bei der Einfuhrung des Kaizen sehr behutsam und in kleinen Schritten vorgegangen werden mußte. Gleichfalls wurde die Notwendigkeit eines hohen Maßes an Schulung, Unterstutzung und begleitenden Maßnahmen deutlich.

Mit viel Mut ins Werk – Die Einführung des Kaizen

Nach der Analyse der Rahmenbedingungen galt es zunachst, die Ziele und Teilschritte in realistischer Form abzustecken. Unter der globalen Zielsetzung, Kosten zu sparen und die menschlichen und technischen Potentiale optimaler zu nutzen, sollten mit dem Kaizen u. a. folgende Punkte erreicht werden:

- Reduktion von Ausschuß und Fehlteilen,
- Abbau von Maschinenstorungen und Erhöhung der Laufzeiten,
- Reduktion von Lagerbestanden,
- Reduktion des Flachenbedarfs,
- Entwicklung von mehr Selbstverantwortung und Eigeninitiative,
- Entwicklung eines partizipativen Fuhrungsstils bei allen Vorgesetzten,
- Entwicklung der Problemlosekompetenz bei Vorgesetzten und in der Mannschaft,
- Anhebung des allgemeinen Qualifikationsniveaus,
- Verbesserung der Kommunikation und der bereichsubergreifenden Kooperation,
- Entwicklung von Teamfahigkeit.

Die Einfuhrung des Kaizen

Nach einem strategischen Konzept sollte das gesamte Werk mit 1700 Beschäftigten in den Kaizen-Prozeß einbezogen, und alle Hierarchieebenen und alle Bereiche sollten beteiligt werden.

Phasen und Strukturen

In der ersten Phase hatte die Geschäftsleitung einen Workshop zu durchlaufen. Neben der Diskussion der Hintergrunde des Kaizen-Prinzips und der Einubung von Methoden waren zwei fur den Kaizen-Prozeß wichtige Aufgaben zu erfullen:

1. Erstellen einer Vision der Werksentwicklung: „Was wollen wir von unserem Werk in drei Jahren sagen konnen?" Damit wurde eine Sinnorientierung erarbeitet, die den Beschäftigten zeigen sollte, wo der Weg entlang gehen und wozu der Kaizen-Prozeß nutzen sollte.

2. Entwicklung einer Problemlandschaft als geordnete Darstellung der konkreten Schwierigkeiten des Werkes aus der Sicht des Managements. Damit sollte das Problembewußtsein der Werksleitung geschärft und ein Blick fur die Zusammenhange der Probleme entwickelt werden.

Beide Aufgaben wurden nicht nur sehr engagiert erledigt, sondern es war merkbar, daß sich bei den meisten erst jetzt ein richtiges Verstandnis fur das Kaizen entwickelte – vorher hatte man alles sehr theoretisch gesehen.

Die beiden Arbeitsergebnisse wurden als Packpapierplakate auf Pinnwanden im Werk fur jeden sichtbar aufgestellt. Damit wurde signalisiert: „Das Management ist im Boot und übernimmt seinen Part".

In der nachfolgenden Phase wurden fur die gesamte mittlere Fuhrungsebene Trainingsworkshops in Teamentwicklung und methodischer Problembearbeitung durchgefuhrt. Die Teilnehmer dieser Schulungen bildeten dann Kaizen-Arbeitskreise, auf denen sie sich der Probleme annahmen, die die Geschäftsleitung in die strategische Problemlandschaft eingebracht hatte.

In der dritten Phase wurde die ubrige Mannschaft des Werkes einbezogen. In eintagigen Großveranstaltungen wurden alle mit dem Prinzip des Kaizen vertraut gemacht. Uberdies wurden die Grundzuge der Problemerkennung und -bearbeitung dargestellt. Auf diesen Workshops wurden Basiszirkel als Qualitatszirkel konstituiert. Ihnen wurde ein Pate aus der mittleren Fuhrungsebene zugeordnet, der dort in einem Kaizen-Arbeitskreis mitarbeitete und in der Problemlosung und in der Moderation von Zirkeln kompetent war.

Parallel zu diesen Aktivitaten wurde das Betriebliche Vorschlagswesen in seinen Ablaufen vereinfacht und neu positioniert.

In Abbildung 45 ist die Beteiligungsstruktur des Kaizen im Werk dargestellt.

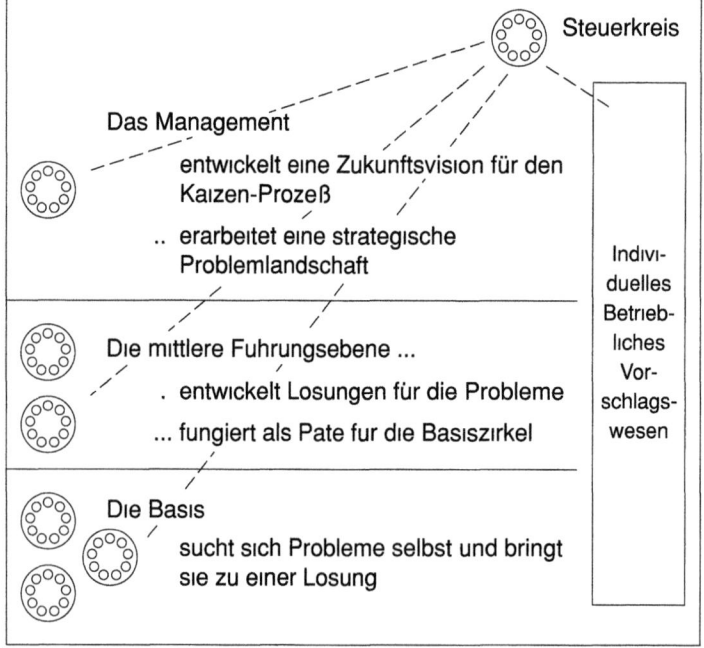

Abbildung 45: Kaizen-Beteiligungsstruktur im Werk

Die Einführung des Kaizen 211

Mit diesem Modell wurden drei Formen des Kaizen realisiert:

- *Managementorientiertes Kaizen* in Form von Arbeitskreisen auf der mittleren Fuhrungsebene. Sie arbeiteten an den von der Geschaftsleitung vorgegebenen strategischen Problemen und brachten sie zur Losung.
- *Gruppenorientiertes Kaizen* in Form von Qualitätszirkeln an der Basis, die sich selbst ihre Verbesserungsthemen aussuchten und zur Losung brachten.
- *Individuelles Kaizen* in Form des Betrieblichen Vorschlagswesens.

Der gesamte Prozeß wurde koordiniert durch einen Steuerkreis mit einem Sprecher, der direkt an den Werksleiter berichtete.

Die Aktivitaten wurden durch eine Reihe von Begleitmaßnahmen unterstutzt. So gab ein Arbeitskreis eine Kaizen-Zeitung heraus, in der u.a. Teams und ihre Mitglieder vorgestellt und Arbeitsergebnisse dargestellt wurden. Weiterhin wurden Info-Ecken eingerichtet, in denen man sich uber die aktuellen Kenndaten und Indikatoren des Verbesserungsprozesses informieren konnte, und schließlich wurden uberall im Werk Stelltafeln aufgestellt mit den Kenngroßen der dort jeweils befindlichen Maschinen und der auf ihnen produzierten Produkte.

Gutes wollen reicht noch nicht – Probleme der alltäglichen Art

War es ein unmittelbarer Effekt der Trainings und der beginnenden Arbeitsgruppen, daß man erstaunt feststellte, konstruktiv und ohne Aggressionen miteinander umgehen zu konnen, so holte der Arbeitsalltag doch sehr schnell auch den Kaizen-Prozeß ein.

Am Anfang stand die Angst der Mitarbeiter, uber Probleme zu berichten, welche den eigenen Vorgesetzten betrafen. Man furchtete Schuldzuweisungen und den Vorwurf, auch ohne Kaizen hatte man schon längst etwas unternehmen sollen. Immer wieder mußte das Top-Management klarstellen, daß von nun an nicht mehr die Vergangenheit, sondern nur die Gegenwart und die Zukunft von Interesse sei.

Die Teamsitzungen mußten mit den Anforderungen der täglichen Arbeit konkurrieren und mancher „schwänzte" die Treffen, weil er ohnehin mit dem normalen Arbeitspensum überlastet war. Hier half nur ein Machtwort des Managements, daß die Teamsitzungen absoluten Vorrang hatten.

Da die Verbesserungsarbeit oft nicht einen unmittelbar zu bemerkenden Vorteil für die eigene Arbeit brachte, traten auch Motivationsprobleme bei einigen Teammitgliedern auf. Dies um so mehr, als man sich anfangs nicht daran gewöhnen konnte, die Probleme in der vorgegebenen Systematik zu bearbeiten. Es schien zu umständlich und vor allem zu langwierig. Zudem herrschte eine große Rollenunsicherheit, wie man sich in die Gruppe einzubringen habe – ein Problem, das insbesondere die Moderatoren hatten. Die bereichsübergreifenden Teams taten sich überdies schwer, ihre Ziele und Vorgehensweise genau zu definieren. Hier mußte ein Gruppencoaching die notwendige Unterstützung geben.

Mit vielen dieser Schwierigkeiten war im voraus gerechnet worden – sie wurden deshalb Gegenstand eines zweitägigen Refreshing-Trainings, bei dem die Methodik im Mittelpunkt stand. Diese Veranstaltungen trugen wesentlich zur Beschleunigung der Verbesserungsarbeit und zur Konsolidierung der nachfolgenden Gruppenarbeit bei.

Größere Sorgen machten manche Führungskräfte, die sich zwar nicht offen gegen den Prozeß stellten, aber hinter vorgehaltener Hand „eine schlechte Presse machten" und gezielt versuchten, das Kaizen zu stören. „Ich hab's ja gleich gesagt, da kommt doch nichts bei raus" oder „Was soll der Kokolores" wirkten wie kleine Nadelstiche. Das nicht vorbildhafte Verhalten dieser Vorgesetzten störte zum Teil erheblich, da natürlich die Mitarbeiter zu der Folgerung kamen, daß die Führungskräfte die Sache nicht ernst nahmen. Schlimmer in der Wirkung waren aber zum Beispiel Weigerungen von Vorgesetzten, ihre Mitarbeiter für die Arbeit in den Zirkeln freizugeben.

Diese Formen des Widerstands (vgl. Freimuth/Hoets „Umgang mit Widerständen in organisatorischen Veränderungsprozessen") waren aber letztlich sogar hilfreich, da sie deutliche Klarstellungen von Seiten der Werksleitung provozierten, die voll hinter dem Prozeß stand. Außerdem wurden lange Einzelgespräche geführt, und auf Betriebsversammlungen wurden wiederholt die Ziele des Kaizen erläutert und Erfolge und Problemlösungen dargestellt, so daß den zögernden Führungskräften der Boden entzogen wurde.

Ein weiteres Problem bestand darin, daß der Steuerkreis die ihm übertragenen Kompetenzen nur sehr defensiv ausschöpfte und sich als „Regierung des Verbesserungswesens" schwer tat. Außerdem belasteten latente Konflikte zwischen den hier vertretenen Hierarchieebenen die Arbeit Daraufhin mußte nach einiger Zeit eine Neuzusammensetzung des Kreises vorgenommen werden, die dann zu einer enormen Engergieentfaltung im Kaizen-Prozeß führte.

Eine sehr hilfreiche Rolle spielte der Betriebsrat. Er war voll in die Konzeptentwicklung und in die Realisierung einbezogen, hatte an den Schulungen teilgenommen und war im Steuerkreis vertreten. Der Betriebsrat hatte erkannt, daß der Kaizen-Prozeß für jeden einzelnen Vorteile bringen und für die Konkurrenzfähigkeit des Werkes sehr dienlich sein würde. Er sah eine Chance, daß manche unliebsamen Arbeitsbedingungen verbessert und durch die vermehrte Teilnahme der Mitarbeiter an Entscheidungsprozessen auch die Zufriedenheit gesteigert wurden. Seine Unterstützung half, manche schwierige Hürde zu überwinden.

Letztlich wurden die vielen kleinen und größeren Probleme jedoch erst dann entscheidend überwunden, als sich die Erfolge der Verbesserungsarbeit einstellten. Nach etwa einem Jahr war allen Beschäftigten im Werk klar, daß es sich bei Kaizen nicht um eine modische Eintagsfliege handelte und daß jeder von den Verbesserungsanstrengungen profitierte. Diejenigen, die mehr oder weniger offen gegen das Projekt opponiert hatten, waren ins Boot gekommen, und man konnte insgesamt feststellen: Kaizen läuft!

Bilanz: Eindeutig überwältigend

In Zwischenbilanzen konnte festgestellt werden, daß sich das Werk von Grund auf veranderte. Kaizen war nach einem Jahr werksweit eingefuhrt. Die angestrebten Ziele in der Kosteneinsparung und Effizienzsteigerung waren erreicht worden. In Jahresfrist hatten sich folgende Zahlen ergeben:

- Qualitatsverbesserung: 31 Prozent
- Flachenreduzierung: 10 Prozent
- Bestandsreduzierung: 20 Prozent
- Kostenreduzierung: 16 Prozent

Das Betriebliche Vorschlagswesen wies jetzt eine Quote von vier Vorschlagen pro Mitarbeiter und Jahr auf, wahrend es zuvor 0,4 gewesen waren.

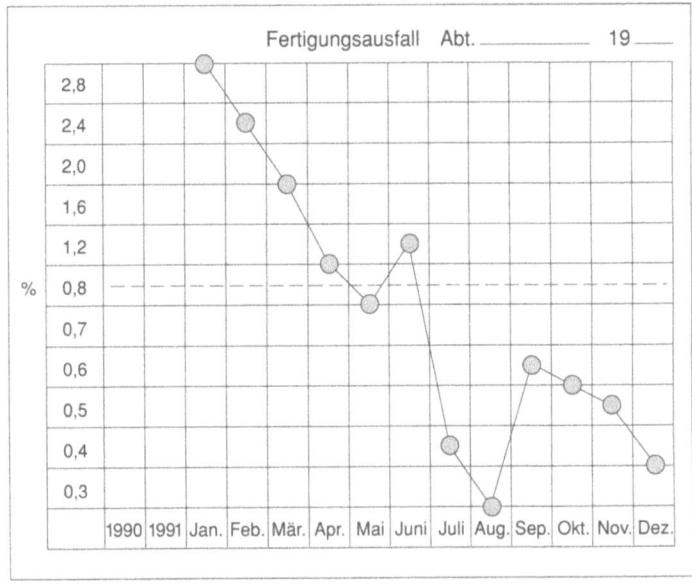

Abbildung 46: Darstellung des Fertigungsausfalls nach Anlauf des Kaizen-Prozesses

Bilanz Eindeutig überwältigend

Mit Kaizen wurde die Bearbeitungsweise der Verbesserungsvorschläge selbst verbessert, und es wurde erreicht, daß jeder Vorschlag innerhalb von 14 Tagen eine Rückmeldung erhielt.

Ein Kaizen-Arbeitskreis hatte sich des Problems des „Skill Managements" angenommen, und so waren überall Matrizen entwickelt worden, aus denen transparent wurde, wer für welche Arbeiten kompetent war. Mit dieser simplen Methode wurde eine Transparenz erreicht, die die Flexibilität des Arbeitseinsatzes erheblich vergrößerte. Maschinenstörungen blockierten nicht länger den Ablauf, da jeder Mitarbeiter sofort an einen anderen Arbeitsplatz dirigiert werden konnte.

Neue und ehrgeizigere Ziele wurden entwickelt. Dabei war ein interessantes und nur scheinbares Paradoxon, daß die zweite Runde der Zieldefinitionen im Rahmen des Kaizen erheblich länger dauerte als beim ersten Mal. Nicht etwa, weil man müde geworden war, sondern weil die Einsicht gewachsen war, daß Ziele genau geplant und begründet und abteilungsübergreifend abgestimmt werden müssen.

Die Kommunikation und das bereichsübergreifende Zusammenarbeiten hatten sich ebenso verändert wie die Tonlage und der Führungsstil der Vorgesetzten. In beeindruckender Weise hatten auch die Mitarbeiter ihren Anteil an Selbstverantwortung übernommen.

Die bereichsübergreifende Zusammenarbeit in den Teams war zur Routine geworden. Dazu hatte nicht nur die Teamentwicklung und -erfahrung beigetragen, sondern auch der kommunikative Austausch – man hatte die Probleme der anderen Abteilungen kennengelernt und konnte die Kollegen von dort jetzt besser verstehen.

Nach zwei Jahren war das Werk zu einem „Mekka" für andere Firmen geworden, um zu sehen, wie ein Kaizen-Prozeß erfolgreich verlaufen kann. Dabei übernahmen Teammoderatoren die Führung der Werksdelegationen, auch um zu demonstrieren, wie sehr der Prozeß von allen Ebenen des Werkes einschließlich der Basis getragen wurde.

Eine spatere Zertifizierung nach den DIN ISO-Normen war lediglich eine Routinesache und bedurfte keiner weiteren Anstrengungen mehr.

In einer zweiten IPA-Erhebung konnte festgestellt werden, daß sich die Innovationskompetenz aller Beteiligten dramatisch zum Positiven entwickelt hatte. Deshalb war es dann auch keine Uberraschung, daß der nachste Schritt der Werksentwicklung, die „fraktale Fabrik", mit großen Erfolgschancen geplant und angegangen werden konnte.

Als Folge des erfolgreichen Kaizen-Prozesses genießt das Werk heute im Konzernverbund den Ruf, besonders effizient und innovationsfreudig zu sein und fungiert fur manche Neuerungen als Pilot-Werkstatt.

Literatur

Imai, Masaaki: Kaizen, Der Schlussel zum Erfolg der Japaner im Wettbewerb (1986: Kaizen, engl. Orig.), Munchen 1992

McGregor, D.: Der Mensch im Unternehmen, Dusseldorf 1970

Womack, J.P./James, D.T./Roos, D.: Die zweite Revolution in der Automdustrie, Konsequenzen aus der weltweiten Studie des Massachusetts Institute of Technology, Frankfurt/M. 1991

Gut geplant – schlecht umgesetzt?

Fallbeispiel Industrie

von Ute Waidelich

Exemplarisch fur viele Veränderungen von betrieblichen Prozessen ist die Einfuhrung eines PPS-Systems (Produktionsplanungs- und Steuerungs-System) in einem mittelstandischen Unternehmen, die in diesem Beitrag beschrieben wird. Bei dieser Einfuhrung wurden trotz der intensiven Planungsphase wahrend der Umsetzungsphase gravierende Problemfelder sichtbar, die alle Bereiche des Unternehmens tangierten und die Produktion fast zum Erliegen brachten. Das Projekt war punktuell durchgefuhrt worden, und die Auswirkungen der Veranderung auf das gesamte System „Organisation" wurden erst durch die im Prozeß auftretenden Probleme sichtbar, da erst zu diesem Zeitpunkt die vernetzte „chaotische" Abhangigkeit zwischen der Organisation in einem ganzheitlichen Sinne und dem System an die Oberflache kam. Schon sehr fruh wurde den Beteiligten klar, daß die Wirkungen des PPS-Systems in ihrer ganzen Komplexitat sehr stark unterschatzt, beziehungsweise uberhaupt nicht erwartet worden waren. Durch diese Einschatzung wurde eine Planung des organisatorischen Wandels mit allen tangierten Abteilungen, Arbeitsplatzen und Personen erst nach Implementierung des neuen Systems moglich.

Nachdem die Unternehmung mehrere Monate damit beschaftigt war, die Schwierigkeiten (unter anderem mit Hilfe einer Unternehmensberatung) in den Griff zu bekommen, entschloß sie sich, das Problem von einer anderen Seite anzugehen. Sie ruckte von der rein technokratischen Betrachtungsweise ab und schaltete den Lehrstuhl fur Arbeits- und Organisationspsychologie der Universitat Mannheim ein. Er sollte eine Diagnose der aktuellen Situation des Betriebes erstellen und dabei starker als bisher die Erfahrungen und Probleme der Mitarbeiter mit dem System in den Vordergrund treten lassen.

Wir erhielten also den Auftrag, die „nichttechnischen" Ursachen fur das Mißlingen des PPS-Systemeinsatzes zu finden und Maßnahmen zur Verbesserung der Situation zu entwickeln.

Die Rahmenbedingungen

Was kennzeichnet das Unternehmen?

Die vorliegende Unternehmung fertigt Produkte fur die Bereiche Industrie, Buro und Außenanlagen. Zum Zeitpunkt der Einfuhrung sind in der Unternehmung 770 Personen beschaftigt, zu zwei Dritteln Lohnempfanger, dazu ein Drittel Gehaltsempfanger und ein kleiner Anteil Auszubildende. Der Facharbeiteranteil betragt 12 Prozent. 7 Prozent Ingenieure sind neben den uber 80 Prozent an- und ungelernten Kraften beschaftigt. Der Frauenanteil ist mit fast 50 Prozent sehr hoch, was auf die Fertigungsart (hohe Montageanteile bei geringer Automation) zuruckzufuhren ist. Der Betrieb gliedert sich in vier Abteilungen: kaufmännische Angelegenheiten, Entwicklung, Produktion und Vertrieb. Ein Großteil der Beschaftigten ist in der Montage gebunden, wo an Einzel- und Gruppenarbeitsplatzen die unterschiedlichen Produkte montiert werden. Die notwendigen Stanzteile erhalt die Montage aus der vorgelagerten Stanzerei, in der unterschiedliche Maschinen (Exzenterpressen, Schwenkbiegemaschinen, CNC-Pressen, etc.) bedient werden. Eine kleine Schweißerei und der Bereich der Oberflachenbehandlung vervollstandigen die Produktion.

Die Fuhrungsstruktur der Produktion ist je nach Bereich unterschiedlich: Wahrend in der Montage sogenannte Gruppenfuhre-

Die Rahmenbedingungen

rinnen zwischen 10 und 15 Frauen leiten, übernehmen in der Stanzerei sogenannte Einrichter das direkte Einteilen der Arbeit (Umrüsten und Programmieren der Maschinen und ähnliches). Jeder Produktionsbereich wird von einem Meister geleitet, der direkt dem Produktionsleiter unterstellt ist.

Dem Bereich der Entwicklung gehören die Abteilungen Konstruktion, Fertigungsplanung und das Labor an.

Der Bereich der kaufmännischen Angelegenheiten untergliedert sich in:

- Planung und Kontrolle, Rechnungswesen,
- Organisation und Informationsverarbeitung,
- Personalwesen und Allgemeine Verwaltung,
- Materialwirtschaft.

Dem Vertrieb sind

- zentrale Auftragsbearbeitung,
- Marketing und
- Vertriebsniederlassungen

zugeordnet.

Was ist ein PPS-System?

Im folgenden soll in knapper Form dargelegt werden, welche Funktionen ein Produktionsplanungs- und Steuerungs-(PPS-)System erfüllt:

Aufgabe der PPS ist die Planung der Produktionsabläufe und die Durchsetzung von Maßnahmen, die zum Erreichen vorgegebener Ziele erforderlich sind. Deshalb ist zwischen der Phase der Planung und der Phase der Durchsetzung zu unterscheiden. Die Produktionssteuerung soll hier mit der Phase der Durchsetzung gleichgesetzt werden, wobei diese mit der Freigabe von Fertigungs-, Montage- und Bestellaufträgen beginnt. Die aufgrund der starken Interdependenzen zwischen mengenmäßiger und zeitlicher Zuordnung der Produktionsfaktoren wünschenswerte simultane Pla-

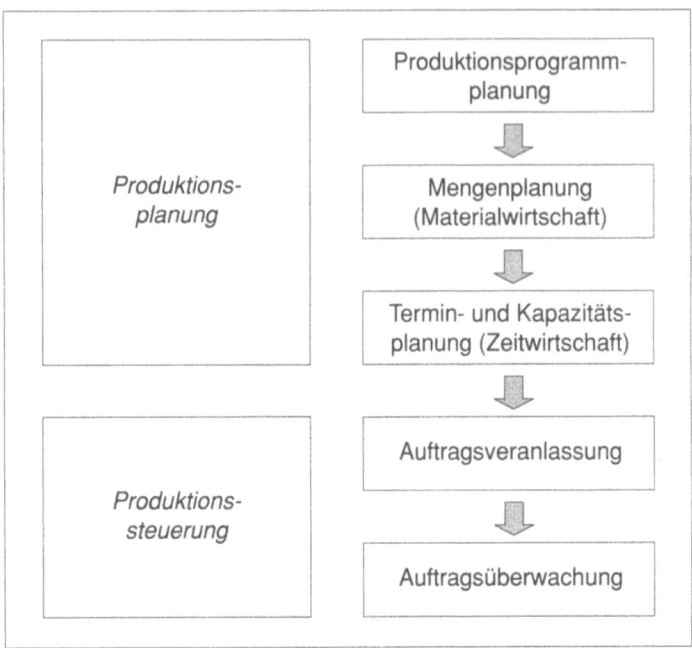

Abbildung 47: Hauptfunktionen der Produktionsplanung und Produktionssteuerung

nung hat sich in der Regel als nicht operabel erwiesen. Die PPS-Systeme folgen deshalb weitgehend einheitlich dem Sukzessivplanungskonzept. Dabei sind die Hauptfunktionen Produktionsprogrammplanung, Mengenplanung, Termin- und Kapazitätsplanung, Auftragsveranlassung und Auftragsuberwachung zu unterscheiden.

Im vorliegenden PPS-System wurde die Planungsfunktion im Sinne einer rollierenden Planung nacheinander durchlaufen, wobei erganzend Planungsdaten hinzugezogen wurden und auftragsbezogen geplant wurde.

Die Rahmenbedingungen 221

Warum wird ein PPS-System eingeführt?

Der interessierende Markt ist wie viele andere Märkte durch eine steigende Produktvariation gekennzeichnet. Da das Produkt im Rahmen von unterschiedlichen Bauvorhaben eingeplant wird, sind kurze Lieferzeiten und hohe Termintreue von großer Bedeutung für die Zufriedenheit des Kunden mit dem Service, den die Unternehmung bieten kann.

Unser Unternehmen konnte – nach den Daten einer intensiven Marktanalyse – für sich einen hohen Standard (was die Qualität anbetrifft) beanspruchen. Allerdings fiel der Vergleich mit den Mitkonkurrenten bezüglich der Liefertermintreue wesentlich schlechter aus. Um weiterhin am Markt präsent bleiben und expandieren zu können, setzte sich unser Unternehmen das Ziel, die Marktführerschaft im Service zu erreichen.

Eine Randbedingung, die diese Entscheidung unterstützen konnte, waren die mittlerweile verbesserten EDV-Möglichkeiten. Sie erlaubten auch einem mittelständischen Betrieb, umfangreiche Planungsprozesse mit Hilfe von EDV zu unterstützen. Außerdem war der Markt an Informationssystemen in der Zwischenzeit erheblich verbessert worden.

Im Gegensatz zu den erhöhten Anforderungen auf Seiten des Marktes gestaltete sich die bisherige Abwicklung von Aufträgen eher träge und inflexibel. Die konventionelle Auftragsabwicklung sah in unserem Falle eine *Stapelverarbeitung* der Anfragen über Zeitpunkt der Fertigstellung von bestellten Lieferungen bei jedem Sachbearbeiter vor. Dann wurde dieser Auftrag in den unterschiedlichsten Bereichen bearbeitet, bis er endlich in die Produktion als Auftrag ankam.

Diese Papierbearbeitung der Aufträge hatte unterschiedliche Konsequenzen. Zum einen waren *lange Transportwege* vonnöten: Der Weg von den Vertriebsbüros zu den einzelnen Sachbearbeitern in der Unternehmung brachte einen gewissen Zeitverzug. Außerdem wurden Informationen mehrmals umgeschrieben, um dem Formularstandard der jeweiligen Bereiche gerecht zu werden.

Folge dieser Stapelverarbeitung waren langfristig *langsame Informationsflusse*, die die Auftragsbearbeitung um so mehr verzogerten, je mehr Personen involviert waren. Konkret hieß das fur einen Auftraggeber, daß er bei Bestellung seiner Lieferung, zum Beispiel zur Ausstattung eines Supermarktes, bis zu zehn Tagen warten mußte, ehe der von ihm gewunschte Liefertermin entweder bestatigt oder auch abgelehnt wurde. Diese *nicht vorhandene Bereitschaft oder Fahigkeit*, zum Zeitpunkt der Bestellung exakte Aussagen zu machen, erschwerte es den Vertriebsleuten immens, ihre Serviceleistungen den Kunden gegenuber zu verbessern und damit am Markt zu expandieren.

Dieser Ausgangslage entsprechend wurden mit der Einfuhrung des PPS-Systems folgende Ziele verfolgt:

- Steigerung der Liefertreue,
- gleichmaßige Auslastung der Arbeitsplatze,
- Reduzierung der Durchlaufzeiten,
- Verbesserung des Materialflusses,
- optimale Lagerbestande,
- Unterstutzung der Bestellabwicklung,
- Unterstutzung der Erzeugnisplanung,
- aktuelle und schnelle Auskunfte,
- Aufzeigen von Zielkonflikten,
- schneller Informationsfluß zwischen den Funktionsbereichen.

Wer sind die betroffenen Abteilungen und Personen?

Eigentlich mußte die Frage einfach zu beantworten sein. Im vorliegenden Fall stellt sich aber das Problem, daß sich letztendlich alle Mitarbeiter im Unternehmen als Betroffene erlebt haben.

Im engeren Sinne waren sicherlich die Mitarbeiter der Abteilungen Organisation/EDV betroffen, da sie mit der Software-Firma das System planen und einfuhren mußten. Daneben waren der Produktionsleiter und seine Mitarbeiter im Auftragsabwicklungszentrum betroffen, da sie Funktionen ubernehmen mußten, die vorher in dieser Weise noch nicht formuliert waren. Des weiteren wa-

Die Rahmenbedingungen

ren Entwickler und Konstrukteure betroffen, die alle Daten in das System eingeben mußten und die Meister/Werkstattsteuerer, die die Daten abrufen mußten.

Aufgrund der problematischen Einfuhrung, mit all ihren negativen Aspekten, entstand eine Situation, in der mittelbar alle Mitarbeiter und Fuhrungskrafte von den Auswirkungen des PPS-Systems betroffen waren, bis hin zum Beispiel zum Lagerarbeiter, der keinen Platz fur gute Teile mehr fand.

Wer sind die treibenden Kräfte?

Im vorliegenden Fall ist keine Einzelinitiative zu identifizieren. Die Fuhrungsmannschaft des Unternehmens mußte zur Sicherung der Marktposition strategische Weichen stellen. Sicherlich unterstutzte der Werksleiter mit der gesamten Geschaftsfuhrung das Anliegen, auch wenn EDV-Bereich und Produktion den hochsten Anteil an Energie und Know-how investierten.

Von wem die Initiative ausging, war nach kurzer Zeit schon unwesentlich, da bei allen Fuhrungskraften Konsens daruber bestand, daß die Einfuhrung des PPS-Systems erfolgen mußte.

Die Stadien des Veränderungsprozesses

1 Bildung einer Projektgruppe

Da bisher in der Unternehmung noch keine Erfahrungen mit PPS-Systemen vorlagen, wurde im ersten Schritt eine Projektgruppe gebildet. Diese Projektgruppe wurde mit Experten besetzt, die primar aus dem EDV-Bereich kamen. Aber auch Entwicklung, Vertrieb und Rechnungswesen waren vertreten.

2 Erfassung der Ist-Situation

Als erste Aufgabe stellte sich dieses Projektteam, die momentane Situation der Unternehmung im Hinblick auf Durchlaufzeiten, Termintreue, Lagerbestande und ahnliches exakt zu diagnostizieren. Bei dieser Diagnose wurden die oben genannten Defizite offensichtlich.

3 Definition des Soll-Zustandes

Aufgrund dieser Defizitanalyse definierte das Projektteam einen sogenannten SOLL-Zustand. Dieser SOLL-Zustand kann beschrieben werden als ein vernetztes System, dessen Zentrale eine Datenbank darstellt, in die alle Bereiche relevante Daten einspeist.

Konkret sah diese Datenbankorganisation nun vor, daß nicht Sachbearbeiter per Stapelverarbeitung die einzelnen Vorgange bearbeiten, sondern daß jeder Sachbearbeiter die fur ihn relevanten Vorgange per Bildschirm durchfuhrt. Die bearbeiteten Vorgange der einzelnen Sachbearbeiter waren so direkt uber den Bildschirm von anderen Sachbearbeitern abrufbar.

4 Informationsphase bezuglich PPS-Systeme

Nachdem im Hinblick auf die verschiedenen interessierenden Zielkriterien der SOLL-Zustand definiert war, ging das Team nun zu einer Informationsphase zum Thema PPS-System uber. Im Rahmen dieser Informationsphase beschaffte sich das Projektteam uber Literatur Zugang zu bisher bestehenden Hard- und Software-Systemen, nahm Kontakt zu anderen Unternehmungen auf, die PPS-Systeme schon eingefuhrt hatten, und fuhrten dort Betriebsbesichtigungen und Diskussionen mit den Experten durch.

5 Entscheidung fur ein bestimmtes System

Selbst nach der Informationsphase bestand in der Unternehmung noch sehr große Unsicherheit uber:

- die Art des PPS-Systems, das eingefuhrt werden sollte,
- die zu erwartenden Schwierigkeiten im Rahmen der Einfuhrung und der Konsolidierung.

Die Stadien des Veränderungsprozesses 225

Das Projektteam hatte mittlerweile eine grob umrissene Vorstellung, welche Eigenschaften und Funktionen das zu wählende PPS-System erfüllen mußte. Mit diesem Anforderungskatalog überprüfte man nun unterschiedlichste Softwarefirmen und deren PPS-Systeme und wählte schließlich eine spezielle Software aus. Diese Software war gekennzeichnet durch ein Standardpaket, das jedoch – auf die Bedürfnisse der jeweiligen Unternehmung bezogen – erweitert, spezifiziert und modifiziert werden konnte.

6 Schaffung struktureller Voraussetzungen

Neben der Sicherstellung der Hardware und Software mußten auch strukturelle Veränderungen vorgenommen werden, bevor das PPS-System konkret eingeführt werden konnte. Entsprechend der zentralistischen Datenstruktur des Systems wurde nun eine Abteilung gebildet, in der verschiedene Sachbearbeiter von früher getrennten Abteilungen gemeinsam Daten in das System eingaben. Diese Abteilung, die sich in unserem Falle Auftragsabwicklungszentrum (AZ) nannte, wurde zusammengestellt aus Mitarbeitern des Vertriebes, Mitarbeitern der Disposition von Kauf- und Herstellteilen, einem Personal-Mitarbeiter und drei Kaufleuten, die gerade ihre Lehre bei der Unternehmung abgeschlossen hatten.

Diese neugeschaffene Abteilung bestand somit aus einer Mischung aus sehr jungen und älteren Mitarbeitern, aus Mitarbeitern mit Produktionserfahrung und solchen mit rein kaufmännischen Erfahrungen. Nachdem die Abteilung gebildet war, die Personen feststanden, wurde mit der Ausstattung der Hard- und Software in den relevanten Bereichen begonnen.

7 Kurzschulung der direkt Betroffenen

Nach abgeschlossener Ausstattung wurde eine Kurzschulung der direkt Betroffenen geplant. Unter den direkt Betroffenen verstand man damals zum einen die Mitarbeiter des neugebildeten Auftragsabwicklungszentrums, sowie die Mitarbeiter der Entwicklung und einige Mitarbeiter des Vertriebs und der Disposition.

8. Pilotisierung des PPS-Systems im Lagerbereich

Um das Handling des neuen PPS-Systems in einer Art Pilotierung zu üben, begann der Lagerbereich ca. ein halbes Jahr vor geplanter Einführung des PPS-Systems in der gesamten Unternehmung, mit einzelnen Bausteinen des PPS-Systems zu arbeiten. Das heißt: Bevor das PPS-System in der ganzen Unternehmung eingeführt wurde, wurde die Lagerbestandsaufnahme, die Ein- und Ausgänge des Lagers, schon über die Lagerstammdatenverwaltung des PPS-Systemes geleitet.

Nach Ausstattung mit Hard- und Software, nach Schulung der direkt Betroffenen wurde nun begonnen, die Daten, die zur Speisung des PPS-Systems notwendig waren, einzugeben. Dabei handelte es sich insbesondere um Konstruktionsdaten, das heißt Fertigungs- und Ablaufpläne, als auch um Kapazitätsplanungen, Absatzplanungen, Lagerbestände und ähnliches.

9. Betriebsversammlung

Nachdem man aus Sicht des Projektteams die Vorbereitung der Einführung abgeschlossen hatte, wurde eine Betriebsversammlung einberufen, in deren Rahmen Betriebsangehörige über die Einführung des PPS-Systems ab 1. Januar informiert wurden.

10. Flächendeckende Einführung des PPS-Systems

Nach dieser allgemeinen Information der Mitarbeiter wurde dann im Januar des neuen Jahres von einem Tag auf den anderen flächendeckend das PPS-System eingeführt.

11. Massive Probleme bei der Auftragsabwicklung

1. Extrem hohe Lagerbestände (End- und Teilprodukte, Herstell- und Kaufteile).
2. Hoher Materialfluß, der innerhalb der Produktion zu massiven Platzproblemen führte (Unfallgefahren, Einschränkung der Bewegungsfreiheit der Mitarbeiter, Unordnung etc.).

Die Stadien des Veränderungsprozesses 227

3. Erhöhung der Durchlaufzeiten.
4. Verschlechterung der Termintreue.
5. Erhöhung der Rüstzeiten aufgrund der auftragsbezogenen Fertigung.
6. Kurzfristige und hektische Einstellung von neuem Personal und großer Umfang an Überstunden.

12. Verschlechterung des Betriebsklimas

All diese Probleme infolge der Einführung des PPS-Systems waren aber nicht ausschlaggebend für den Kontakt zwischen der Unternehmung und der Universität. Höchste Priorität hatte für die entsprechenden Führungskräfte die sinkende Motivation und die extrem schlechte Stimmung in der Mannschaft gegenüber PPS-Systemen. So war zum Beispiel bei den Führungskräften der Eindruck entstanden, daß viele Mitarbeiter zum einen den „Segen" des PPS-Systems nicht einsehen wollen und zum anderen sich auch nicht „PPS-mäßig" verhalten wollten. Konkret hieß das für die Produktion, daß das bedienende Personal, Meister, Montierer u.a. sich nicht an die Vorgaben des Systems hielten, sondern weiterhin ihre bisherige Arbeitsroutine beibehielten, im eigenen Rahmen selbst optimierten, Abläufe umstellten und ähnliches. Dabei wurde eine ganz spezielle Dynamik des Prozesses sichtbar.

Für die Mitarbeiter war durch die Einführung des PPS-Systems keine Verbesserung der Situation erkennbar, ganz im Gegenteil: Alle wichtigen Faktoren des Betriebsablaufes hatten sich verschlechtert. Da alle Mitarbeiter die Verschlechterung der Situation ursächlich auf die Einführung des PPS-Systems zurückführten, versuchten sie durch ein anderes Verhalten, den Negativauswirkungen aus ihrer Sicht entgegenzuwirken. Dies hatte zwangsläufig ein Aushebeln gewisser Prozesse des PPS-Systems zur Folge, was wiederum zu einer Verschlechterung, zu einer mangelhaften Planung und zu den Auswirkungen, die oben genannt wurden, führte.

13 Durchfuhrung einer Organisationsdiagnose

Die Fuhrungskrafte sahen sich nun außerstande, diesen Teufelskreis zu durchbrechen. Gleichzeitig war ihnen auch nicht ganz klar, woher diese massive Ablehnung des PPS-Systems als Innovation zu suchen war. In dieser Situation beauftragte uns die Unternehmensleitung, eine Diagnose der momentanen Situation und deren Ursachen im Unternehmen durchzufuhren.

Kernstuck der Diagnose stellt ein standardisierter Interviewleitfaden dar, der Mitarbeitern und Fuhrungskraften aus allen Bereichen appliziert wurde.

14. Auswertung der Daten

Anhand der gewonnenen Daten wurde abschließend von den Forschern ein Maßnahmenpaket entwickelt, um die gravierendsten Probleme in den Griff zu bekommen.

Die wichtigsten Ergebnisse der Organisationsdiagnose

Da dieser Beitrag primar die Fragen der Akzeptanz und des Widerstandes aufzeigen soll, werden die Ergebnisse um die technischen Probleme und Folgen des PPS-Systems reduziert, insbesondere da die technischen Schwierigkeiten weiterhin von der Projektgruppe aufgegriffen und bearbeitet wurden.

1. Schulung und Information in bezug auf das System

Alle Befragten kritisierten in hohem Maße den geringen Umfang an Information, der ihnen vor Einfuhrung des Systems zuganglich war. Die meisten wurden nur von der Tatsache einer Einfuhrung des PPS-Systems informiert. Welche Funktion dieses System ubernehmen sollte, inwieweit sich dadurch Ablaufe verandern wurden und bisherige Routine uberflussig wurde – das war keinem der Be-

Die wichtigsten Ergebnisse der Organisationsdiagnose 229

troffenen in aller Deutlichkeit klar geworden beziehungsweise überhaupt gesagt worden.

Neben dieser mangelhaften Information über die Ziele eines PPS-Systems im Vorfeld beklagten alle Teilnehmer auch, daß wahrend der Einfuhrung des PPS-Systems nur sehr mangelhaft informiert und vor allen Dingen qualifiziert wurde. Die Schulung stellte sich im Prinzip als zweitägige Einfuhrung in das System dar, und selbst diese Einfuhrung bekamen nur diejenigen Mitarbeiter, die direkt mit dem System zu arbeiten haben – sprich: die Entwickler, die die Daten eingeben mußten und die Mitarbeiter des Auftragsabwicklungszentrums. Alle anderen Mitarbeiter, die unter Umstanden Daten abrufen mußten oder zumindest gerne in das System Einsicht haben wollten (um zum Beispiel zu wissen, wann welcher Auftrag in die Produktion kommen sollte) – diese Mitarbeiter erfuhren uberhaupt keine Schulung. Es versteht sich fast von selbst, daß ein so komplexes System wie das eingeführte PPS-System kaum in zwei Tagen vermittelbar ist. Das heißt, die einzelnen Abteilungen erarbeiteten sich selbst die Prozeduren, mit denen sie arbeiten mußten und versuchten mehr oder weniger „handgestrickt", sich durch das System zu arbeiten. Was ihnen aber trotz großem Engagement nicht gelang, war in Eigenregie die Zusammenhänge des Systems, die relativ komplex miteinander verknüpft sind, zu erkennen und die Auswirkungen der eigenen Tatigkeit im System vorherzusehen.

Die Methode des Learning by doing ist nicht unbedingt die schlechteste, um mit solch einem System arbeiten zu lernen. Allerdings wurde diese Eigenschulung dadurch extrem erschwert, daß keine aktuelle und umfassende Dokumentation des Systems vorhanden war. Da laufend Anpassungen und Veranderungen in das System einflossen, war es nicht moglich, wahrend der Einfuhrung ein umfassendes Handbuch, das auf dem aktuellen Stand der Software war, herzustellen. Das hieß aber gleichzeitig, daß Veranderungen im System in der Regel den Mitarbeitern nicht im Vorhinein bekannt gemacht wurden. In der Regel geschah es, daß jemand sich morgens an den Computer setzte, ihn anschaltete und ihm eine vollig neue Maske entgegenschaute. Die Dokumentation der Veränderungen im Rahmen des Systems über eine Online-Funktion wurde von allen Betroffenen als ungenügend und wenig hilfreich eingestuft.

Eine Folge dieser chaotischen Information, Qualifikation und Dokumentation des neuen PPS-Systems bestand darin, daß jede Abteilung versuchte, in ihrem eigenen Aufgabenbereich mit dem System zu arbeiten, und sich selbstgebastelte Dokumentationen zusammenstellte, die die Funktionen enthielten und Prozeduren beschrieben, mit denen diese Abteilung primär zu arbeiten hatte.

2 Auswirkungen des Systems auf Anforderungen und Aufgabenstrukturen

Durch die Einführung des PPS-Systems haben sich die Aufgabenanforderungen in den verschiedensten Bereichen sehr verändert. Diese Veränderungen reichten von einer starken Anreicherung und Kompetenzerweiterung der Aufgabe auf der einen bis zu einem Kompetenzverlust und einer Reduzierung des Handlungsspielraums auf der anderen Seite. Diese Veränderungen sollen anhand von drei Beispielen deutlich gemacht werden.

Beispiel 1. Der Entwickler

An dieser Stelle soll nicht das ganze Aufgabengebiet der Entwickler dargestellt werden. Aber zur Einschatzung der Situation nach der PPS-Einführung sei folgendes zu dem bisherigen Aufgabenbereich gesagt: Das Selbstverständnis der Entwickler und Konstrukteure war sehr stark dadurch geprägt, daß sie an ihren Reißbrettern neue Produkte entwarfen, konstruierten und Arbeitsabläufe entwickelten. Diese Arbeit wurde als kreativ, anspruchsvoll und anregend erlebt. Mit dem Computer wurde nur in geringen Umfangen gearbeitet. Diese Entwickler sahen sich nach der PPS-Einführung folgender Situation gegenüber: Sie waren nicht mehr Ingenieure, die die neuen Kundenanforderungen in die Produkte hineinentwickeln mußten oder neue Arbeitsabläufe planen durften, sondern sie waren zu einer Hilfsfunktion degradiert worden und nur noch dazu bestimmt, Daten, die sie früher selbst auf Plänen eingetragen hatten, nun in den Computer zu übertragen.

Die wichtigsten Ergebnisse der Organisationsdiagnose

Kurz gesagt: Der Entwickler war von einem kreativen Mitarbeiter zu einem Eingabegerät für Daten geworden.

Beispiel 2 · Der Einrichter beziehungsweise Meister in der Produktion:

Bisher hatte der Meister in der Produktion die Aufgabe, den Produktionsablauf im kleinen zu planen, Aufträge optimierend zusammenzustellen, er war für Qualität und Personaleinsatz zuständig. Nach der PPS-Einführung wurde von dem System vorgegeben, wann welcher Auftrag in der Produktion zu fertigen sei, und der Handlungsspielraum des Meisters, an diesen Vorgaben noch Optimierung vorzunehmen, war im Prinzip gleich Null.

Das heißt: Während ein Meister vor PPS-Einführung die Verantwortung für die Produktion und die Aufrechterhaltung des Produktionsablaufes hatte (in einem Planungshorizont von ein bis zwei Wochen), war er danach nur noch dazu degradiert, die laufende Produktion – durch das Programm beziehungsweise den Mitarbeitern aus dem Auftragsabwicklungszentrum vorgegeben – aufrechtzuerhalten und bei Katastrophen einzuschreiten.

Beiden Beispielen ist allerdings gemeinsam, daß bei der Einführung des PPS-Sytems ihre Aufgabenbelastung immens gestiegen ist – jedoch nicht qualitativ, sondern quantitativ:

Bei dem Entwickler war es der Berg an Daten, der schnellstmöglich eingegeben beziehungsweise geändert werden mußte, beim Meister waren es die häufigen Katastrophenmeldungen aus der Produktion, die ihn zwangen, ständig an Strategien zu arbeiten, um die Produktion noch wenigstens einigermaßen aufrechtzuerhalten. Bei dem Mitarbeiter im AZ dagegen war es das Problem, daß die Aufträge, Probleme, Daten, die zu bearbeiten waren, in ihren Briefkasten überquollen und kaum noch in einer normalen Arbeitszeit zu bewältigen waren. Daneben kamen entsprechende Kommentare aus der Produktion, die viele fehlgeleitete Teile, schlechtgeplante Aufträge und ähnliches den Mitarbeitern im AZ anlasteten.

Alles in allem war die Stimmung unter den Mitarbeitern sehr stark davon geprägt, daß sie den Zweck der Einführung des PPS-

Systems nicht erkennen konnten, da bisher nur die negativen Seiten dieses Systems aufgefallen waren. Dies umso mehr, als man nicht nur neutraler Beobachter der Situation in der Produktion und im Vertrieb war, sondern selbst ja auch die negativen Folgen der Einführung zu spuren bekam (zum Beispiel durch die Veränderung der Aufgabenanforderungen). Insbesondere dieses misfit zwischen Aufgabenverdichtung auf der einen Seite und mangelnder Transparenz der positiven Aspekte auf der anderen Seite hatte die Stimmung in der Produktion und in den indirekten Bereichen gegenuber dem PPS-System immens verschlechtert. Diese Verschlechterung des allgemeinen Betriebsklimas sowie die objektiv schlechte Situation in der Produktion (erhohter Materialfluß, immense Platzprobleme, Kapazitatsauslastungsprobleme) fuhrten naturlich auch zu gewissen Anforderungen an die Fuhrungskrafte.

Die Fuhrungskrafte waren während dieser „Krisenzeiten" besonders gefordert, das Schlimmste gewissermaßen abzuwenden. Gleichzeitig kamen aber sehr große Beschwerden, Arbeitsverweigerungen, Kritiken und Anschuldigungen von seiten der Mitarbeiter, die vom Management bewaltigt werden mußten. Alles fand unter einem hohen Zeitdruck und unter einem ständig hohen Maß an Streß statt. Diese Situation blieb naturlich auch nicht in den Abteilungen ohne Folgen; viele Fuhrungskrafte konnten diesem Druck nur ein autoritares Auftreten oder Ruckzug entgegensetzen.

3 Schnittstellenmanagement

Bisher war die Zusammenarbeit der Bereiche sehr stark sequentiell orientiert. Das heißt: Wenn ein Auftrag durch den Vertrieb in die Unternehmung gelangte, wurde bei entsprechenden konstruktiven Anderungen dieser Auftrag an die Entwicklung weitergeleitet. Die Entwicklung beziehungsweise die Arbeitsvorbereitung brachte dann die entsprechenden Stucklisten und Arbeitspläne in die Produktion, die Produktion teilte dann diesen Auftrag in ihren bestehenden Ablauf ein und fertigte das Produkt, das dann weiter zum Lager und vom Lager in den Versand kam.

Die wichtigsten Ergebnisse der Organisationsdiagnose 233

Bisher war eine hohe Autonomie der einzelnen Bereiche zu erkennen. Diese Autonomie ist nicht unbedingt nur positiv zu sehen. Beispielsweise war es möglich, daß die Arbeitsvorbereitung (AV) Arbeitspläne schrieb, die der Realität in der Montage nicht entsprachen, die Montage allerdings die Autonomie besaß, das Produkt produktionsgerecht zu fertigen, ohne sich an den Plänen der Arbeitsvorbereitung zu stoßen. Durch die Einführung des PPS-Systems änderte sich zwangsläufig auch diese Inselmentalität.

Das PPS-System ist nur in der Lage, die Produktion sinnvoll zu steuern, wenn die Daten aller Abteilungen aufeinander abgestimmt die Realität widerspiegeln. Bisher optimierte jeder Bereich soweit seine Handlungsfreiräume reichten und glich damit fehlende Übereinstimmung aus.

Aufgrund der Datenbasis des PPS-Systems wurden fehlende Übereinstimmungen jedoch offensichtlich und mußten ausgeräumt werden. Dabei entstanden gravierende Konflikte bei der Frage, wer nun eigentlich die ganze Zeit über Fehler gemacht und nicht produktions- beziehungsweise konstruktionsgerecht gefertigt und geplant hatte.

Diese Auseinandersetzungen mußten jedoch im Zuge der Optimierung geführt werden; erschwerend kam ein hoher Zeitdruck und hohe Überbelastung aller Beteiligten aufgrund der zuvor beschriebenen Situation hinzu.

Gesamtbewertung des Veränderungsprozesses: Wege aus der Krise

Angesichts der schwerwiegenden Probleme, die nach der Einführung des PPS-Systems sichtbar wurden, drängt sich der Eindruck auf, daß die Innovation weder systematisch vorbereitet, noch sinnvoll implementiert wurde.

Betrachtet man die Situation genauer, so wird deutlich, daß viele Schwierigkeiten typisch sind für die Implementierung von PPS-

Systemen und zum Teil auf die mangelnde Anpassung der vorhandenen Fertigung (Maschinenpark, Arbeitsablaufe usw.) an die Erfordernisse eines PPS-Systems zurückgehen. Außerdem ist kennzeichnend für ein PPS-System, daß es eine Verknupfung unterschiedlichster Datenquellen notwendig macht, diese in direkte Abhängigkeit voneinander stellt und damit die Grundlage fur Produktionsplanung und -steuerung legt. Diese Verknüpfungen (gerade von zum Teil nicht deckungsgleichen Daten) lost jedoch eine Vielzahl von Wechselwirkungen aus, mit deren Abschatzung die Expertengruppe aus EDV, Entwicklung und Produktion offensichtlich überfordert war. Gleichzeitig wurde der Grad der Betroffenheit und die damit verbundenen Schulungs- und Informationsmaßnahmen viel zu eng definiert, Akzeptanzprobleme bei der Basis schlichtweg nicht erwartet.

Da man bei der Einfuhrung nicht mit solch gravierenden Problemen gerechnet hatte, fehlte ein schlagkraftiges „Krisenmanagement". Dieses wurde erst unter Heranziehung einer Unternehmensberatung installiert. Das Projektteam hatte versaumt, die Auswirkungen (inklusive Wechselwirkungen) des Systems auf alle Arbeitsplätze zu analysieren und mit den Betroffenen gemeinsam über Konsequenzen, By-pass-Maßnahmen etc. zu diskutieren.

Die technisch ausgerichtete Gestaltung des PPS-Systems verhinderte eine offene Diskussion mit den Betroffenen daruber, wie ein akzeptables soziotechnisches System gestaltet werden könnte. In einer Diskussion hatten technische und betriebswirtschaftliche Erfordernisse mit dem Bedarf an Handlungs- und Kontrollspielraum in Einklang gebracht werden konnen. PPS-Systeme haben zwar eine globale Zielsetzung, können jedoch sehr flexibel gestaltet werden. Deshalb sind sie kein klassisches Instrument, das dem technischen Determinismus unterliegt: Neben zentralen Varianten (vorliegendes Beispiel) existieren auch dezentral organisierte Alternativen. Da jedoch im Planungsstadium die Arbeitsplatzgestaltung, die neuen Funktionen der Betroffenen und eventuelle Widerstände aufgrund Veranderungen von Handlungs- und Kontrollspielräumen nicht beachtet worden waren, war diese Chance ein dreiviertel Jahr nach der Einfuhrung des Systems vergeben.

Gesamtbewertung des Veränderungsprozesses

Uns blieb nach der Durchführung der Diagnose nur noch die Möglichkeit, den Betroffenen ein erweitertes Schulungs- und Informationsprogramm zukommen zu lassen, das ihnen ermöglichte, die Wirkungsweise des Systems, seine Wechselwirkungen und die Folgen des eigenen Handelns im System zu verstehen und vorherzusagen.

Im Rahmen dieser Veranstaltungen wurden gleichzeitig die vielfältigen Probleme, die vor Ort (in allen Abteilungen des Unternehmens) noch vorhanden waren, aufgelistet, mit Hilfe von Experten analysiert und wenn möglich gelöst. Falls eine Systemänderung/-anpassung notwendig war, gingen diese Probleme in die einzelnen Arbeitsgruppen ein, die sich um die Weiterentwicklung der Software kümmerten.

Die Teilnehmer dieser Veranstaltungen (*alle* Führungskräfte sowie Mitarbeiter aus den indirekten Bereichen) erlebten nach dem Seminar ein geringeres Ohnmachtsgefühl dem System gegenüber, kannten ihre Handlungsmöglichkeiten im System und erlebten dadurch eine deutlich erhöhte Kontrolle. Daneben wurden im Zuge der Programmanpassung gravierende Fehler und Probleme ausgemerzt und breiteren Gruppen von Mitarbeitern der Zugang zum System ermöglicht. Dadurch können diese den Planungsstand (Produktion, Teileverfügbarkeit) besser verstehen, was ebenfalls zu einer Erhöhung der eigenen Bewältigungsstrategien führte.

Insgesamt erfuhren besonders die Führungskräfte der Produktion (Gruppenführerinnen und Einrichter) eine deutliche Hilfe durch diese Veranstaltungen. Denn sie müssen, um den Mitarbeitern gegenüber kompetent Auskunft geben zu können, über Ziel, Wirkung und Konsequenzen des Systems auf die einzelnen Arbeitsplätze informiert sein.

Das Meilensteinkonzept

Wie man aus dem geschilderten, nur muhevoll gelungenen Veränderungsprozeß erkennen kann, ist es wichtig, den Prozeß der betrieblichen Veränderung nach gewissen Prinzipien zu gestalten. Dazu gehoren meiner Meinung nach eine offene Informationspolitik von Beginn des Prozesses an. Dabei sollten nicht nur die direkt betroffenen Mitarbeiter informiert werden. Auch mittelbar betroffene Mitarbeiter sollten ausreichend auf das vorbereitet werden, was an Veränderungen auf die Organisation zukommt. Neben einer kontinuierlichen und rechtzeitigen Information sollten während des gesamten Prozesses die „Betroffenen zu Beteiligten" gemacht werden. Dieser Grundregel der Organisationsentwicklung ist ein wesentlicher Bestandteil der folgenden Meilensteine.

1 Bildung einer Projektgruppe

Hierbei sollten nicht nur die Experten des Systems einbinden, sondern Mitarbeiter und Vorgesetzten aus jenen Breichen, die die Folgen des Systems zu spuren bekommen.

2 Diagnose der Ausgangssituation

Hierbei sollten nicht nur Kriterien der Systemeffizienz oder der Wirtschaftlichkeit angelegt werden, sondern die Organisation sollte auch bezuglich ihrer sozialen Strukturen, der Motivlage der Mitarbeiter etc. bewertet werden. Dadurch ist aber auch klar, daß man es nicht bei einer reinen Dokumentenanalyse belassen kann, sondern mit moglichst vielen Leuten reden sollte, um ihnen Fragen zu stellen, ihre Befindlichkeit, Angste, Vorbehalte etc. gegenuber der geplanten Neuerung zu eruieren.

3. Definition der Defizite und Formulierung des Sollzustandes

Gemessen an einer Zieldefinition werden die Defizite in komprimierter Form zusammengetragen und dem gewunschten Soll-Zustand (auch dieser sollte bezuglich unterschiedlicher Aspekte definiert sein) gegenübergestellt.

Das Meilensteinkonzept 237

4 Erarbeitung möglicher Lösungsvorschläge für die Problemlage

Je nach Problemlage sollten möglichst unterschiedliche Lösungsalternativen entwickelt werden.

5. Entwerfen von Szenarien zur Folgenabschätzung

Die Lösungen sollten nicht nur nach Wirtschaftlichkeitsaspekten oder technischer Machbarkeit beurteilt werden. Technische Neuerungen in Organisationen wie beispielsweise die Einführung eines PPS-Systems lösen in unterschiedlichsten Bereichen der Unternehmung vielfältige Veränderungen aus. Um diese Veränderungen abzuschätzen, ihre Qualitäten und eventuellen Folgen für die Motivation, bedarf es der Einbeziehung von möglichst vielen direkt und indirekt Betroffenen. Die Projektgruppe im engeren Sinne kann zwar ebenfalls Szenarien erstellen. Um aber die Vielfältigkeit der Auswirkungen und Wechselwirkungen im Vorfeld annähernd zu entdecken, bedarf es der Hilfe möglichst vieler Mitarbeiter. Da dies in einem frühen Planungsstadium geschieht, können die Mitarbeiter noch in die Gestaltung und Einführung der Veränderung aktiv eingreifen.

6 Bewertung der Folgen

Die Folgen der Veränderung im Hinblick auf Produkte, Prozesse und Menschen müssen ebenfalls bewertet werden. Man muß sich Rechenschaft darüber ablegen, welche Folgen man bereit ist zu tragen.

7. Entscheidung für eine Problemlösung

8. Definition notwendiger Voraussetzungen

Ähnlich wie bei der Folgenabschätzung sollten auch bei dieser Phase möglichst viele Betroffene beteiligt werden. Sie kennen die notwendigen Voraussetzungen vor Ort am besten und haben realistische Vorstellungen von Raum, Zeit, Qualifikation etc.

9 Schaffung der notwendigen Voraussetzungen

Hier sollte genau unterschieden werden, ob die Voraussetzungen von Beginn an unabdingbar sind, oder ob sie im Rahmen des Einfuhrungsprozesses schrittweise eingeführt werden können.

10 Pilotisierung in einem überschaubaren Bereich

Selbst bei bester Folgenabschätzung stellen sich bestimmte Aspekte der Innovation erst bei ihrer Einfuhrung heraus. Diese Erfahrungen sollten in einem kleinen Bereich gemacht werden, um dort auf den Rest der Unternehmung übertragbare Erfahrungen zu gewinnen.

11. Diskussion und Bewertung der Piloterfahrungen

12 Erarbeitung der Randbedingungen und Folgen des „schlimmsten Falles" (vergleichbar einer Prozeß-FMEA im Qualitätsbereich)

Auch wenn die Einführung der Innovation sehr sorgfältig vorbereitet wurde, kann man nicht davon ausgehen, daß alles wie geplant funktioniert. Um diese Situationen denoch relativ genau abschatzen zu konnen, sollten im voraus Fehlermöglichkeits- und Einflußanalysen erstellt werden.

13 Anpassung und Optimierung der Problemlosung

14 Installation der Problemlosung in allen Bereichen

15 Installation eines Rückmelde-, Informations- und Austauschsystems

Häufig hört die Betreuung der Projekte relativ kurz nach der Einführungsperiode auf. Wird jedoch sichergestellt, daß die Betroffenen untereinander ihre Erfahrungen austauschen konnen, und daß sie regelmäßig informiert werden, dann sind Synergieeffekte und gemeinsame Problemlösungen denkbar.

16. Bilanzierung des Veränderungsprozesses

Der Veränderungsprozeß wird in der Regel durch strategische Zielsetzungen in Gang gesetzt, die unter anderem eine Erhöhung oder Sicherstellung der betriebswirtschaftlichen Effizienz des Unternehmens gewährleisten sollen. Dabei werden in der Planungsphase der Innovation notwendige Investitionen dem zu erwartenden Nutzen gegenübergestellt. Ist eine Veränderung weitgehend abgeschlossen, das heißt implementiert, dann sollte eine ehrliche Nachkalkulation erfolgen. Diese muß monetäre, personelle und zeitliche Investitionen beachten.

17 Konsequenzen für ähnliche Vorhaben

Ist ein Veränderungsprozeß weitgehend abgeschlossen und wirtschaftlich bilanziert, sollten die Betroffenen detailliert förderliche und hinderliche Rahmenbedingungen austauschen. Die aktive Auseinandersetzung in der Retrospektive ist die einzige Möglichkeit, aus Erfahrungen zu lernen. Diese Lernerfahrung sollte auch anderen Mitgliedern der Organisation zugänglich gemacht werden. Dies setzt voraus, daß man die Notwendigkeit, offen mit Fehlern umzugehen, als Potential der Verbesserung erkennt und dies in die Kultur des Unternehmens integrieren kann.

Der vorliegende Beitrag beschreibt einen meiner Meinung nach typischen Verlauf eines Veränderungsprozesses, bei dem eine technikorientierte Vorgehensweise im Mittelpunkt der Überlegungen stand. Typisch insofern, als die Innovation – im vorliegenden Fall ein PPS-System – zwar in Hinblick auf ihre Funktionen im Gesamtablauf der Unternehmung ausgesucht, angepaßt und implementiert wurde, deren Auswirkungen auf Informations- und Kommunikationsprozesse, Anforderungen an Mitarbeiter, Veränderungen der Arbeitsplätze etc. jedoch ignoriert wurden.

Checkliste: Förderliche und hinderliche Faktoren im Rahmen der Einführung des PPS-Systems

(bezogen auf das geschilderte Beispiel)

Förderliche Faktoren (diese kamen besonders *nach* der Einführung zum Tragen)

- Bereitschaft der Geschäftsleitung, Fehler zuzugeben.
- Offenheit gegenüber neuen Anforderungen an das System.
- Ressourcenbereitstellung für „Krisenmanagement".
- Leidensdruck, die PPS-Einführung mit der Basis zu reflektieren
- Akzeptanz und Ernstnehmen der Probleme vor Ort.
- Abkehr von monokausalen Ursachenzuschreibungen
- Installation einer Strategie des gegenseitigen Lernens.
- Aufstockung des Schulungs- und Informationsetats.

Hinderliche Faktoren (diese kamen besonders *vor* der Einführung zum Tragen)

- Analyse der Ist – Situation *ohne* Einbeziehung der Betroffenen, daraus folgt:
    - Konzentration auf die technische Seite des PPS-Systems;
    - Vernachlässigung der Veränderungen der Handlungs- und Kontrollspielräume;
    - mangelnde Analyse möglicher Widerstände (konstruktiver und destruktiver);
    - unzulängliches Abbild der Produktionsrealität als Planungsgrundlage
- Mangelnder Einsatz von zur Folgeabschätzung geeigneten Methoden (zum Beispiel Szenario-Technik, Planspiele etc.).
- Ausschließliche Planung des günstigsten Falles der Einführung, daraus folgt:
    - Vernachlässigung eines „Krisenmanagements" (es gab kein Problem-Projekt-Management);
    - Defizit an Steuerungsmechanismen.

- Schlagartige Einfuhrung des PPS-Systems, daraus folgt
  - Stufenweises Lernen wurde verhindert,
  - aufgrund der Vielfalt der Probleme waren die Zusammenhange zwischen Ursache und Wirkung nicht erkennbar;
  - Eskalation des Widerstandes,
  - Entwicklung von „bewahrenden" Verhaltensweisen
- Mangelnde Schulung und Information aller Betroffenen, daraus folgt.
  - Uberforderung der Mitarbeiter,
  - Kontrollverlust und Ohnmachtsgefuhle;
  - Fehlbedienungen des Systems,
  - falsche Ursachenzuschreibung eigenen Handelns.

Change-Management am ABB Institut

Fallbeispiel Industrie

von Joachim Bieker und Michael Schade

Von der Muß-Arbeit zur Lust-Arbeit

Das schlanke und schnelle Hochleistungsunternehmen ist das erklärte Ideal unserer Zeit. Um sich diesem Ziel anzunähern, straffen immer mehr Gesellschaften weltweit ihre Strukturen und Prozesse. Gerade bei den „lean companies" erweist sich, daß vor allem ein Wettbewerbsfaktor strategisch entscheidend ist: Erfolgreich sind vor allem jene Firmen, die es verstehen, sich ein Potential von gut qualifizierten und motivierten Mitarbeitern zugänglich zu machen.

Diese Entwicklung stellt eine große Herausforderung an die Personalfunktion dar. Eine reaktive Personalverwaltung traditionellen Zuschnitts kann dieser Aufgabe nicht gerecht werden. Gefordert ist eine nach vorn gerichtete, strategisch agierende Personalarbeit.

Mit Begeisterung zum „Quantensprung"

Die Pferdewagen der Vergangenheit sind längst durch PS-starke Zugmaschinen ersetzt worden, und auch in den Fertigungshallen stehen heute CNC-Maschinen anstelle mechanischer Drehbänke. Nur unwesentlich verändert hat sich dagegen die Organisation unserer Arbeit. Die meisten Unternehmen sind auch heute noch starr aufgebaut. Ihr Menschenbild gleicht dem militärischer Einrichtungen: Befehl statt Kommunikation, Hierarchie statt Zusammenarbeit, Gehorsam statt Eigeninitiative.

Daß diese Strukturen und Mechanismen verbesserungsfähig sind, ist nicht neu. Vor dem Hintergrund der jüngsten Rezession haben zahlreiche Unternehmen weitreichende Restrukturierungsprogramme entwickelt. Organisationen wurden verjüngt, Prozesse zeitlich beschleunigt und die Fertigungstiefe reduziert.

Diese Anstrengungen führen zu beachtlichen Fortschritten, stoßen aber an spürbare Grenzen. Die heute notwendigen „Quantensprünge" lassen sich nicht allein durch strukturelle Anpassungsmaßnahmen erzielen. Es bedarf vielmehr zusätzlich der Leistungsbereitschaft und Begeisterung der Mitarbeiterinnen und Mitarbeiter, ihrer Ideen und Fähigkeiten sowie eines Umfelds, das diese Qualitäten fordert.

Die Führungskraft als Coach

Jeder Arbeiter und Angestellte ist grundsätzlich motiviert. Die vornehmste Aufgabe der Personalentwickler und jeder Führungskraft ist es, diese Bereitschaft zur Leistung und zum Engagement nicht zu verspielen, sondern durch ein intelligentes „Human Resource Management" zu aktivieren. Letztendlich heißt erfolgreich führen, Aufgaben, Kompetenzen und Verantwortung an die Stelle zu delegieren, die den engsten Bezug zum Problem hat.

Dazu muß sich unser Verständnis von Führung grundsätzlich wandeln. Anweisen war der Stil von gestern. Heute ist der Primus inter pares gefordert, der selbst aktiv in den Prozessen mitwirkt. Der Stil von morgen wird noch anders sein. Gefragt sein wird der Coach, der sich primär als Hilfs- und Informationsquelle für seine Mitarbeiter sieht. Wie im Sport muß der Coach die Tore nicht selbst schießen, sondern die Mitarbeiter dazu befähigen und ihnen entsprechende Anreize geben. Die heutige Führungskraft hat sich Gedanken zu machen, wie sie den Sinn unternehmerischen Tuns vermitteln kann. Die Mitarbeiter müssen verstehen und selbst erleben, warum sich ihr Einsatz lohnt. Nur so läßt sich das Ziel jeder Personalpolitik erreichen: von der Muß-Arbeit zur Lust-Arbeit zu gelangen.

Auf lange Sicht werden sich nur diejenigen Unternehmen im Wettbewerb behaupten können, die es schaffen, ihre meist traditionell hierarchischen und statischen Strukturen zu überwinden. Dies ist durch Reorganisation nicht zu leisten. Dazu bedarf es vielmehr einer „Beteiligungskultur", in der sich jeder in den Wertschöpfungsprozeß einbringt. *Die Mitarbeiter müssen sich als Teile einer Leistungskette sehen, die bei den Lieferanten der Lieferanten beginnt und bei den Kunden der Kunden endet*

Alle Beschäftigten sind als Individuen mitverantwortlich dafür, daß die Abläufe entlang der Leistungskette optimiert und auf die Erwartungen der Kunden ausgerichtet sind. Der einzelne kennt den Wert seiner Arbeit und vermag ihn in den Gesamtzusammenhang zu bringen. Das Kundendenken beginnt bereits im eigenen Unternehmen: Jeder ist Dienstleister der Kollegen, der Mitarbeiter und der Vorgesetzten und liefert ihnen die Produkte und Ergebnisse seiner Arbeit zeit-, kosten- und qualitätsgerecht. Nur auf dieser Grundlage kann das Unternehmen seine externe Kundenorientierung glaubwürdig vermitteln und nachhaltig ausbauen.

Management of Change in eigener Sache

Die deutsche ABB (Asea Brown Boveri) hat für ihren eigenen „cultural change" im Unternehmen einen Zeitraum zwischen fünf und zehn Jahren angesetzt. In dem Prozeß spielen neue Formen der Arbeitsorganisation eine entscheidende Rolle. Als Beispiel für einen derartigen Veränderungsprozeß – eine Evolution mit durchaus revolutionären Zügen – wird im folgenden die Umwandlung des ehemaligen Zentralbereichs Aus- und Weiterbildung zum „ABB Institut" dargestellt.

Dieses Projekt hat innerhalb des konzernweit angestoßenen Kulturwandels einen besonderen Stellenwert. Es ist die wichtigste Aufgabe der Mitarbeiter in der Aus- und Weiterbildung, als Multiplikatoren das eingangs beschriebene „neue Denken" in die mehr als 50 Gesellschaften der deutschen ABB zu tragen. Darüber hinaus hat dieser Wandlungsprozeß Pilotcharakter, denn gerade der

Bereich Aus- und Weiterbildung erwies sich in der Vergangenheit als besonders beharrlicher Huter zentralistischen Regulationsdenkens.

Heute arbeitet das ABB Institut projekt- und kundenbezogen. Die Kernaufgaben sind klar definiert, das Selbstverstandnis ist das eines Dienstleisters, und die Organisation ist prozeß- und marktorientiert aufgebaut. Die Folgen dieses Konzepts zeigen sich nicht nur in einer hoheren Produktivitat der einzelnen Mitarbeiter, sondern auch durch mehr Spaß an der Arbeit und hohere Kundenzufriedenheit.

Der Weg zum ABB Institut

„Ich weiß nicht, ob es besser wird, wenn wir es andern, aber ich weiß, daß wir es andern mussen, wenn es besser werden soll." Diese Aussage des Physikers Georg Christoph Lichtenberg gilt heute genauso wie im 18. Jahrhundert. Sie verdeutlicht, daß das Ergebnis von Veranderungen nicht immer von vorn herein klar kalkulierbar ist, sondern immer auch ein Wagnis darstellt. Dieses Wagnis ist allerdings in der Regel kalkulier- und steuerbar.

Eine Vision wird geboren

Der ehemalige Zentral- und Dienstbereich Aus- und Weiterbildung bestand aus rund 30 Mitarbeitern. Diese waren in sieben unterschiedlichen Abteilungen organisiert. Ihre Aufgaben reichten von der Konzeption und Durchfuhrung vielfaltiger Weiterbildungsmaßnahmen uber die Steuerung der Ausbildung und die Erhebung von Statistiken bis zur Betreuung der Hochschulkontakte.

Die einzelnen Abteilungen waren kaum miteinander vernetzt und fuhrten ein weitgehend isoliertes Eigenleben, sowohl untereinander als auch in Bezug zu den ubrigen Unternehmensbereichen. Die Hauptleistung im Bereich der Weiterbildung bestand in der Verwaltung eines Seminarangebots von rund 270 verschiedenen Programmen. Dieses Angebot spiegelte jedoch eher das eigene Verstandnis vom Bildungsbedarf wider als die Bedürfnisse der operativen Einheiten.

Dem Bedürfnis des Konzerns, die deutsche ABB als größte Gesellschaft eines international führenden Technologiekonzerns auf die Herausforderungen der Zukunft vorzubereiten, vermochte die Abteilung in keiner Weise zu genügen.

Vor diesem Hintergrund entstand – gleichsam auf der geistigen „grunen Wiese" – die Vision des strategisch orientierten Knowhow-Dienstleisters. Dieser Ansatz faßt drei wesentliche Überlegungen zusammen:

1. *Die strategische Ausrichtung zielt darauf ab, daß innerhalb des Unternehmens nur diejenigen Aktivitaten betrieben werden sollen, die einen wesentlichen Beitrag zur weiteren Entwicklung des Konzerns leisten konnen.*

2 *Die Betonung des Know-how bedeutet, daß Aktivitäten ausschließlich in den Bereichen Wissen und Verhalten zu entfalten sind.*

3. *Die Konzeption als Dienstleister verlangt, daß den Leistungen des Instituts entsprechende Verrechnungspreise gegenüberstehen.*

Gestalter statt Verwalter

Diese drei Grunduberlegungen der Vision bestimmen das Aktionsprogramm fur die Transformation (vgl. Abbildung 48). Dieses erfaßt praktisch jede Facette der bisherigen Arbeit. Die wesentlichen Teile dieses Programms mochten wir im folgenden kurz skizzieren.

Struktur

Nach gängiger Meinung bilden die Bereiche Aus- und Weiterbildung eine logische Einheit, da beide sich mit der Entwicklung von Menschen beschaftigen. Aus Marktgesichtspunkten treten

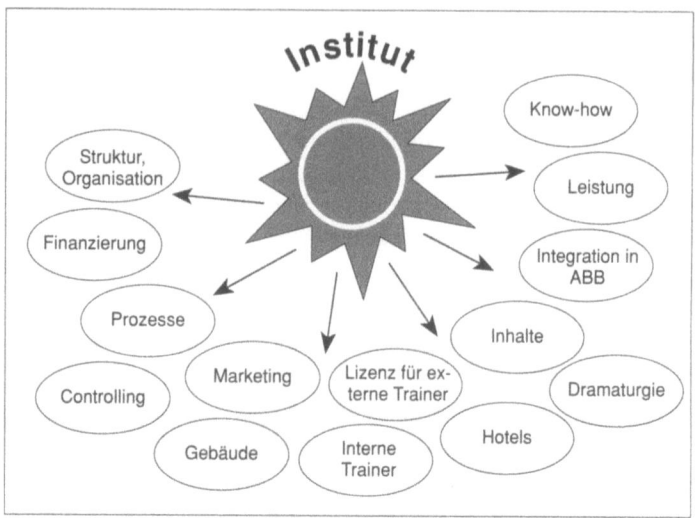

Abbildung 48: Aufgabenfelder

aber vor allem die Unterschiede in den Vordergrund. Diese zeigen sich in den Bezugsgruppen (Azubis versus sonstige Mitarbeiter), Verfahren (langjährige Ausbildung versus kurze Seminare und Trainings), Finanzierungskonzepten (Ausbildungsverträge versus Seminargebuhr) und der benötigten Kompetenz (gesetzlich vorgegebene Ausbildungsordnungen versus frei gestaltbare Trainings).

Für eine Dienstleistungseinheit steht vor allem die Marktperspektive im Vordergrund. Aus diesem Grund wurden die beiden Bereiche in selbständige Einheiten mit den Namen „ABB Institut" (Weiterbildung) und „Education Center" (Ausbildung) verwandelt. Die ursprünglichen Abteilungen des Bereiches gingen darin auf. Ein Teil der Aufgaben, wie zum Beispiel der Bereich der Hochschulkontakte und die Statistiken wurde dem Personalmarketing unterstellt.

Die im Funktionsbereich Aus- und Weiterbildung verbleibenden zentralen Aufgaben wurden neu definiert. Dieser aus einer Person bestehende Bereich übernahm in Personalunion die Koordination der deutschlandweiten Ausbildung sowie die Koordination der gesamten Weiterbildung. In Personalunion wurde außerdem die Führung des ABB Instituts übernommen, ferner berichtet das Education Center an die Leitungsstelle des Funktionsbereichs Aus- und Weiterbildung.

Finanzierung

Früher geschah die Finanzierung des Zentralbereichs Aus- und Weiterbildung durch Umlagen. Bereits in den letzten Jahren wurden aber immer mehr Leistungen über Gebühren verrechnet. Diese Kombination erwies sich als problematisch. Auf der einen Seite mußten von anderen Bereichen Umlagen für Leistungen eingefordert werden, die diese oftmals nicht wünschten, auf der anderen Seite galt es, die gleichen Abteilungen als Kunden zu beliefern.

Die „Sheriff-Funktion" und die Rolle als Dienstleister ließen sich nur schwer vereinigen. Aus diesem Grund wurden sämtliche zentralen finanziellen Zuwendungen abgeschafft. Heute finanziert sich das ABB Institut ausschließlich über seine Leistungen, die im Wettbewerb zu anderen Bildungsträgern auf dem ABB-Markt angeboten werden.

Externe Organisation

Als zentrale Bildungseinrichtung der deutschen ABB beanspruchte der Zentralbereich ein Monopol in allen Fragen der Aus- und Weiterbildung. Durch die starke Dezentralisierung der ABB läßt sich dieser Anspruch seit einiger Zeit nicht mehr realisieren. Entsprechend sank der Anteil des Zentralbereichs an den gesamten Bildungsaktivitäten im Konzern zusehens.

Der leitende Gedanke bei der Reorganisation des Bildungsbereichs lautete „Subsidiarität". Danach galt es, möglichst viele Kompetenzen in die einzelnen Gesellschaften vor Ort zu verlagern. Für die Weiterbildung bedeutete dies, daß der größte Teil der klassischen Wissensvermittlung und das Fachtraining in den Gesellschaften vor Ort stattfinden sollte. Das ABB Institut kommt ins Spiel, sobald es um kulturpragende, gesellschaftsubergreifende Programme sowie die Integration von Menschen aus verschiedenen Gesellschaften geht.

Die Losung des Dilemmas „zentral oder dezentral" liegt nicht in einer Verstarkung der zentralen Funktion, sondern im Aufbau eines Netzwerkes. In dieser Konstruktion kommt dem Funktionsbereich Aus- und Weiterbildung die Aufgabe eines Netzwerkmanagers und einer Know-how-Zentrale zu. Das ABB Institut und das Education Center bilden darin wichtige Netzwerkknoten.

Interne Organisation

Die bisherige Aufteilung nach Abteilungen stellte die Frage der internen Organisation in den Mittelpunkt. Fur einen Dienstleister ist diese Frage jedoch sekundar, denn das Interesse der Kunden gilt ausschließlich den angebotenen Dienstleistungen.

Aus diesem Grund wurde die Organisation des ABB Instituts vollstandig nach Marktgesichtspunkten ausgerichtet. Im Mittelpunkt stehen nun die Produktbereiche, die von jeweils einem oder einer Produktverantwortlichen betreut werden. Dieser/diese ist verantwortlich fur den gesamten Prozeß: von der Evaluierung des Kundenbedarfs uber das Design einer Maßnahme bis zu deren professionellen Durchfuhrung und Abrechnung.

Zur Seite stehen ihm dabei vier gemeinsame Organisationsbereiche. Diese umfassen die gesamte Administration, die in einem Service-Team zusammengefaßt wurde. Daruber hinaus existiert eine gemeinsame Marketingfunktion, ein gemeinsames Controlling sowie eine alle Bereiche verbindende EDV-Infrastruktur.

Prozesse

Im Zentralbereich fanden Bildungsmaßnahmen erst dann statt, wenn eine genugend große Anzahl von Anfragen vorhanden war.

Der Weg zum ABB Institut 251

Dies fuhrte dazu, daß Mitarbeiter teilweise monatelang auf die Gelegenheit zur Qualifikation warten mußten.

Dieses Verfahren wurde vollstandig geandert. Heute ist jede Veranstaltung im offenen Programm des ABB Instituts mit einem fixen Termin versehen, auf den Anmeldungen erfolgen. Das Ergebnis ist eine hohere Termintreue sowie eine wesentlich erweiterte Planungssicherheit fur die Mitarbeiter.

Marketing

Um die neuen Leistungen den Mitarbeitern der deutschen ABB naherbringen zu konnen, wurde eine Marketingstelle eingerichtet, die offensiv den internen Markt bearbeitet. Das Kernstück ihrer Arbeit bildet ein regelmaßig aktualisiertes, optisch wie inhaltlich ansprechendes Gesamtprogramm, das durch Kantinenaktionen und Direkt-Mailings einem breiten Publikum zuganglich gemacht wird.

Damit die Gesellschaften bessere Beratungsleistungen vom Institut erhalten konnen, wurde zudem eine Key-Account-Organisation eingerichtet. Durch diese Konstruktion wird jeder Gesellschaft ein fixer Ansprechpartner im Institut zugeteilt, der samtliche Anfragen intern poolt.

Doch nicht nur interne Anfragen werden erledigt, auch der Markt wird aktiv bearbeitet. Dazu ist es notig, die Mitarbeiter des Instituts als Berater und Verkaufer zu qualifizieren. Aus diesem Grund wird die gesamte Belegschaft in Verkaufstechniken geschult, und es werden gemeinsame Präsentationsunterlagen fur Außendienstaktivitaten erstellt.

Controlling

Last not least, muß auch ein Dienstleister die finanzielle Seite des Geschaftes unter Kontrolle halten. Da aus der Vergangenheit keinerlei Kosten- und Leistungsdaten vorlagen, wurde ein entscheidungsorientiertes Controllingsystem vollig neu aufgebaut.

Diese Funktion ermoglicht heute, daß zu jeder Zeit bekannt ist, mit welchen Produkten und Dienstleistungen das Institut Geld verdient oder verliert und wie das Jahresergebnis vermutlich lauten wird. Zahlreiche Kostenanalysen sowie regelmaßige Auswertungen helfen den Mitarbeitern des Instituts, im Interesse ihrer Kunden standig Kosteneinsparungspotentiale zu nutzen.

Profis in Sachen Verhalten

Der wesentliche Zweck des Wandels beim ABB Institut war nicht die Organisationsform, sondern vielmehr die angebotene Leistungspalette. Hauptaufgabe des Dienstleistungsbereichs Aus- und Weiterbildung war die Seminarverwaltung gewesen. Fur inhaltliche Konzepte blieb angesichts der hohen Komplexität nur wenig Zeit. Im Gegensatz dazu stand bei der Neudefinition der Leistungspalette die Frage im Mittelpunkt: „Wie kann das ABB Institut am besten zur Entwicklung des Unternehmens beitragen?"

Der ABB-Konzern ist – anders als vergleichbare Großunternehmen – kein monolithisches Gebilde, sondern ein durch heterogene Gesellschaften gekennzeichnetes, stark dezentralisiertes Unternehmen. Die jeweiligen operativen Gesellschaften genießen einen außerordentlich hohen Freiheitsgrad, mussen ihre Aktivitaten jedoch permanent mit dem entsprechenden Segment (zum Beispiel Stromerzeugung), der Region (zum Beispiel Europa) und der Landesgesellschaft (zum Beispiel die deutsche ABB AG) abklaren. Diese Organisationsform ermoglicht eine hohe Flexibilitat bei gleichzeitiger Ausnutzung von Synergien auf der Produktions- und Kundenseite.

Die dreifache Matrixstuktur institutionalisiert im Unternehmen ein dauerhaftes Konfliktpotential. Die Konflikte sind gleichsam der Motor der permanenten Unternehmensentwicklung. Solch eine Organisationsform stellt hohe Anforderungen an die einzelnen Mitarbeiter. Um die Synergien dieser Netzwerkorganisation ausnutzen zu konnen, mussen diese uber außerordentliche Kommunikations- und Konfliktfahigkeit verfugen. Daruber hinaus erfordert die Arbeit in einer Welt standiger Widerspruche und Unzulänglichkeiten hohe Eigenverantwortlichkeit und Teamfahigkeit. Die enorme Geschwindigkeit, mit der sich die deutsche ABB entwickelt, verlangt außerdem die Fahigkeit, Visionen vermitteln und teilen zu konnen.

Inhalte

Die Hauptaufgabe des ABB Instituts besteht nicht darin, neues Wissen in die Organisation zu befordern. Das Organisationskonzept der ABB verlangt vielmehr nach Personlichkeiten, die in der Lage sind, sich strategisch, operativ und personlich kongruent zu verhalten. Die eigentliche Herausforderung des ABB Instituts ist also weniger die klassische Personal-, als vielmehr die Persönlichkeitsentwicklung.

Um diesen Auftrag erfullen zu konnen, reduziert das ABB Institut sein Angebot auf einen klar definierten Kernbereich. Zu diesem Kernbereich zahlen die drei Felder

- Fuhrung und Verhalten,
- Vertrieb und Finanzierung,
- Kundenorientierung und Projektmanagement.

Hier gilt es, professionelle Kompetenz zu entwickeln. Dieser neue Anspruch fuhrte dazu, daß samtliche Seminare neu konzipiert wurden. Heute hat das Institut nur noch etwas mehr als 20 verschiedene Veranstaltungen im Programm. Diese werden jedoch standig weiterentwickelt und jahrlich mehrfach durchgefuhrt.

Neben dem Verhaltensbereich bietet das Institut auch weiterhin wissensvermittelnde Kurse an. Zwei ehemalige Kernbereiche, Sprachen und EDV, wurden als ABB Language Training Center und ABB PC Training Center aus Marketinggrunden vom Institut abgespalten, der Bereich der kaufmannischen Ausbildung an das Education Center abgegeben.

Didaktik

Der Besuch eines Seminars oder Trainings wurde im Unternehmen früher nicht selten als eine Art „social benefit" gehandelt. Dabei erhielten Mitarbeiter die Gelegenheit, sich einige Tage in einem komfortablen Hotel aufzuhalten und eine angenehme Weiterbildung zu erhalten.

Der Ansatz des ABB Instituts bricht mit diesem Denken radikal. Ausgangspunkt fur die didaktische Konzeption ist der Gedanke, daß Training eine anstrengende Arbeit ist, die ein Investment in die eigene Entwicklung darstellt. Als Vision wurde formuliert, daß ein Teilnehmer nach dem Besuch einer Veranstaltung zum Ausdruck bringen sollte, daß er selten so viel gearbeitet habe, allerdings auch noch nie so viel uber sich selbst und seine Arbeit gelernt habe und deshalb bereits jetzt dem nachsten Seminarblock entgegenfiebere.

Vor diesem Hintergrund wurde die frontale Wissensvermittlung im Training auf ein Minimum reduziert und statt dessen eine stark interaktive Form des „Verhaltenslabors" eingefuhrt. Um dem Entwicklungscharakter Ausdruck zu verleihen, wurden ferner sämtliche Basistrainings im Bereich Vertrieb und Fuhrung als kurrikulare Veranstaltungen mit mehreren Seminarblocken konzipiert. In den jeweiligen Zwischenphasen erledigen die Trainingsteilnehmer ihre im Seminar erstellten Aufgabenlisten. Die dabei erzielten Ergebnisse werden anschließend im nächsten Teil besprochen.

Leistungspalette

Offene Seminare und Trainings sind eine Methode, Menschen zu qualifizieren. Sie sind hervorragend geeignet, Mitarbeiter aus verschiedenen Bereichen und operativen Gesellschaften zusammenzufuhren. Sie sind aber nicht immer die geeignete Methode, um Wandel zu implementieren.

Verhaltensänderndes Lernen ist haufig nur am eigenen Arbeitsplatz effizient möglich und nicht im Seminarhotel. Als Lehrobjekt dient dabei die eigene Problemsituation, nicht eine abstrakte Fallstudie oder ein theoretisches Lehrgerust. Aus dieser Erkenntnis heraus verlagert sich ein großer Teil der Mitarbeiterqualifikation mehr und mehr in die Funktionen hinein.

Der Weg zum ABB Institut 255

Das ABB Institut will diese Herausforderung aufnehmen. Sein Selbstverständnis ist das eines Prozeßbegleiters, der Veränderungsprozesse im Unternehmen professionell von der Humanseite begleitet. Dazu ist ein hoher Grad der Vernetzung mit den operativen Einheiten und anderen Beratern – zum Beispiel aus dem Bereich der technischen Prozeßberatung – nötig. Auf diese Weise kann das ABB Institut sowohl den übergeordneten Interessen der deutschen ABB als auch den konkreten Zielen der dezentralen Gesellschaften dienen.

Trainerlizenzierung

Für die neuen Aufgaben verfügte das ABB Institut nicht über genügend qualifizierte Mitarbeiter. Da von vornherein beschlossen war, das ABB Institut personell nur in geringem Maße aufzustocken, galt es, auch auf Kompetenz außerhalb des Unternehmens zurückzugreifen.

Der Weiterbildungsmarkt verfügt über ein breites Spektrum qualitativ geeigneter Trainer, die es ausfindig zu machen galt. Externe Trainer sind jedoch nur bedingt geeignet, als kulturprägende Repräsentanten des Unternehmens aufzutreten, da sie weder die „ABB-Welt" noch die Werte und Strategien des Unternehmens aus eigener Erfahrung kennen. Um dennoch maßgeschneiderte ABB-Inhalte vermitteln zu können, mußten aus externen Trainern interne Kultur-Agents gemacht werden.

Hierzu wurde die Idee der Trainerlizenzierung geboren. In diesem Prozeß wurden alle Trainer identifiziert, mit denen das Institut langfristig kooperieren wollte. Diese Personengruppe wurde zu mehreren Lizenzierungsworkshops eingeladen, bei denen die Strategien und die Entwicklungsrichtung des Unternehmens aus erster Hand vorgestellt und anschließend diskutiert wurden.

Integration in die „ABB-Welt"

Wie für jeden Netzwerkpartner ist es eine der wichtigsten Aufgaben für das ABB Institut, als Mitspieler im Konzern akzeptiert zu werden. Zahlreiche Kundenbesuche, Beratungsgesprache und Prasentationen waren notig, bis diese Integration und Akzeptanz erreicht wurden.

Daruber hinaus beginnt der Funktionsbereich Aus- und Weiterbildung seine Netzwerkfunktion wahrzunehmen. Mit Hilfe des ABB Instituts werden konzernweit die Personalentwickler zu Erfahrungsrunden gerufen, die Arbeit an verschiedenen Gremien wird verstarkt und – last, not least – wird ein Netzwerk der weltweiten ABB Institute geknupft.

Der Veränderungsprozeß

Die Entstehung des ABB Instituts ist anfangs als „revolutionare Evolution" bezeichnet worden. Das revolutionare Element ist darin zu sehen, daß der Anstoß fur den Veranderungsprozeß von außen erfolgte und auch von dort gesteuert wurde. Das evolutorische Element ist die anschließende Weiterentwicklung des Instituts. Diese erfolgte nicht durch Anordnung von oben, sondern entsprach dem Wunsch der Beteiligten, den eingeschlagenen Weg weiterzugehen und eine neue Professionalitat zu erreichen.

Es war die Aufgabe des Personalvorstands, diesen wichtigen Prozeß, der Signal- und Folgewirkung fur das gesamte Unternehmen haben sollte, selbst auszulosen. Mit der Ausarbeitung der Reorganisation wurde ein externer Berater betraut. Dieser steuerte den Prozeß uber eine Dauer von neun Monaten hinweg personlich. Die dabei erzielten Erfolge waren fur beide Seiten so uberzeugend, daß dieser Berater anschließend den Posten des Funktionsbereichsleiters Aus- und Weiterbildung fest ubernahm.

Veränderung spüren und sehen lassen

Fur den Erfolg eines Wandlungsprozesses ist es wichtig, unmittelbar spurbare Veranderungen zu schaffen. Eine Anderung des Organigramms und des Bereichsnamens genugen nicht, um Ver-

Der Veränderungsprozeß

haltensänderungen zu verankern. Dazu bedarf es tiefergreifender Maßnahmen.

Im Falle des ABB Instituts geschah dies durch einen Umbau. Im wahrsten Sinne des Wortes wurden Wände zwischen den Abteilungen eingerissen, um die bisher abgeschirmten Abteilungen auch physisch zusammenzubringen. Dieser Umbau führte zu einer vollständigen Umgestaltung des Arbeitsumfelds. Aus isolierten Einzelbüros entstanden helle Mehrplatzräume mit freundlicher Arbeitsatmosphäre Bevor diese allerdings bezugsbereit waren, gab es mehrere Workshops, um die endgültige Sitzordnung festzulegen. Trotz zahlreicher Ansätze ließ sich keine gemeinsam getragene Teamlösung finden, so daß die endgültige Form „verordnet" wurde. Anders hingegen war der Fall bei den ehemaligen Abteilungsleitermöbeln, die unter der internen Bezeichnung „Althierarchieninventar" und „Ping-Pong-Tische" von keinem Mitarbeiter mehr genutzt werden wollten.

Dem Umbau und der Reorganisation fiel auch die bisherige Abteilungsstruktur zum Opfer. Zwar wurden Titel und Rangbezeichnungen nicht explizit abgeschafft, es machte für die Beteiligten jedoch keinen Sinn, sich Abteilungsleiter zu nennen, wenn keine Abteilungen mehr existierten. Auch auf den Visitenkarten gilt das Motto „no ranks and titles". Dabei waren die Mitarbeiter frei, selbst darüber zu befinden, welche Bezeichnung sie gerne auf ihrer Karte vorfinden möchten. Die Mehrheit folgte der neuen Philosophie.

Ebenfalls abgeschafft wurde die Parkplatzordnung, welche auf der bisherigen Abteilungsleiterstruktur beruhte. Auch für dieses Projekt konnte die Gruppe keine Lösung finden. Zahlreiche Workshops drehten sich um die scheinbar unlösbare Frage, wie die Einzelinteressen mit den Gesamtinteressen zu verbinden seien. Als sich nach Ablauf einer Dreimonatsfrist immer noch keine Lösung abzeichnete, wurde vom Funktionsbereichsleiter beschlossen, die Parkmarken allen MitarbeiterInnen zur Verfügung zu stellen. Diese Lösung sollte so lange Gültigkeit haben, bis ein Entscheid getroffen worden war.

Ein Team entsteht

Mit diesen Maßnahmen konnten zwar die alten Strukturen aufgebrochen werden, eine arbeitsfähige neue Einheit war dadurch allerdings nicht entstanden. Die Entwicklung der Abteilungen des Dienstbereiches Aus- und Weiterbildung zu einem funktionierenden Institutsteam erstreckte sich über die Dauer von fast einem Jahr.

Besonders in der Anfangsphase herrschte unter den Mitarbeitern große Angst vor der eigenen Zukunft. Diese äußerte sich in einer intensiven Gerüchteküche und Mißtrauen gegenüber den Promotoren des Veränderungsprozesses. Um diesen Entwicklungen gegenzusteuern, wurden zahlreiche Foren geschaffen. In der Anfangsphase existierte die „Freitagsrunde" der Abteilungsleiter, die den Charakter eines wöchentlichen Reportings an den Vorstand hatte. Parallel dazu wurde die „Mittwochsrunde" ins Leben gerufen. In dieser Veranstaltung wurden jede Woche zwei Stunden lang relevante Institutsthemen mit dem Berater diskutiert.

Diese Foren konnten jedoch nicht verhindern, daß zahlreiche Rückschläge im Veränderungsprozeß hinzunehmen waren. Besonders während der Abwesenheit des Beraters und des Vorstands wurden Entscheidungen zurückgenommen und die Kompetenzen der Gruppe reduziert. Ebenfalls gelang es nie, die gewünschte offene Kommunikation zwischen Mitarbeitern und Führung konsequent zu leben.

Die Zeit der Umorganisation war insgesamt geprägt von Unsicherheit, Orientierungslosigkeit und Angst. Die Produktivität sank drastisch, und es kam zu Spannungen unter den Mitarbeitern, die sich in drei Gruppen spalteten: die Befürworter des Prozesses, die abwartenden Zweifler und die Widerstand leistenden Negierer. Erst nachdem spürbar geworden war, daß es sich nicht um eine der üblichen „Organigramm-Reorganisationen" handelte, ließ der Widerstand nach.

Eigeninitiative ist gefragt

Während der Umbau vom Zentralbereich zum Institut per Anordnung geschah, wurde die weitere Entwicklung von allen Beteiligten zusammen getragen. In zahlreichen Strategieworkshops wurde die Vision und Strategie des Instituts diskutiert und verfeinert. Analysen der Kostensituation und der Marktposition wurden erstellt und allen Mitarbeitern zugänglich gemacht.

Auch die Mittwochsrunde ist Vergangenheit. Schwerpunkt der Kommunikation ist heute das ständige Gespräch der Mitarbeiter untereinander. Offizielles Forum der Berichterstattung und Diskussion ist auf der Ebene der „Consultants" die „neue Freitagsrunde". Diese findet alle drei Wochen einen ganzen Morgen lang statt. Für das Service-Team wurde eine vergleichbare Veranstaltung geschaffen. Darüber hinaus werden halbjährlich Institutstage durchgeführt, wobei der gesamte Bereich die weitere Zukunft bespricht.

Inzwischen werden in den gemeinsamen Runden alle Themen diskutiert. Selbst ehemalige „Tabubereiche" wie Personalfragen werden dabei offen angegangen. Die außergewöhnlich hohe Informationsdichte zeigt sich auch darin, daß sämtliche Mitarbeiter Zugang zu allen Budgetdaten haben und über das Institutsnetzwerk jederzeit alle Terminkalender – inklusive dem des Funktionsbereichsleiters – einsehen können. Dies führt naturgemäß zu einem wesentlich erhöhten Spielraum eines jeden Mitarbeiters. Dieser äußert sich zum Beispiel darin, daß jeder Institutsangehörige alle Briefe selbst unterschreibt, aber auch darin, daß die Produkt- und Organisationsverantwortlichen fast völlige Entscheidungsfreiheit in ihren Bereichen haben.

Mit professionellem Know-how zum Erfolg

Die neuen Aufgaben des ABB Instituts erfordern zunehmend professionelles Know-how. Deshalb erfahren sämtliche Mitarbeiter des Instituts ständig intensive Schulungen. Dazu zählen Benchmarkingbesuche bei deutschen und amerikanischen Bildungsveranstaltungen sowie eigene Seminare im Bereich Vertrieb, Verhalten und Kommunikation.

Diese Aktivitaten allein vermogen das Know-how-Defizit nicht zu losen. Mitarbeiter, welche das Veranderungstempo nicht mittragen konnten oder deren eigentliche Aufgabengebiete im Zuge des Restrukturierungsprozesses weggefallen sind, haben das Institut verlassen. Dafur wurden neue Krafte an Bord genommen, die professionelle Erfahrung im Humanbereich mitbringen.

Dieser Prozeß hat in der Organisation zu Unruhe gefuhrt, die unter dem Schlagwort „Die Revolution frißt ihre Kinder" in zahlreichen Geruchten thematisiert wurde. Die Unsicherheit hinsichtlich der Perspektiven fur die Mitarbeiter im Institut konnte dadurch aufgefangen werden, daß ein differenziertes Entwicklungsprogramm eingefuhrt wurde. Die Mitarbeiter lassen sich drei verschiedenen Gruppen zuordnen: „Senior Consultants", „Junior Consultants" und „Stammpersonal". Wahrend die Seniors und die Stamm-Mannschaft dauerhaft im Institut verbleiben sollen, stellt das Institut fur die Juniors nur eine zwei- bis dreijahrige Zwischenstation dar. Entwicklungsgesprache mit jedem einzelnen Mitarbeiter sowie offene Diskussionen im Plenum haben dazu gefuhrt, daß dieses Konzept von allen Beteiligten getragen wird.

Der erste Schritt eines langen Weges

Die relative Stabilitat der momentanen Situation bedeutet nicht, daß die Reorganisation des Instituts abgeschlossen ist. Neue Fragen sind anzugehen: Wie kann die Professionalisierung vorangetrieben werden? Wie muß das Dienstleistungsangebot verbessert werden? Wie wird die Finanzierungssituation in der Zukunft aussehen? Wie laßt sich bei den Kunden des Instituts ein Sogeffekt erzielen? Und: Wie muß die dazu erforderliche Organisation aussehen?

Diese Fragen stellen fur die Mitarbeiter eine standige Herausforderung dar. Jeder einzelne ist permanent mit der An-

Der erste Schritt eines langen Weges

forderung konfrontiert, seine Know-how-Defizite bei begrenzter Zeit auszugleichen. Außerdem soll er mit den vielfaltigen Rollen als Berater, Trainer, Administrator und Verkaufer zurechtkommen.

Um in dieser dynamischen Umwelt exzellente Leistungen erbringen zu konnen, ist ein neues Verstandnis vonnoten. Wo die Veranderung zum taglichen Geschaft wird, laßt sich Stabilitat nicht mehr uber Strukturen erzielen. Allein eine tragfahige Beziehung untereinander vermag diesem Konstrukt die notige Sicherheit zu geben. Dazu ist es unabdingbar, offen zu sein und den Mitarbeitern Antworten auf ihre Fragen zu geben. Sie mussen wissen, was auf sie zukommt und sie mussen ihre Angste und Befurchtungen frei kommunizieren konnen.

Die erste Phase der Reorganisation des ABB Instituts ist abgeschlossen. Sie war erfolgreich, nicht zuletzt, weil die Beteiligten von ihrer Aufgabe uberzeugt waren und dem Widerstand mit Hartnackigkeit entgegengetreten sind. Dazu bedurfte es neben einer hohen Frustrationsgrenze viel Uberzeugungsarbeit und eines klaren Primats zur Handlung.

Die zweite Phase der Reorganisation ist bereits in vollem Gange. Auch sie macht gute Fortschritte, diesmal von Anfang an gemeinsam mit den Mitarbeitern. Denn Erfolge sind in der Gruppe leichter zu erzielen, besonders wenn – im Sinne Lichtenbergs – nicht immer eindeutig feststeht, wohin die Reise geht.

Widerstände bei der Umsetzung dienstleistungsgerechter Strukturen

Fallbeispiel Gesundheitswesen

von Hans-Christoph Reiss

Inhalt und Struktur des Veränderungsprojektes

In diesem Beitrag wird ein Veränderungsprojekt vorgestellt, das der Autor im Rahmen seiner beruflichen Tätigkeit betreut hat. Es hat das Ziel, den mit der schrittweisen Umsetzung des seit dem 1. Januar 1993 in Kraft getretenen Gesundheitsstrukturgesetzes entstandenen leistungspolitischen und damit auch wirtschaftlichen Druck auf Einrichtungen des Gesundheitswesens in seinen Auswirkungen zu beschreiben. Das Management innerorganisatorischer Widerstände, die durch diesen Druck entstehen, eröffnet Chancen, mit der Einführung moderner Managementtechniken auch ein planvolles Veränderungsmanagement zu betreiben.

Die Darstellung des Veränderungsprojekts erfolgt anhand von drei Beispielen unterschiedlicher Ebenen innerhalb des Gesundheitswesens. Das Projekt ist durch innovative Prozesse gekennzeichnet, die sowohl organisatorischer als auch personeller und technologischer Art sind. Die Lösungsansätze zum Umgang beziehungsweise zur Überwindung der mit ihnen auftretenden Widerstände sind daher mit sehr unterschiedlichen Schwerpunkten verbunden.

Wenn auch die Bezeichnungen für die inhaltliche Ausgestaltung, die organisatorische Umsetzung sowie die Einbettung der innovativen Prozesse in bestehende Strukturen faktisch sehr unterschiedlich sind, sind die Stadien der Veranderungsprozesse sowie die mit diesen angestrebten Wirkungen auf die Organisation ahnlich. Sie werden im folgenden idealtypisch beschrieben und finden Anwendung in allen drei Beispielen:

Es geht in diesen Beispielen um Steuerungsprozesse, die jeweils eigenstandig identifiziert werden und als systematischer Bestandteil der Fuhrungen der Organisationen (Fuhrungssysteme und den in ihnen tatigen Fuhrungskraften) uber *Koordinationsinstrumente* wirken sollen. Im betriebswirtschaftlichen Verstandnis solcher Prozesse wird von „Controlling" gesprochen (Horvath 1990, S. 124ff. und Weber 1991, S. 33).

Einzelne Akteure ebenso wie ganze Organisationen, die im Gesundheitswesen tatig sind, sind bei jeder Betrachtung ihrer Aktivitaten auch als gesellschaftliche Institutionen zu verstehen. Dies ist zwangslaufig so, da das Management dieser Organisationen seinem Handeln gesellschaftliche Werte und Normen zugrundelegt und die Interessen der verschiedensten Anspruchgruppen ihrer Klientel (der Patienten) in seine Entscheidungen einbeziehen muß. Sein Handeln muß folglich soziokulturell rational erfolgen. Das heißt, daß das Management sich mit der ihm zur Erfullung seiner Aufgaben zur Verfugung stehenden Organisation nicht ausschließlich als autonomes wirtschaftliches Aktionszentrum verstehen darf, das ein kalkulatorisches Optimierungskalkul im Sinne eines okonomisch rationalen Therorieverstandnisses zu losen hat; genausowenig darf es sich als burokratische Organisation sehen, deren Uberlebensfahigkeit gesellschaftlich – eher gesellschaftspolitisch – garantiert ist (Reiss 1993, S. 7ff.).

Diese Garantie besteht darin, daß Gesundheitsleistungen immer nachgefragt werden (werden). Arzte, andere Versorgungsbetriebe (zum Beispiel mit einem Angebot an Hotelleistungen, medizinischen Versorgungsleistungen, psychosozialer und/oder lebenspraktischer Betreuung) sowie die diesen gegebenenfalls ubergeordneten Trager haben eine Quasi-Monopol-Stellung inne. Diese geht mit einer besonderen ethischen Verpflichtung zur Erbringung

Inhalt und Struktur des Veränderungsprojektes 265

medizinischer Leistung unter Beachtung der Grundsätze einer „flächendeckenden" ärztlich-medizinischen Versorgung einher. Sollen diese Elemente unseres sozialen Netzes weiterhin Bestand und die ethische Verpflichtung auch in Zukunft noch Gültigkeit haben, erscheint es uns geboten, der „Selbstbedienungsmentalität" der beteiligten Parteien Einhalt zu gebieten.

Da ein *Markt* in der Form von Austauschprozessen für private Güter im öffentlich-rechtlichen und intermediären Bereich nicht existiert, das *Ausschlußprinzip* nicht gilt, durch das die Verwendung eines Wirtschaftsgutes durch eine Wirtschaftseinheit die Verwendung dieses Gutes durch andere Wirtschaftseinheiten ausschließt und damit den individuellen Nutzen für den einzelnen erhöht, sind derartige Versorgungsleistungen volkswirtschaftlich als *öffentliche Güter* zu bezeichnen. Aufgrund der Trennung von Patient (als Nachfrager einer Leistung und indirekter Zahler) und Finanzierer (Versicherungsträger als direkter Zahler) im Bezug zu Leistungsanbieter oder -erbringer (Arzt, Krankenhaus, Altenheim, etc.), der seine Leistung zwar am Patienten erbringt, diesen aber nicht direkt und spürbar mit den dabei entstandenen Kosten belastet, findet keine marktliche Regulierung von Angebot und Nachfrage statt. An dieser Stelle tritt das volkswirtschaftliche *Problem des „Trittbrettfahrens"* auf (Schumann 1984, S. 5).

Das Veränderungsprojekt setzt an der Notwendigkeit der Überlebensfähigkeit dienstleistungsgerechter Institutionen an. Die frühere innere Ruhe dieser Organisation ist fast überall verschwunden. Das Erkennen mental und instrumental zu korrigierender Problemfelder, bezogen auf die Gesamtorganisation, sowie die Verbesserung von Managemententscheidungen auf der Ebene des Auflösens und/oder Vermeidens persönlicher Widerstände ist damit Inhalt eines *„sensitiven Controllings"* (Vellmann 1990, S. 239ff.). In diesem Zusammenhang ist Sensitivität vor allem mit der Absage an die weitere *Vermittlung von zusätzlichen Denkinhalten* und der Forderung nach der *Vermittlung von Denkfähigkeit* verbunden, das heißt mit der Ablösung statisch-analytischer Betrachtungsweisen durch dynamisch-ganzheitliche Sichtweisen. Dies bedeutet, Widerständen bei der Umsetzung von

Innovationen durch eine Erweiterung oder Veränderung bisheriger Steuerungsaufgaben im Controlling im Vorfeld zu begegnen.

Die Sensitivität eines derartigen systematischen Controllings besteht darin, daß es sich nicht nur dafür interessiert, woher und wohin wieviel Geld in den Kassen fließt und wie es ausgegeben wird, sondern auch warum und mit welchen Folgen (Vester 1988, S. 158ff.).

Wenn folglich

- dem Controlling innerhalb des Gesamtsystems der Organisation eine Stellung als Komponente des Führungssystems zugeschrieben wird,

- seine Funktion innerhalb des Führungssystems primär durch das betriebswirtschaftliche Phänomen der Koordination bestimmt ist,

- dieses traditionell kontrolldeterminiert erscheint,

- die Annahmen der formalen Entscheidungslogik der Rationalitätsanalyse jedoch gerade in den komplexen, dezentralen, oft diffusen Entscheidungssituationen dem Entscheidungsträger nicht die schematischen Handlungsanweisungen zur Auffindung optimaler Lösungen der Widerstandsbekämpfung garantieren,

dann sind psychologische Aspekte des Entscheidenden relevant, das heißt seine individuelle *„Psycho-Logik"* (Kirsch 1988, S. 42). Das Controlling muß zur Umsetzung eines effizienten Veränderungsmanagements im Rahmen innovativer Prozesse diese Faktoren, die außerhalb der Reichweite eines bloßen betriebswirtschaftlichen Kalküls liegen, ermitteln, analysieren und einer Beeinflussung in Richtung der Organisationsziele zugänglich machen, ohne dabei ethische und gesellschaftspolitisch notwendige Restriktionen zu verletzen.

Die Rahmenbedingungen für Veränderungen

Die Innovationen, die in den folgenden drei Beispielen die Grundlage von Widerständen bei dem Versuch, dienstleistungsgerechte Strukturen zu implementieren, sind, lassen sich mit den Merkmalen

- Neuigkeit,
- Komplexität,
- Unsicherheit und
- Konfliktgehalt

kennzeichnen. Sie unterscheiden sich durch die divergierende Bedeutung und Tragweite des Faktors, der zur Entstehung von Widerständen beigetragen hat und zur Auflosung der Widerstände besonders zu beachten ist.

Im ersten Beispiel handelt es sich um eine *Arztpraxis*. Im Zuge einer Praxisübertragung auf einen neuen Eigentümer soll ihr Patientengut, die ärztliche Inanspruchnahme durch die Patienten sowie die Patientensteuerung zur Optimierung der betrieblichen Abläufe und der Verbesserung der Reputation der Praxis analysiert und in dieser Folge reorganisiert werden. Die zeitoptimierte Patientensteuerung, das heißt die Koordination und Abstimmung der Praxisabläufe unter dem Blickpunkt der *Optimierung von Zeitfaktoren*, bildet die Grundlage für die Widerstände, die Gegenstand des Veränderungsmanagements werden.

Gegenstand des zweiten Beispiels ist ein *kommunales Krankenhaus*. Aufgrund der mit dem Gesundheitsstrukturgesetz 1993 einhergehenden Änderungen der rechtlichen Grundlagen sieht es seine wirtschaftliche Existenz durch die Deckung seines Haushaltsbudgets nur noch zum Teil gesichert. Die finanzwirtschaftlichen Spielräume, die bisher zum Beispiel durch Wahlleistungsangebote geschaffen werden konnten, entfallen zukünftig. Durch die Deckelung des Budgets wird eine Überprüfung und gegebenenfalls eine Änderung des Leistungsangebotes notwendig. Dies bedeutet, daß ohne Beachtung der tatsächlich entstehenden Kosten den Krankenhäusern grundsätzlich nur das 1992 gewährte Budget von den Kostenträgern bewilligt wird. Eine Anpassung kommt fur dieses Budget (vorlaufig bis zum Jahr 1995) nur gemäß der Entwicklung der beitragspflichtigen Einnahmen der Mitgliederbeitrage zur gesetzlichen Krankenversicherung in Betracht. Diese Anderungen beeinflussen nicht die Vergutungseinheiten, wie sie im Leistungsangebot fur vor-, voll- oder nachstationare Heilbehandlungen, Fallpauschalen und Sonderentgelte im bishengen Leistungsspektrum gelten. Hierzu mussen zum einen zusatzliche finanzielle Mittel bereitgestellt werden, uber die man (noch) nicht verfugt. Zum anderen sind gravierende Einsparungen und Kostenreduzierungen notwendig, damit das bisherige Leistungspotential unter den geanderten Pramissen uberhaupt weiterhin adaquat angeboten werden kann. Die *organisatorischen Funktionen* einzelner Mitarbeiter werden sich sowohl in Prozessen als auch in den Strukturen andern.

Im dritten Beispiel werden die Probleme eines *übergeordneten, freigemeinnutzigen Trägerverbandes* beschrieben. Dem traditionellen Verstandnis der Unternehmensfuhrung entsprechend erfullt dieser seine verbandlichen Funktionen „optimal". Techniken der Koordination verbandlicher Prozesse sowie die Gestaltung entsprechender Strukturen zur Information seiner ihn konstituierenden Mitglieder (als Insitutionen) und zur Erbringung von Serviceleistungen werden in optimierter Form eingesetzt. Diese Techniken fuhren aber nicht zu der gewunschten und angestrebten Zufriedenheit der Mitglieder.

Die Gründe hierfur konnen sehr vielfaltiger Natur sein. Im traditionellen betriebswirtschaftlichen Verstandnis wird dahingehend argumentiert, daß Anreize fur jedes Mitglied geschaffen werden mussen, die diesem einen insgesamt hoheren Nutzen verschaffen, als ihm die Leistung von Beitragen Nutzeneinbußen verursacht Es muß also ein positiver Nutzensaldo entstehen (Blumle/Kohlas 1976, S. 148ff.). Eine entsprechende Anreiz-Beitrags-Konstellation herzustellen, soll mit einer Anderung des Anreiz-Beitrags-Systems erreicht werden. Daß Anderungen in der technokratischen Koordination nicht ausreichen, um die Verbandskohasion zu starken, wird im Veranderungsprozeß deutlich. Uber personenorientierte

Koordination wird eine Änderung im *Führungsstil* die notwendige Veränderung bewirken.

Die Arztpraxis: Veränderungsmotive für die Praxisführung

Verläßliche Daten zur ambulanten Versorgung von Patienten sind bei mehr als 40 Millionen Arztkonsultationen pro Jahr für die Bundesrepublik nicht ermittelbar, obwohl eine Datenflut aus einer Fülle von Statistiken und Datensammlungen existiert: Es gibt erhebliche Defizite an Analysen und Interpretationen. Prognosen und die Ermittlung von Kennziffern zu Höhe und Verteilungsstruktur der ambulanten ärztlichen Inanspruchnahme sind daher noch sehr fehlerhaft, ungenau und mit großen Diskrepanzen zwischen Datensammlung und Datenanalyse versehen (Andersen/ Bormann/Elkeles 1992). Jede Analyse zur Ermittlung von Kennziffern ambulanter Inanspruchnahme muß zeitbezogen sein. Eine erste Vorentscheidung ist die Wahl von Zeitgrenzen, um nach inhaltlichen Kriterien differenzierte „Gruppen" von Ärzten zu bestimmen. Um sich gegen die für den Arzt erheblichen Auswirkungen des Gesundheitsstrukturgesetzes zu schützen, ohne sich dem Vorwurf auszusetzen, ausschließlich auf Patientengewinnung zur Erhöhung seines Aufkommens an abrechenbaren Krankenscheinen interessiert zu sein, sind solche Analysen jedoch unabdingbar. Ein weiterer Schritt ist eine *Patientengutanalyse* in der einzelnen Praxis. Die sich verschärfende Konkurrenzsituation der niedergelassenen Ärzte untereinander resultiert allein rein statistisch bereits aus dem fehlenden Wachstum der Bevölkerung. Sie wird einerseits beeinflußt durch Faktoren wie die rechtliche Beschränkung der Leistungserbringung für diagnostische und therapeutische Leistungen, die Reduktion von Überweisungen an Kollegen, die Verpflichtung zur Einschränkung des Konsums von Medikamenten sowie die Verordnung von Heil- und Hilfsmitteln.

Andererseits handelt es sich um Faktoren wie die Zunahme der Lebensdauer, der Ausbau der präventiven Medizin, die weitere Verbreitung von Genußgiften und die zunehmende Umweltverschmutzung, die ein *Nachfragewachstum* nach medizinischen Leistungen schaffen. Um die Relation zwischen den Kosten des Arztes und den diesen gegenuberstehenden vier- bis funfmal hoheren Kosten fur verordnete Leistungen zu verbessern, wird der Arzt sich in der Zukunft auf bestimmte Patientengruppen konzentrieren. Dabei wird diese Konzentration aufgrund der Patientengutanalyse auch maßgeblich durch die Inanspruchnahme arztlicher Leistungen beeinflußt. Diese sind im allgemeinen mit bedeutenden Zeitkosten verbunden (Zweifel 1982, S. 17ff.).

Ein strategischer Erfolgsfaktor fur die Optimierung der Betriebsablaufe ist in den Beispielen generell der *Bezug zur Zeit* (Simon 1989). Gelingt es dem Arzt, eine zeitoptimierte Patientensteuerung einzusetzen, wird er folgende Aspekte sowohl bei der Betrachtung von *Zeit als knapper Ressource* als auch als Wettbewerbsfaktor in Planungs- und Kontrollprozesse seiner Praxisfuhrung einbeziehen:

- Zeit als Dauer der Behandlung (Behandlungszeit),
- Zeit als Maß der Entfernung des Patienten zur Praxis (Wegezeit),
- die Zeit, die im Wartezimmer verbraucht wird (Wartezeit),
- die Zeit, die der Patient auf seinen Termin wartet (Terminzeit),
- die Zeit, die der Patient schon in der Behandlung ist (Langfristbindung),
- die Zeit, die der Patient aufbringen mußte, um den Arzt zu finden (Suchzeit).

Der Arzt wird also versuchen, die Koordination und Abstimmung der Praxisablaufe unter dem Blickpunkt der *Optimierung von Zeitfaktoren* zu gestalten. Das *Ziel der Innovation* der zeitoptimalen Patientensteuerung muß nicht nur sein, die Arzt-Patienten-Beziehung im Ablauf von Veranderungsprozessen zu verbessern (Andersen 1991). Es gilt vielmehr, auch unter dem Gesichtspunkt der Restrukturierung der Arbeitsablaufe in seiner Praxis durch Lernprozesse bei den Arzthelferinnen und durch eine starkere technologische Orientierung zur Unterstutzung diagnostischer und therapeutischer Leistungen kurzfristige Periodengewinne in langfristige Erfolgspotentiale zu transformieren. Diese resultieren aus der Reduzierung des Zeitaufwandes fur die Patienten und sind mit einer Qualitatsverschlechterung verbunden. Ein Teil dieser Qualitatsdifferenzen kann durch eine Computerisierung nivelliert werden. Ein weitaus größerer Teil ist jedoch durch die Antizipation der Patientenwunsche zu erreichen. Diese Wunsche entstehen aus einer zunehmende Konsumorientierung und/oder steigendem Verlangen nach personlicher Zuwendung als Folge des zusammengebrochenen Koordinationssystems (zugunsten der Individualinteressen und auf Kosten des Gemeinwohls). Die wachsende Kluft zwischen den Anspruchen der Patienten an die offentliche und die eigene Moral tut ein Ubriges dazu.

Das kommunale Krankenhaus: Welche Innovationspotentiale sind zu nutzen?

Charakteristische Merkmale des kommunalen Krankenhauses, dessen Innovationsprojekt vorgestellt wird, sind:

- 185 Betten in der Grundversorgungsstufe mit den Fachabteilungen Chirurgie (60 Betten), Innere Medizin (80 Betten), Gynakologie und Geburtshilfe (30 Betten).

- 15 Belegbetten, wobei 10 Betten von einem Hals-Nasen-Ohren (HNO)-Arzt und 5 Betten von einem Augenarzt belegt sind.

- Der Jahresumsatz ist in den letzten drei Jahren von 16 auf 17,5 Millionen DM gestiegen, bei einem Ruckgang der Bettenauslastung von 85 auf 80 Prozent.

- Die durchschnittliche Verweildauer betrug im letzten Jahr 11,6 Tage.

- Die Fallzahl lag im vergangenen Jahr bei 4657 Fallen, die Anzahl der Berechnungstage bei 58 350.

- Im letzten Geschaftsjahr waren durchschnittlich 235 Mitarbeiter im Krankenhaus beschaftigt, ca. 35 Prozent davon im Pflegedienst. Die Fluktuationsrate (Personalzugange/Personalabgange) lag bei 21 Prozent.

Das Innovationsprojekt, mit dem sich dieses zweite Beispiel befaßt, bezieht sich auf die bereits geschilderte Notwendigkeit, in den Veranderungsprozeß ein Controlling zu implementieren. Vom bisherigen Betriebsfuhrungsmodell im Krankenhaus wird insofern erheblich abgewichen, als neben der Anderung des Budgetierungsverfahrens durch das Controlling *eine gesamteinheitliche Qualitatsorientierung als „neues Denken"* einzufuhren ist. Dadurch soll es gelingen, die langfristige Existenzsicherung des Krankenhauses zu unterstutzen, indem ein strategisches Fruhwarnsystem aufgebaut wird. In dieses ist ein operatives Fruhwarnsystem zu integrieren, das in erster Linie eine zielgerichtete Budgetsteuerung innerhalb der Abrechnungsperiode ermoglichen soll. Eine derartige Budgetsteuerung wird unter dem Einfluß des Gesundheitsstrukturgesetzes 1993 immer wichtiger, da die Deckelung des Budgets eine zeitnahe und strengere Kontrolle der Leistungen, Kosten, Erlose und nicht zuletzt der Qualitat unverzichtbar macht (Kracht 1993).

Betroffene des Innovationsprojektes sind alle Fuhrungskrafte der Verwaltungsleitung, die Pflegedienstleitung sowie der Arztliche Direktor und die Chefarzte, da diese Funktionstrager zur Ermittlung von strategischen Beobachtungsbereichen und zur Bestimmung von Fruhwarnindikatoren unbedingt hinzuzuziehen sind. Dies gilt in gleicher Weise fur die Definition von Erfolgsbereichen fur das operative Fruhwarnsystem, mit dem die ergebnisorientierte Fuhrung gewahrleistet wird. Die Bedeutung der Einbeziehung der pflegerischen und medizinischen Berufsgruppen ist von uberragender Bedeutung. Sie haben fur das „Uberleben" des Krankenhauses mit der Qualitat ihrer Leistungen den weitaus wichtigsten Beitrag zu leisten (Reiss 1991).

Gleichzeitig sind aber ebenso die Leitenden Mitarbeiter in der Betriebsfuhrung von der innovativen Gestaltung des Fruhwarnsystems betroffen. Sie mussen dieses mit den entsprechenden Angaben (Zahlen, Werten, Analyseindikatoren, etc.) in der Form eines Berichtswesens soweit aufbereiten, daß Chancen und Risiken von den Entscheidungstragern erkannt werden konnen.

Der Initiator der geplanten Innovation, der über die Datenvielfalt, seine Beschäftigung mit Planungs- und Kontrollprozessen und über seine Koordinationsaufgabe den weitestgehenden Einblick in sämtliche Betriebsabläufe hat, ist der Controller – nicht nur auf der Seite der *Budgetierung*, sondern auch auf der Seite des *Leistungsmanagements*. Seine Aufgabe ist es, den einzelnen Mitarbeiter weitgehend ohne Anreizmöglichkeiten zu einem Verhalten zu motivieren, das es erlaubt, ein Streben nach fortlaufender Verbesserung durch Schaffung von Transparenz und Einbindung in alle Prozesse des Betriebes zu implementieren. Es gilt, eine *gesamtheitliche Qualitätsorientierung in der Form eines „neuen Denkens"*, in die der einzelne Mitarbeiter mit neu festgelegten Funktionen, Arbeitsabläufen und Verantwortlichkeiten eingebunden ist, zu gestalten.

Der Trägerverband: Mitgliederorientiertes Management ist das Ziel

Das Veränderungsprojekt des Trägerverbandes zielte auf die den Ansprüchen der Verbandsmitglieder entsprechende Leistungserbringung durch das Controlling des Verbandes. Diesem obliegt es, als Systemkomponente des administrativen Führungssystems Instrumente zur Verfügung zu stellen, die auf eine effiziente Abwicklung beziehungsweise Realisierung des verbandlichen Leistungsprogramms abstellen.

Der Verband erfüllt mit insgesamt 56 Mitarbeitern und einem Gesamtetat von 25 Millionen DM folgende Aufgaben: (betriebliche und betriebswirtschaftliche) Beratung, zeitlich begrenzte Übernahme von Managementaufgaben, politische Vertretung und Koordination von Interessen untereinander für:

- 24 Alten- und Altenpflegeheime,
- 2 Akutkrankenhäuser,
- 2 geriatrische Rehabilitationskliniken,
- 12 Beratungsstellen (psychosoziale Beratung einschließlich Drogenberatung).

Die Problemlosung sollte durch den Einsatz weiterer Planungs- und Kontrollprozesse als technokratische Koordinationsinstrumente erfolgen. Durch den Einsatz der „Anreizmethode", das heißt durch das Angebot von Anreizen, soll fur das an sich selbstandige Mitglied der Verbleib in der Verbandsstruktur interessanter gestaltet werden.

Entsprechende Anreize sollen durch eine Veränderung

- in den Modalitaten der Bemessung der Beitragshohe,
- der Nutzung der Beitrage im Rahmen der Verteilung ihrer Anteile an Projekte des Verbandes und der Umlage der Kosten der Aufrechterhaltung des Verbandsbetriebs sowie
- der Beziehungen zwischen den Beitragen sowie den Kosten von Projekten und Verbandsbetrieb

geschaffen werden.

Ziel der Veränderung im Rahmen der Beitragsrechnung soll sein, sehr viel starker als bisher die finanziellen Moglichkeiten des einzelnen Mitglieds zu berucksichtigen. Im Rahmen einer Mitgliederversammlung sind zunachst Kriterien zu bestimmen, die schließlich bestimmend zur Beitragsermittlung herangezogen werden. Die *Entscheidungskriterien* zur Auswahl der Faktoren in Hinblick auf eine „gleichmaßige" Belastung der Mitglieder sind unter Zugrundelegung eines mittelfristig gesicherten Mittelzuflusses fur den Verband ausgewogen zu wahlen. Von mindestens ebensolcher Tragweite ist das *Fixieren des Tarifes* mit der Bezugnahme auf die gewahlten Entscheidungskriterien. Die Tarifstaffelung hat unter Bezugnahme auf ein Entscheidungskriterium uberragende Bedeutung, da sich mit dem sich so ergebenden Gesamtbeitrag pro Mitglied die verbandsinterne Machtstruktur verandert.

Die Erfassung der Projektkosten und der Kosten des Verbandsbetriebs soll nicht als Durchführung einer bis ins kleinste Detail gehenden Kostenschlusselung und Kostenerfassung verstanden werden. Vielmehr soll unter Inkaufnahme von Unzulanglichkeiten der Erfassung und Zurechnung das grundsatzliche Bemuhen um die Ermittlung aussagefahiger Kosteninformationen unterstrichen werden. Die bisherige Kostenrechnung ist folglich als *Transaktionskostenrechnung* auszubauen. Zu erfassen sind die vermiedenen Transaktionskosten fehlender Kooperationen ebenso wie die Transaktionskosten der Herstellung von Kooperationen (Schmidt-Trenz 1990, S. 24). Solche sind zum einen durch eine Zuordnung von Leistungsbestandteilen zu Kostenwerten zu ermitteln (zum Beispiel Bereitschaftskosten als Kosten der Kapazitätsvorhaltung, Zinskosten), die von den traditionellen Verfahrensweisen abweicht. Andererseits sind auch (bislang unübliche) Kostenaggregationen zu erstellen, zum Beispiel für die Ermittlung von Konsensfindungskosten beziehungsweise Verhandlungskosten als „Kosten des psychischen Engagements" (zum Beispiel als Vertragsabschlußkosten und Vertragskontrollkosten) (Reiss 1993, S. 208). Die veränderte Leistungsnähe des einzelnen Mitglieds zu dem von ihm geleisteten Beitrag verlangt keine grundlegende Änderung der Zwecke der Verbandskostenrechnung, wohl aber Aufschlüsse über eine *Beitrag-Projekt-Aufteilung* (Blümle/Kohlas 1976, S. 152).

Um eine derartige Beitrag-Projekt-Aufteilung durchführen zu können, sind leistungsprogrammatische Änderungen vorzunehmen, die nicht mit einer inhaltlichen Veränderung des Leistungsprogramms einhergehen, sondern einen Prozeß der Neuordnung von ganzen Leistungspaketen zu den entsprechenden Kostenblöcken ermöglichen. Über beide Aspekte – *Kosten und Leistungen* – wird unter Einbeziehung der Mitglieder eine Ausgleichsrechnung durchgeführt, die die Interessenlagen der Mitglieder weitgehend berücksichtigen kann.

Der Veränderungsprozeß

Der Veränderungsprozeß durchläuft in den skizzierten Beispielen jeweils die gleichen Phasen.

Die mit diesen Phasen verbundenen *Zeitverzögerungen bei der Umsetzung der Neuerungsprozesse* sind bestimmend für die Art und die Form des Widerstandes.

Tabelle 5: Die sieben Phasen des Veränderungsprozesses

1 Phase	2 Phase	3 Phase	4 Phase	5 Phase	6 Phase	7 Phase
Nicht wahrgenommene Rolle/ fehlendes Wissen/ fehlendes Bewußtsein	Information („Aha-Erlebnis")	Perzeption uber alte bzw traditionelle Paradigmen („Wundern")	Invention der Anderungsnotwendigkeit („Kopfschutteln")	Entstehung, Realisierung von Widerstanden zur Innovation	Gewinnung von Akzeptanz bei den Promotoren	Abwehr von Restriktionen und Behinderungen

Akzeptanz und Widerstand gegenuber den Innovationen bilden sich nicht allein auf dem Boden erster eigener Erfahrungen mit der Realisierung der Neuerung. Sie entwickeln sich bereits im Vorfeld mit der Ankundigung der Neuerung. Schon die vorläufigen Ankundigungen fuhren bei den Mitarbeitern beziehungsweise Mitgliedern (in Phase 1) zu Versuchen, die kommenden Veranderungen der personlichen Arbeitssituation zu antizipieren und vorausschauend die eigenen Moglichkeiten zur Bewaltigung des Wandels einzuschatzen. Der daraus resultierende, spater sich dann mehr oder weniger realisierende Erwartungshorizont, wird mit der in Phase 2 gegebenen Information uberpruft. Dadurch, daß die neuen Informationen nur durch den Filter des bisherigen Paradigmas der traditionellen Denk-, Werte- und Verhaltensmuster wahrgenommen und gewertet werden konnen (Phase 3), treten die Betroffenen zunachst den Weg vom „Aha-Erlebnis" uber das „Sich-Wundern" zum „Kopfschutteln" an.

Dieser Weg bedeutet (in einer prozessualen Betrachtung), daß die Neuerung Eingang in das System – die Praxis, das Krankenhaus, den Verband – findet. Vereinzelt breitet sich Zustimmung zu seiner Umsetzung aus (Phase 4). Diese Zustimmung ist jedoch keineswegs undifferenziert. Die Betroffenen neigen vielmehr dazu, die Vorteile, die sie fur sich partiell erkennen, mit den Nachteilen fur sich und andere abzuwagen. Die Nachteile, so gering sie sein mogen, werden dabei situationsspezifisch gewichtiger bewertet, als

Der Veränderungsprozeß 277

ihr objektiver Wert ist. Fur diese Phase 5 lassen sich entsprechend Widerstande als Reaktionen beschreiben, die sich sowohl aufgrund innerer als auch äußerer Wirkfaktoren beim Mitarbeiter beziehungsweise Mitglied bewußt oder unbewußt gegen die Neuerung richten (Schwind 1992, S. 2).

Beispiele fur Erscheinungsformen des Widerstandes werden im folgenden aufgezeigt. Diesen Beispielen wiederum ist gemein, daß es zunachst in allen drei hier beschriebenen Fallen lediglich gelingt, bei einzelnen Promotoren Akzeptanz zu finden (Phase 6). Durch ihre *soziale Kompetenz* waren diese jedoch in der Lage, den Aufbau dienstleistungsgerechter Strukturen sowohl in technischer als auch (vor allem) in organisatorischer Hinsicht zu unterstutzen und voranzutreiben.

Die Stadien zwischen *Akzeptanz und Widerstand* konnen zwischen ihren Polen (Ablehnung und Zustimmung) durch den Einsatz von personenorientierten Koordinationstechniken durchschritten werden. Dies bewirkte, daß die Abwehr von Restriktionen und Behinderungen in zwei Fallen fur die jeweilige Organisation im positiven Sinne moglich war. Veranlaßt durch den Controller – in der Arztpraxis ubernimmt der Arzt selbst diese Funktion – konnen Restriktionen wie Behinderungen in Zustimmung, zumindest in Form bereitwilliger Mitarbeit, transformiert werden (Freimuth 1985).

Veränderungen in der Arztpraxis

Die aus der Optimierung der Zeitfaktoren resultierende Mehrbelastung des Praxispersonals verdeutlicht das Problem des Arztes. Er geht davon aus, daß er durch die Information uber die Neuerung der Zeitprozesse den Mitarbeitern ihre kunftige Aufgabe vollstandig bekannt gemacht hat. Deren unklare Vorstellungen uber den eigenen Arbeitsplatz fuhren dagegen zu Abgrenzungsproblemen und Kompetenzuberschreitungen, die wiederum Positionskampfen nach sich ziehen. Unabhangig davon, ob der Arzt ein Team gleichberechtigter Mitarbeiter oder einen hierarchisierten Mitarbeiterstab wunscht, ist eine detaillierte Arbeitsplatz- und Aufgabenbeschreibung generell sinnvoll.

Mit der Neuorganisation und der Orientierung auf den praxisinternen Arbeitsprozeß werden die genannten Zeitelemente – Behandlungszeit, Wartezeit, Terminzeit, Suchzeit sowie die Langfristbindung des Patienten – Gegenstand einer konzentrierten Ablaufgestaltung. Die Wegezeit des Patienten ist mit der Standortbestimmung der Praxis bereits determiniert und folglich außerhalb der Einflußmöglichkeiten der Zeitoptimierung. Der Widerstand der Mitarbeiter wird durch die als negativ empfundene Aussicht auf größere physische Belastungen, permanente Konzentration, Zeitdruck bei der Durchführung von Einzeltätigkeiten sowie auf den Verlust an Prestige und Einfluß gefördert. Dies gilt insbesondere für die Mitarbeiter, die im hierarchisch aufgebauten Stab die ranghohen Positionen innehaben. Die Mitarbeiter, die sich demgegenüber eine Verbesserung ihrer arbeitsrelevanten Bedürfnisse versprechen, entwickeln sich zu Promotoren der Innovation.

Die abwehrenden Verhaltensweisen beziehen sich zunächst auf die *Hervorhebung der Nachteile für die Praxis aus der Innovation* Schließlich gehen sie zum Teil über in einen Rückzug aus der Neuerungssituation durch Kündigung, sporadisches „Nicht-Wissen-Wollen" und Verweigerung der Einführung von neuen Mitarbeitern in Aufgaben und Verantwortlichkeiten. Daraufhin wird eine vollständige Abkehr von einem hierarchischen Mitarbeitereinsatz mit dem langfristigen Ziel der Gleichstellung aller Mitarbeiter in Hinblick auf Gehalt und Verantwortung vorgenommen. Es werden Verantwortlichkeiten für einzelne Sachfragen geschaffen, die gegenüber den in diesen Bereichen gerade Beschäftigten aber nur Beratungsfunktionen wahrnehmen können (zum Beispiel „Berater" für Patientenkontakt, „Berater" für Erscheinungsbild der Praxis, „Berater" für Bestellwesen, „Berater" für Referentenkontakte, „Berater" für …).

Im Rahmen dieser ausgeprägten Teamorganisation gelingt es allen Mitarbeitern gleichermaßen, sich durch ihre aktive Mitarbeit, die zudem noch in wöchentlich stattfindenden Teamsitzungen sozial gewürdigt wird, zu profilieren (Phase 7). Die Zahl der abrechenbaren Krankenscheine kann bei gleichzeitiger Verbesserung

Der Veränderungsprozeß 279

des gesamten Zeitmanagements der Praxis erheblich gesteigert werden. Qualitatseinbußen sind nicht zu verzeichnen. Die Mitarbeiterfluktuation geht erheblich zuruck. Momentan stellt der Arzt Uberlegungen an, seine Praxiseffizienz auf der Grundlage eines Erfolgsbeteiligungsmodells weiter zu steigern.

Veränderungen beim kommunalen Krankenhaus

Der Controller im *kommunalen Krankenhaus* kann sein Ziel einer gesamtheitlichen Qualitatssteigerung nur dadurch realisieren, daß er der differenzierten Unterteilung der betrieblichen Aufgabenkomplexe und Managementfunktionen tayloristischer Pragung eine integrative Sichtweise gegenuberstellt. Sein oberstes Ziel fur alle betrieblichen Aktivitaten besteht darin, Krankenhausleistungen zu produzieren und (intern wie extern) zu vermarkten. Aus Patientensicht haben diese die „beste" Qualitat zu bieten – bei gleichzeitig niedrigem Kostenniveau. Der Einsatz an finanziellen und personellen Ressourcen soll ein vereinbart niedriges Niveau nicht uberschreiten und mit der Zeit stetig verringert werden. Die beiden Handlungsmaximen, die er als *„neues Denken"* nebeneinander implementiert, sind die Patientenorientierung (mit dem *Patienten als „Kunden" des Krankenhauses*) und die Konzentration auf die eigentlichen Leistungsprozesse (als Wertschopfung) nach Maßgabe „standiger Verbesserung" von Leistungen und Prozessen.

Das bisher vom Controller praktizierte Controlling verlangte eine Prozeßkontrolle ausschließlich über den Zielerreichungsgrad. Diese rief bei den Beteiligten Widerstande insbesondere im Zusammenhang mit der Budgetaufteilung hervor. Dieser Verteilungskonflikt manifestiert sich heute in dem Bestreben, die Restriktionen der Budgetverteilung weitgehend in eigener Verantwortung fur den eigenen Bereich selbst zu definieren. Derartige *„unehrliche" Budgets* sind als Folge des traditionellen Budgetierens anzusehen, da die Inanspruchnahme finanzieller Ressourcen nicht begrundet beziehungsweise nicht in ihrer medizinischen Notwendigkeit beurteilt, sondern im Wege eines Zuweisungsverfahrens „ausgehandelt" wird. Bei diesen Prozeduren kann beobachtet werden, daß Budgetverantwortliche zunächst bewußt höhere Mittel anfordern, weil sie damit rechnen mussen, daß ihre Budgets ohnehin gekürzt werden. Oder sie manipulieren ihre Budgetanträge bewußt nach unten, um Projekte beziehungsweise Budgetmittel erst einmal genehmigt zu bekommen.

„Druck von oben" kann in solchen Situationen durchaus eine positive Motivationswirkung haben. Andererseits bildet er aber in Verbindung mit Disziplinierungsmaßnahmen den Resonanzboden, auf dem sich die Bereitschaft der Mitarbeiter zu vermehrtem Widerstand erhöht (Buggert 1991, S. 29ff.).

Um im Sinne der angestrebten Zielsetzung eine Veränderung dieser Verhaltensweisen zu erreichen, ist eine erste Maßnahme die *Bildung einer übergeordneten Lenkungsgruppe* mit Teilnehmern aus dem Kreis des Tragers, der Krankenhausleitung – insbesondere der Ärztlichen Leitung und der Pflegedienstleitung – sowie der Mitarbeitervertretung und – gesondert – bestimmten Vertretern der Mitarbeiter, die auf deren direkten und unmittelbaren Vorschlag hin in dieser Gruppe teilnehmen.

Nach der Erläuterung der grundsätzlichen Fragestellungen und Probleme, die in einem *offenen Diskurs* dargelegt werden, wird eine Projektgruppe gebildet. Das Feststellen der Auswirkungen des Gesundheitsstrukturgesetzes für eine unmittelbare Umsetzung von Verbesserungsideen, das Anpassen der Organisation an diese Ideen und das Überprüfen und Integrieren dieser in das strategische Konzept des Krankenhauses auf Basis der Informationen aus dem strategischen Frühwarnsystem, sind Aktivitäten dieser Projektgruppe. Deren Koordination bleibt dem Controller vorbehalten, der die konfligierenden Interessen der Mitarbeitergruppen in Hinblick auf das Ziel eines gesamtheitlichen Ansatzes der *„Kundenorientierung"* steuert.

Die aufgetretenen Widerstande nehmen mit fortschreitender Konkretisierung der Ideen von *defensiven, persönlich motivierten Maßnahmen* (zum Beispiel Einfadeln von Intrigen zur Verhinderung des Erfolges einer Maßnahme, demonstratives Nicht-Zuhören bei Besprechungen) zu *offensiven, sachlichen Maßnahmen* (zum Beispiel bewußtes Falsch-Informieren, Einbringen und Vorantreiben von Vorschlagen, die nicht zum Erfolg der Maßnahme fuhren konnen beziehungsweise den Erfolg anderer Maßnahmen behindern, „Zweifel streuen") ein breites Widerstandsspektrum ein.

Die Kenntnisse des Controllers in Bezug auf Verhaltenssteuerung beziehungsweise -kontrolle ermoglichten ihm, eine Steuerung des personlichen Verhaltens einzelner zu bewirken: Er macht die Promotoren ausfindig, die ihm innerhalb der Krankenhausorganisation die beschriebenen Handlungsmaximen umsetzen helfen konnten. Diese Verhaltenssteuerung und -kontrolle beinhaltet sowohl situative Kontrolleinflusse als auch personenbedingte, die das personliche Verhalten effektiver gestalten. Der Betriebsleiter (Geschaftsfuhrer), der Personalleiter, der Ärztliche Direktor, eine Schwester der Inneren Medizin sowie ein Pfleger im Wachbereich der Chirurgie, die bereits seit ca. 20 Jahren im Krankenhaus beschaftigt sind und ebenso Meinungsfuhrer sind, sowie zwei ehrenamtliche Mitarbeiter, die Patientenbetreuung wahrnehmen, konnen mit der Durchfuhrung eines Trainings-Workshops mit einem externen Berater ihre soziale Kompetenz trainieren, die sie zur Kontrolle der sozialen Umgebung durch ihre Person benotigen.

Verhaltensanderungen mit beziehungsweise uber Trainings zu erreichen ist ein langwieriger und muhsamer Prozeß. Dieser ist nicht nur kosten-, sondern auch zeitintensiv. Den Nachweis der Wirksamkeit kann man mit einem Starken/Schwachen-Profil der Organisation und deren Arbeitsgruppen und Organisationsmitglieder ermitteln. Die erwunschte Entwicklung von Verhaltensweisen ist jedoch ein Veranderungsprozeß, dessen Ziel nicht als Zustand definiert werden kann (Bernatzeder 1992, S. 313ff.). Hierzu sind Bewertungsebenen (zur inhaltlichen Klassifikation von Bewertungsschritten) zu definieren, in denen neben der Zufriedenheit der Trainingsteilnehmer die Uberprufung von Lernresultaten und vor allem der Transfer der Erkenntnisse in den Alltag der Mitarbeiter im Vordergrund stehen. Erst daran schließen sich Bewertungen der Effekte fur die Organisation im Sinne der Widerstandverringerung und -vermeidung mit Auswirkungen auf Produktivitat, Budgeteinhaltung, Fluktuation etc. an.

Veränderungen im Trägerverband

Der Veränderungsprozeß im geschilderten *Verbandsbeispiel* setzt am permanenten Konflikt in der Beziehung Verband-Mitglied an. Dieser Konflikt kann nicht durch das Verbandsmanagement entschärft oder aufgelöst werden, sondern verschärft sich zusehends. Die Vertretung der Verbandsmitglieder durch Verbandsfunktionäre wird immer stärker zu einer Leerformel. Technokratische Planungs- und Kontrollinstrumente, die zur Verbandsführung eingesetzt werden, entsprechen zwar den Managementtechniken des einzelnen Betriebs (Unternehmens), sind aber nicht der Problemlage angemessen, die das Mitglied offensichtlich mit „seinem" Verband hat. Es wird daher der Versuch unternommen, die Widerstände der Mitglieder durch einen veränderten Einsatz von Informationsprozessen abzubauen. Diese zeigen ihre Wirkung in einem veränderten *Führungsstil*, sowohl nach innen, in Wirkrichtung der Mitarbeiter des Verbandes, als auch nach außen, in Wirkrichtung der Verbandsmitglieder.

Die Änderungen im Prozeß der Informationssammlung, -verarbeitung und -verwendung erscheinen vor allem durch die *„Überzeugungsmethodik"* lösbar, das heißt durch die Veränderung subjektiver Einstellungen durch den Einsatz kommunikationspolitischer Maßnahmen in den einzelnen Mitgliedseinrichtungen oder der Verbandszentrale (zum Beispiel im Auftrag der Mitgliederversammlung). Die Gewährleistung der Sammlung, Aufbereitung und Speicherung sowie die zeit- und entscheidungsgerechte Weiterleitung von Informationen ist dabei weniger ein Problem als die *Koordination der Informationsprozesse innerhalb der Informationsinfrastruktur*.

In Phase 1 ist zu analysieren, welches die soeben dargestellten Hintergründe für das Verhalten der Mitglieder sind. An diese Phase schließt sich die Aufklärung der Verbandsmitglieder über das zukünftige Verfahren der individuellen Beitrag-Projekt-Aufteilung ihrer Beiträge an. Dieses Verfahren sieht vor, daß die Verbandsmitglieder unabhängig voneinander ihre Beiträge auf Projekte verteilen, die der Verband insgesamt im Beitragszeitraum durchführen

Der Veranderungsprozeß 283

und die das Mitglied mit seinem Beitrag unterstutzen mochte. Damit erhalt man einen ersten Uberblick uber die subjektiven Anreize, die die Projekte des Leistungsprogramms den Mitgliedern vermitteln. Hierin liegt – als enge Verkoppelung von Phase 3 und 4 – ein großer Teil des Widerstandspotentials der Mitglieder, weil bislang in sehr differenzierter Weise, jedoch ohne je konkret Mißstande benennen zu mussen, Kritik geaußert werden konnte.

„Kopfschutteln" entsteht bereits deswegen, weil die voneinander unabhangigen Bewertungen der Projekte zu Projektuber- und -unterdeckungen fuhren konnen. Diese Projektuber- und -unterdeckungen werden zum Anlaß genommen, das Verfahren der Beitragszurechnung auf konkrete Verbandsprojekte insgesamt als „nicht aufgabengerecht" zu bewerten. Dieses Pauschalierungsargument wird durch den Verdacht verstarkt, daß die kollektive Strategie des Verbandes durch den *Versuch der Harmonisierung eigenstandiger Aktionen eines oder weniger Mitglieder* durchbrochen werden konnte. Trotz dieser Vermutungen sind die Mitglieder aber davon zu uberzeugen, daß derartige *Inflexibilitaten* der Verbandsorganisation leicht absorbiert werden konnen (Reiss 1993, S. 195ff.), wenn die Mitglieder ihre Bewertungen im Mitgliederkreis besprechen, so daß es zu einem *Ausgleich der Beitrag-Projekt-Aufteilungen* kommen kann.

Als Promotoren (Phase 6) zur Durchfuhrung dieses Verfahrens konnen zuerst die Mitglieder gewonnen werden, die mit der von ihnen abgegebenen Bewertung zu einer Uberdeckung bei einzelnen Projekten beigetragen haben. Ihre Beitrage werden (rechnerisch, nicht de facto!) an den uberdeckten Projekten reduziert. Im Rahmen eines Moderationsverfahrens wird anschließend das Maß der Interessenkonformitat der Verbandsmitglieder ermittelt und gestarkt, zum Beispiel durch die Erarbeitung neuer, kollektiver Strategien und durch eine Uberarbeitung des Leitbildes. Die unterdeckten Projekte konnen so im Rahmen der Ausgleichsverhandlungen zur Deckung gebracht werden. Die Projekte, fur die dies nicht gelingt, mussen von der Verbandsgeschaftsfuhrung gestrichen oder zumindest zuruckgestellt werden. Sie werden in den nächsten Prozessen zur Beitrag-Projekt-Aufteilung beziehungsweise den Aushandlungsprozessen erneut vorgestellt.

Die Abwehr von Restriktionen und Behinderungen kann nur durch eine straffe und stringente *Informationspolitik und Kommunikationspolitik* gegenüber den Mitgliedern gewährleistet werden. Ist die Verbandsgeschäftsführung permanent mit dem erfolgsorientierten Gestalten und Präsentieren ihrer Projekte betraut, sind Diskriminierungen oder Bevorzugungen einzelner Mitglieder nicht in der Form möglich, wie sie zu Beginn des Veränderungsprozesses vermutet wurden (Blümle/Kohlas 1976, S. 152ff.).

Die *Informationsinfrastruktur* wird unter der Berücksichtigung der Gestaltung des Anreiz-Beitrag-Systems in Richtung eines Management-Informations-Systems weiterentwickelt. Vorteilig zur Gestaltung dieses Informationssystems und zur Gestaltung der Ausgleichsverhandlungen ist, daß der Verband mit 40 Mitgliedern relativ klein ist. Bei größeren Verbänden ist die Vereinbarung von formalen Regeln zur Abwicklung der Verhandlungsprozesse im vorhinein notwendig, da einzelne Verhandlungen zu schwerfällig waren.

Dienstleistungsgerechte Strukturen durch Veränderungsprozesse

Den beschriebenen Veränderungsprozessen im Bereich des Gesundheitswesens sind ihre wichtigsten Strukturmerkmale gemein:

Sie haben nicht nur jeweils vergleichbare Phasen durchlaufen, sondern haben insbesondere die gesetzlich verordneten Änderungen der Rahmenbedingungen ihres Wirtschaftens dazu genutzt, neue Wege im Umgang mit Widerständen in den Organisationen zu gehen und ihnen ein positives Element innovativer Prozesse abzuringen. Ungleichgewichte sind durch den Einsatz eines spezifisch ausgeprägten Controlling-Gedankens mit Ungleichgewichten aus dem globalen Umfeld der jeweiligen Organisation abgestimmt worden. Dies ist deshalb besonders bedeutsam, weil eine

Entwicklung von der alleinigen Ausrichtung des Controllings auf (technokratische) Steuerungs- und Kontrollprozesse in Richtung eines hohen Maßes an Selbststeuerung in Gang gesetzt wurde.

Das Kennzeichen der durch das Gesundheitsstrukturgesetz in das Gesundheitswesen in Deutschland hineingetragenen Marktdynamik ist, daß die Kraft der Eigendynamiken in diesen Markten großer ist als die Steuerungskraft der einzelnen Organisation. Glatte und lineare Entwicklungen treten in den Hintergrund. Uberraschungen – wie das Auftreten der Widerstande zeigte – im sozialen und kulturellen Umfeld lassen sich nicht mit einem rationalen Controlling erfassen und steuern (Gerken 1993, S. 300).

Im ersten Beispiel wurde zur Auflosung des Widerstands eine organisatorische Variante gewahlt. Im Falle des kommunalen Krankenhauses war es eine Problemlosung, die organisatorischen und informatorischen Charakter hat. Im letzten Veranderungsprozeß liegt die Losung wiederum überwiegend im informatorischen beziehungsweise informationstechnischen Bereich der Problemlosung. Reine Losungsvarianten – das heißt solche, die ausschließlich organisatorischer Art oder ausschließlich informatorischer Art sind – sind in diesem Fall nicht vorstellbar.

Eine Losung des Widerstandsproblems bietet also nicht nur die *Schaffung von Transparenz*, sondern auch die richtige *Art der Information und ihrer Prasentation*. Zum Beispiel kann eine solche Losung durch den Aufbau eines Berichtswesens ermoglicht werden, das durch eine Verknupfung graphischer Elemente mit reinen Zahlenangaben ausgewahlte, fur eine Organisation kritische Faktoren im Gesundheitswesen darstellt. Solche Darstellungen lassen sich mit geringem Aufwand und der Unterstutzung eines externen Beraters als Moderator des Entwicklungsprozesses unter Einbeziehung der wichtigsten Entscheidungstrager erarbeiten.

Literatur

Andersen, H.: Zeitsignale: Zum Reputationseffekt von Zeitkoeffizienten auf dem Arztleistungsmarkt, (Discussion Paper FS IV 91-1, Wissenschaftszentrum Berlin), Berlin 1991

Andersen, H./Bormann, C./Elkeles, T.: Kennziffern zur Inanspruchnahme ambulanter medizinischer Leistungen – Methodische und inhaltliche Aspekte des Stellenwerts von Surveydaten (Discussion Paper FS IV 92-2, Wissenschaftszentrum Berlin), Berlin 1992

Bernatzeder, P.C.: Verhalten in Organisationen, Frankfurt/Bern/ New York/Paris 1992

Blumle, E.-B./Johlas, J.: Quantitative Analyse des Anreiz-Beitrags-Systems von Wirtschaftsverbanden, in: Blümle, E.-B./ Wittmann, W. (Hrsg.): Verbande, Stuttgart/New York 1976, S. 148–162

Buggert, W.: Dysfunktionale Verhaltenswirkungen von Budgetierungssystemen, in: *controller magazin* 1/1991, S. 28–38

Freimuth, J.: Der lange Weg einer Innovation, in: *Personalführung* 6/7 (1985), S. 42–50

Gerken, G.: Controlling der Freiheit, in: *Capital* 4/93, S. 300

Horváth, P.: Controlling, Munchen 1990

Kirsch, W.: Die Handhabung von Entscheidungsproblemen, Munchen 1988

Kracht, P.J.: Aufbau eines Fruhwarnsystems zur Sicherung der Krankenhausexistenz, Vortrag, gehalten anläßlich des Fruhjahrkolloquiums 1993 des Berufsbildungswerks Deutscher Krankenhauser e.V. (BBDK), vom 11.–13. Marz, Neheim-Husten

Reiss, H.-Ch.: Strategisches Controlling im Krankenhaus, in: Albach, H./Weber, J. (Hrsg.): Controlling (*Zeitschrift für Betriebswirtschaft*, Erganzungsheft o.Jg. (1991)), Wiesbaden 1991, S. 133–150

Reiss, H.-Ch.: Controlling und Soziale Arbeit, Neuwied 1993

Schmidt-Trenz, H.-J.: Ansatze zu einer Neuen Institutionenokonomik von Kammern und Verbanden, Teile I bis III, in: *Verbands-Management* 2/1990, S. 21–28, *Verbands-Management* 3/ 1990, S. 52–59 und *Verbands-Management* 1/1991, S. 19–24

Schumann, J.: Grundzuge der mikroökonomischen Theorie, Berlin/Heidelberg/New York/Tokyo 1984

Schwind, M.: Widerstand gegen Innovationen, unveroffentlichte Arbeit, Mannheim 1991/1992

Simon, H.: Die Zeit als strategischer Erfolgsfaktor, in: *Zeitschrift fur Betriebswirtschaft*, 1/1989, S. 70–93

Vellmann, K.: Management Controlling und Informatik: Interne Leistungsstrategien fur den betriebswirtschaftlichen Informations- und Steuerungsservice, in: Siegwart H./Mahari, J.I./Caytas, I.G./Saner, S. (Hrsg.): Meilensteine im Management, Bern/Stuttgart 1988, S. 191–216

Vester, F.: Leitmotiv vernetztes Denken. Fur einen besseren Umgang mit der Welt, Munchen 1988

Weber, J.: Einfuhrung in das Controlling, Teil 1: Konzeptionelle Grundlagen, Stuttgart 1991

Zweifel, P.: Ein okonomisches Modell des Arztverhaltens, Berlin/Heidelberg/New York 1982

Von der „organisierten Unverantwortung" zum „Als-ob-Wettbewerb"

Fallbeispiel Öffentliche Verwaltung

von Axel G. Koetz

Defizite und Notwendigkeiten

Veränderungsbedarf

Aus Sicht vieler am offentlichen Sektor Beteiligter ist – neben den eher wenig effektiven Ansatzen der klassischen „Verwaltungsrationalisierung" – der Weg einer konsequenten Privatisierung der einzig tragfahige Ansatz fur eine Begrenzung der Kosten und eine Verbesserung ihrer Leistungen.[1] Doch viele Bereiche entziehen sich der Privatisierung: Oft muß (und soll sogar) der offentlichrechtliche Rahmen aufrechterhalten werden. Dies erfordert jedoch – insbesondere in allen Bereichen der sogenannten „Leistungsverwaltung" – eine Veranderung der Denkweise und der „Managementprinzipien".

Beispiele fur Wandlungsbedarf sind dabei uberall zu erkennen; einige seien exemplarisch dargestellt:

1 Beispiel Schulverwaltung

Die hochgradig zentralisierten Strukturen im Schulbereich lassen den operativen Einheiten – den Schulen – und ihren Managern – den Schulleitern – kaum die Moglichkeit ortsnaher Entscheidungen. Fast alle Entscheidungen im Managementbereich und in der Personalwirtschaft werden von ubergeordneten, zum Teil relativ ortsfernen Einheiten getroffen, die ihrerseits wieder in einen komplexen Abstimmungsprozeß eingebunden sind. Logische Folgen dieser Organisation sind Demotivationserscheinungen auf der unteren Ebene.

2. Beispiel. Krankenhaus

Die Managementstrukturen im Krankenhaus sind vielfach hochgradig unprofessionell: Neben den Verwaltungsleitungen – die oft nicht viel mehr als solche sind – bestehen dabei im medizinischen und im Pflegebereich zwar Anspruche auf Teilhabe an oder gar Vorrang in der Fuhrung, aber selten genug entsprechende Kompetenz. Finanzielle Fehlsteuerungen wie auch der Kleinkrieg zwischen den Berufsgruppen pragen den Alltag. Diese Probleme wurden allerdings in einer Zeit, in der die Kosten ohne Hinterfragung der Zweckmaßigkeit auf die Pflegetage umgelegt werden konnten und von den Kassen getragen werden mußten, gerade von den Hausern im Bereich der Kommunen und Länder eher vernachlassigt. Andererseits zeigen private Krankenhäuser zum Teil deutlich, welche wirtschaftlichen Erfolge durch geeignetes Management zu erzielen sind. Die Gesundheitsreform-Gesetzgebung wird allerdings auch den anderen Krankenhausern und Krankenhaustragern die Installation wirksamer Managementstrukturen aufzwingen – allein schon im Interesse des finanziellen Uberlebens.

3 Beispiel Krankenkassen

Krankenkassen gerieren sich trotz aller Entwicklungen haufig immer noch wie Behorden – ohne besonderes Serviceangebot fur ihre Versicherten. Die Bedeutung der Beitragshohe wurde vielfach unterschatzt. Das neue Prinzip der Wahlfreiheit für die Versicherten fuhrt dabei zu einem sehr viel hoheren Bedarf an Markt- und Kundenorientierung, als dies noch vor nur kurzer Zeit denkbar war. Die Bedeutung der „Kundenzufriedenheit" und die Anforderungen an ein qualifiziertes Marketing steigen deutlich an.

4 Beispiel Gerichte

Gerichte in der Bundesrepublik Deutschland haben weitgehend managementfreie Strukturen mit hochgradig taylorisierten Arbeitsablaufen, bei denen jede beteiligte Funktionsgruppe nur fur einen kleinen Ausschnitt aus der Gesamttatigkeit verantwortlich ist. Die massive Funktionstrennung und -aufteilung, das traditionelle Desinteresse der Verantwortlichen an Personalfuhrungsfragen und bisher kaum genutzte Potentiale im EDV-Bereich zeigen Handlungsbedarf auf.

5 Beispiel Kommunalverwaltung

Die Strukturen der Kommunalverwaltung sind in hohem Maße durch Dienstleistungsfunktionen gepragt. Dies fuhrt ständig und zunehmend zu Konflikten, da das offentliche Haushalts- und Dienstrecht zwar für die Wahrnehmung hoheitlicher Funktionen den geeigneten Rahmen bieten mag (auch dies kann man in Teilen bezweifeln), fur ein Dienstleistungsunternehmen Kommunalverwaltung aber hochgradig kontraproduktiv ist. Leistung wird eher bestraft als belohnt, Motivationsinstrumente sind wenig ausgeprägt, der finanzwirtschaftliche Rahmen der Kameralistik und die hergebrachte Amterstruktur behindern eine effektive Mittelbewirtschaftung („Dezemberfieber").

Grundlinien des Wandels

Vor diesem Hintergrund ergeben sich Veränderungsbedurfnisse für eine „neue" Verwaltung. Sie muß sich gedanklich von den bisherigen technokratischen und zentralen Ansatzen trennen und verstarkt auf Dezentralität und die Motivation des Individuums setzen. Dies bedeutet:

1. Der offentliche Sektor braucht eine neue „Unternehmenskultur".
2. Der öffentliche Sektor muß sehr viel starker als bisher auf dezentrale Entscheidungen und auf dezentrale Ressourcenverantwortung setzen und dementsprechend umgebaut werden.

3. Der öffentliche Sektor wird nur gewinnen können, wenn er die Motivation und Selbstverwirklichung seiner Mitarbeiter fördert – und diese Mitarbeiter entsprechend fordert.

Überraschenderweise können viele dieser Überlegungen im Rahmen des gegenwärtig bestehenden Organisations- und Dienstrechtes verwirklicht werden, wenn wir nur bereit sind, die hier tatsächlich bestehenden Spielräume auszufüllen.

Berateransätze für Veränderungen im öffentlichen Sektor können Visionen aufzeigen, müssen aber auch realisierbar sein. Die folgenden Ansätze sind Schritte in eine bestimmte Richtung – und sie sind realitätsnah und unter den aktuellen dienst- und organisationsrechtlichen Rahmenbedingungen zu realisieren. Die Überlegungen lauten:

1. Die *Steuerungssysteme* müssen so gestaltet werden, daß Leistung und Sparsamkeit der Mittelverwendung gefördert werden:

   – Wir müssen den *Gedanken des Wettbewerbes* in den öffentlichen Bereich tragen.
   – Wir müssen die Verantwortung des einzelnen steigern durch *Budgetierung* und durch Konzepte *dezentraler Steuerung*
   – Wir müssen ein *straffes Controlling* einführen, das es ermöglicht, Leistung zuzurechnen und Fehlsteuerungen frühzeitig entgegenzuwirken.
   – Wir müssen neue, wirksamere Organisationsformen (zum Beispiel *Projektorganisation*) überall da einführen, wo größere, weitreichende Aufgaben erledigt werden sollen.

2. Die *„weichen"* Faktoren der Organisation müssen so entwickelt werden, daß die Mitglieder der Organisation mit diesen Instrumenten arbeiten können:

   – Wir müssen *Organisationsleitbilder und -kulturen* schaffen, die die Zielvorstellungen einer effektiven Administration unterstützen.
   – Wir müssen – ungeachtet aller Probleme des öffentlichen Dienstrechtes – die Defizite in *Führung und Motivation* durch eine konsequente Personalentwicklung angehen.

Defizite und Notwendigkeiten 293

3. Bei der Verfolgung dieser Fragen muß die Erkenntnis entstehen, daß die „*Qualitätsorganisation*" das organisatorische Leitbild der Zukunft sein muß.

Von besonderer Bedeutung ist freilich, daß auch der Veränderungsprozeß selbst Veränderungen unterliegt. Wandel kann nur in einem Prozeß der Organisations- und Personalentwicklung, nicht in Form eines von „oben" verordneten Ansatzes erfolgen.

Elemente des Wandels im öffentlichen Sektor

Die Einführung des „Als-ob"-Wettbewerbs

Auch wenn kein kommerzieller Wettbewerb besteht: Zumindest kann man versuchen, systemintern Elemente des wettbewerblichen Steuerungssystems zu implementieren. Dieser „Als-ob"-Wettbewerb ist dabei vor allem ein Wettbewerb um interne Wirtschaftlichkeit und Leistungsqualität im Interesse des Nutzers.

Dieser Wettbewerb kann sich zum Beispiel wie folgt darstellen:

- *Ökonomischer Wettbewerb* Entmonopolisierung des öffentlichen Bereiches überall dort, wo realer Marktwettbewerb möglich ist und Anreize in Richtung auf höhere Leistungen bringt, zum Beispiel in der Telekommunikation, im Postwesen, im Luftverkehr usw.

- *Wettbewerb um Bürgerzufriedenheit* Die bürgernahen Organisationseinheiten müssen sich in Qualität und Serviceorientierung den Anforderungen der Bürger stellen. Zum Beispiel dadurch, daß sich die Administration und ihre Mitglieder über Umfragen oder Leistungsbeurteilungen durch den Bürger steuern lassen.

- *Interner Systemwettbewerb* Auch der öffentliche Sektor hat eine spezifische „Produktionsstruktur", in der manche Einheiten sehr weit vom Bürger entfernt sind. Diese Einheiten müssen sich zunehmend einem internen Systemwettbewerb stellen und um die Inanspruchnahme durch die bürgernaheren Einheiten konkurrieren.

- *Wettbewerbsorientierte Führung von Mitarbeitern* Auch die einzelnen Mitglieder der Administration sollen den Wettbewerb positiv oder negativ erfahren. Dies kann primär dadurch erfolgen, daß das leistungsorientierte Element der Vergütung deutlich verstärkt und das Besitzstandsprinzip zurückgeführt wird.

- *Konkrete Leistungskennzahlen als Indikatoren* Um diese Überlegungen umzusetzen, müssen die Leistungen sowohl des Individuums als auch der Organisationseinheit stärker meß- und vergleichbar gemacht werden. Basis hierfür muß eine Struktur allgemein akzeptabler Indikatoren für Qualität und Leistung sein.

Der „Als-ob"-Wettbewerb läßt sich dabei nicht mit einer einfachen Zauberformel herstellen. Die „Hochleistungsverwaltung" oder „Qualitätsverwaltung" ist Ergebnis eines hochindividuellen, fein gesteuerten Prozesses, in dem verschiedenste Instrumente sachgerecht genutzt werden müssen. Die naive Übertragung von Überlegungen der Privatwirtschaft sind zum Teil äußerst kontraproduktiv.[2] Der zukünftige Verwaltungsmanager darf weder Nur-Jurist noch Nur-Ökonom sein, er muß schlichtweg Manager sein. Welche Instrumente er steuern muß und welche Hilfe insbesondere von externer Seite er hierbei in Anspruch nehmen sollte, wird im folgenden beschrieben.

Verstärkung dezentraler Entscheidungsstrukturen

Wettbewerb ist nur dann möglich, wenn die monolithische Entscheidungsstruktur der Verwaltung zugunsten eher dezentraler Strukturen aufgegeben wird. Zentrale Entscheidungskompetenzen lähmen das öffentliche System. Die Forderung, alle Entscheidungen auf oberster Ebene zu fällen, führt zu

- Inflexibilität,
- Zeitverzögerungen,
- Kosten durch ortsferne Fehlentscheidungen.

Es fuhrt aber auch und insbesondere zur Demotivation der unteren und mittleren Fuhrungskrafte und zu einer Informationsuberflutung der oberen Ebene, die sich zunehmend dem „Dringenden" und immer weniger dem „Wichtigen" widmen muß.

Neuere Uberlegungen gehen dazu uber, Verantwortung zu dezentralisieren und den Verwaltungen formal „unternehmerische" Zuge zu geben. Dezentrale Ressourcenverantwortung bedeutet in diesem Zusammenhang insbesondere die weitgehende Verselbstandigung von Organisationseinheiten innerhalb der offentlichen Verwaltung mit den folgenden Aspekten:

- Klare Zielvorgaben und Zielvereinbarungen.

- Globale Mittelzuweisung beziehungsweise weitgehende gegenseitige Deckungsfahigkeit im Haushalt.

- Weitestgehend dezentrale Personalverantwortung innerhalb eines genehmigten Personalbudgets.

- Eindeutige Berichtspflichten an eine Stelle.

- Hartes und kurzfristiges Controlling durch die übergeordnete Einheit.

An die Stelle der Macht der Zentralbereiche tritt die Fachkompetenz und Motivation dezentraler Einheiten. Ihnen werden Budgets und Aufgaben zugewiesen, sie werden gewissermaßen zu kleinen Unternehmern innerhalb des Verwaltungsapparates. Dieses freilich nicht ganz unkontrolliert, sondern mit standigen Abstimmungen und Verhandlungen zwischen den jeweiligen Einheiten und einer ausgebauten Kontrollinstanz.

Der Optimierte Regiebetrieb – übrigens ein Kienbaum-Konzept – fuhrt in Fortfuhrung dieser Uberlegungen Aspekte des Verwaltungsmanagements in die einzelnen Ämter ein. Insbesondere im technischen Bereich (Entsorgung, Bau etc.) macht es Sinn, sehr viel mehr Kompetenz an die einzelnen Amter zu delegieren und weitgehende gegenseitige Deckungsfahigkeiten von Einnahmen- und Ausgabenposten im Haushalt zu definieren.

Die Installierung entsprechender Strukturen ist ein komplexer Prozeß, der gleichermaßen die Fragen

- Recht,
- Beziehung zwischen Politik und Verwaltung,
- Aufbau- und Ablauforganisation,
- Finanzwirtschaft und Steuern,
- Controlling,
- Führung und Managementinstrumente

beruhrt. Daruber hinaus ist er fur die meisten Verantwortlichen neu. Der externe Berater hat hier eine wesentliche Funktion.

Controlling und Leistungskennziffern

Dezentralisierung von Verantwortung und Entscheidungskompetenz muß damit verbunden werden, daß die Konsequenzen des Handelns der Verantwortlichen erfaßt, gemessen und aus ihnen Konsequenzen abgeleitet werden. Konsequenzen konnen dabei

- fur die personliche Bewertung, Belohnung und Motivation der Handlungstrager,
- fur die Absicherung der haushaltsmäßigen Umsetzbarkeit der Planungen in der verbleibenden Planperiode (Haushaltsuberwachung),
- fur die Entwicklung von Zielen und Budgets der Folgeperiode

gezogen werden. Verwaltungscontrolling bedeutet damit, auch die Verwaltung über Leistungs- und Kostenzahlen zu steuern, insgesamt fur alle sichtbar und deutlich den Zusammenhang zwischen „Input" und „Output" herauszuarbeiten, standig zu verfolgen, wohin Personal und Geld gehen und wo die Arbeit gemacht wird. Eine entsprechend hohe Bedeutung hat das Entwickeln geeigneter Leistungskennziffersysteme, die den fehlenden Marktmechanismus (partiell) ersetzen konnen. Damit ist Verwaltungscontrolling allerdings (zunachst) auf der Ebene der Berichterstattung angesiedelt – und wird vielfach damit verwechselt.

Was noch fehlt, ist die Weiterführung hin zu echter Steuerung der Verwaltung – und das Ziehen von Konsequenzen aus guten und schlechten Leistungen.

Aber hier gibt es ein Problem. Dieses Problem heißt „öffentliches Dienstrecht". Im öffentlichen Dienst ist es de facto weitgehend unmöglich, jemanden für gute Leistungen zu belohnen oder auch für schlechte Leistungen zu bestrafen oder zu entlassen – weder Beamte, noch Angestellte, noch Arbeiter.[3]

Da nun niemand belohnt oder bestraft werden kann, gibt es auch keinerlei Ansatz (außer „intrinsischer Motivation") für wirtschaftliches Verhalten, und die Rückkopplungsschleife kann auf der individuellen Ebene nicht geschlossen werden. Viele Ansätze gibt es dagegen für unwirtschaftliches Verhalten – und der des internen Gruppendruckes und des „Mobbing" ist nicht der unbedeutendste.

Controlling kann unter den gegenwärtigen Nebenbedingungen vielfach nur über sehr „weiche" Faktoren funktionieren, etwa über (öffentliche) Leistungsvergleiche oder über die persönliche Motivation und den Gestaltungswillen der Führungskräfte.

Daß die Realisierung derartiger Verfahren nicht einfach ist, ist deutlich. Ein Schichtenmodell für Controlling-Strukturen im Öffentlichen Sektor verdeutlicht, welche Überlegungen anzustellen sind (vgl. Abbildung 49)

Der Entwicklung funktionierender Controlling-Verfahren hinterliegen also komplexe inhaltliche und psychologische Fragestellungen, die bei umfassenderen Aufgaben den Einsatz externer Unterstützung sinnvoll erscheinen lassen.[4] Dies gilt insbesondere dann, wenn die Controlling-Schleife voll geschlossen werden und aus einem Berichtswesen ein effektives Steuerungsverfahren (mit all seinen Konsequenzen für die Beteiligten) abgeleitet werden soll.

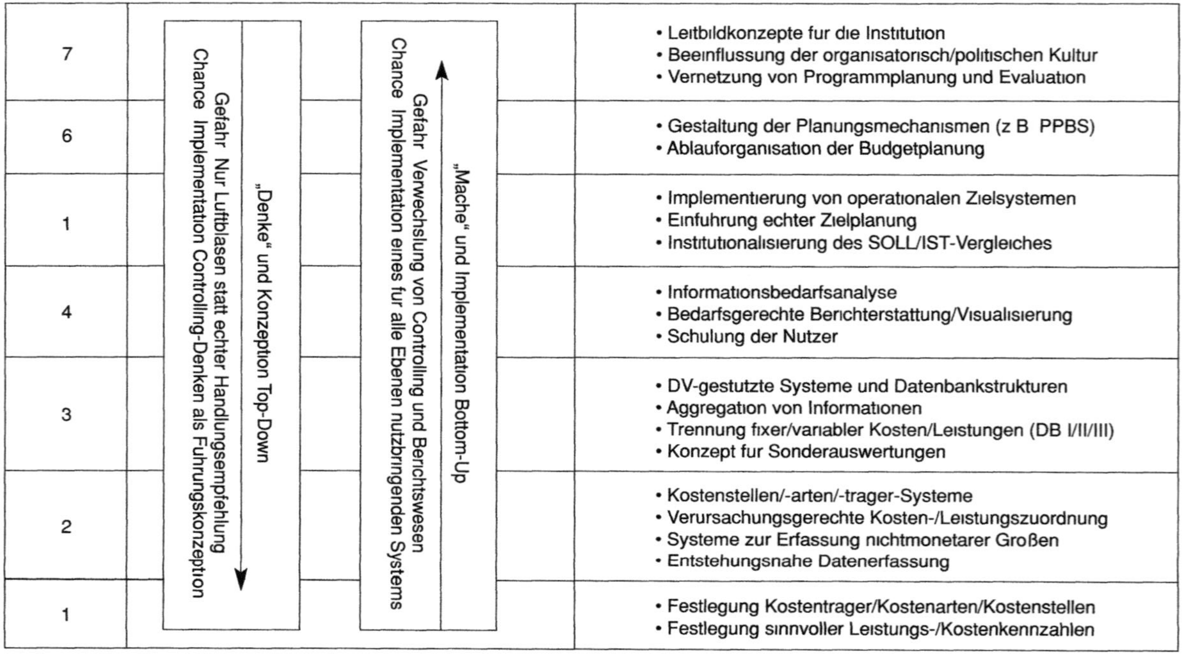

• Leitbildkonzepte für die Institution • Beeinflussung der organisatorisch/politischen Kultur • Vernetzung von Programmplanung und Evaluation	• Gestaltung der Planungsmechanismen (z. B. PPBS) • Ablauforganisation der Budgetplanung	• Implementierung von operationalen Zielsystemen • Einführung echter Zielplanung • Institutionalisierung des SOLL/IST-Vergleiches	• Informationsbedarfsanalyse • Bedarfsgerechte Berichterstattung/Visualisierung • Schulung der Nutzer	• DV-gestützte Systeme und Datenbankstrukturen • Aggregation von Informationen • Trennung fixer/variabler Kosten/Leistungen (DB I/II/III) • Konzept für Sonderauswertungen	• Kostenstellen/-arten/-träger-Systeme • Verursachungsgerechte Kosten-/Leistungszuordnung • Systeme zur Erfassung nichtmonetärer Größen • Entstehungsnahe Datenerfassung	• Festlegung Kostenträger/Kostenarten/Kostenstellen • Festlegung sinnvoller Leistungs-/Kostenkennzahlen	
			„Mache" und Implementation Bottom-Up Gefahr: Verwechslung von Controlling und Berichtswesen Chance: Implementation eines für alle Ebenen nutzbringenden Systems				
			„Denke" und Konzeption Top-Down Gefahr: Nur Luftblasen statt echter Handlungsempfehlung Chance: Implementation Controlling-Denken als Führungskonzeption				
7	6	1	4	3	2	1	

Abbildung 49: Schichtmodell für Controlling-Strukturen im öffentlichen Sektor

Projektbezogene Organisationsstrukturen

Die zunehmende Vernetzung von Handlungswirkungen verlangt das effektive Zusammenspiel unterschiedlicher Organisationseinheiten (Ressorts, Ämter, Abteilungen) der Verwaltung. Die klassische Aufbauorganisation ist hier nicht nur wenig hilfreich, sie wird teilweise (durch lange Abstimmwege und Ressortegoismen) sogar zum Hindernis. Benötigt werden also neue Formen des Managements, die der steigenden Komplexität gerecht werden und in der Lage sind, Kompetenz über die Grenzen der organisatorischen Einheiten hinweg zu bundeln und Entscheidungen zeitnah zu treffen.

Hierfur mussen neben die klassischen, statischen „Palastorganisationen", die vor allem auf die Bewaltigung des laufenden Routinegeschaftes ausgerichtet sind, ressortubergreifende „Zeltorganisationen" gestellt werden. Die Fuhrung erfolgt nach den Prinzipien des Projektmanagements (vgl. Abbildung 50).

Um die Organisationseinheiten effektiv und effizient zu fuhren, sind dabei eine Reihe von Bedingungen zu erfullen:

- Hochrangige verwaltungsinterne Projektleitung mit starken Kompetenzen.

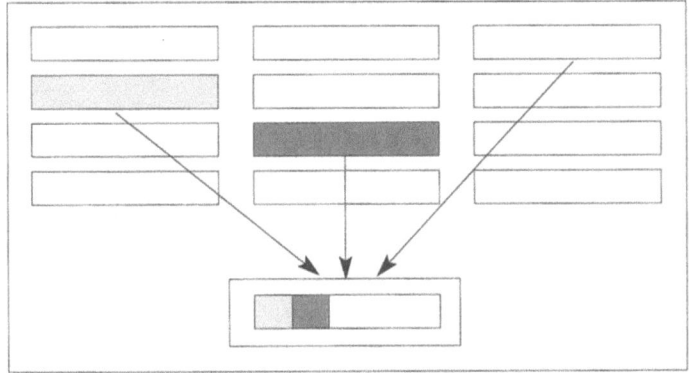

Abbildung 50· Fuhrung nach dem Prinzip des Projektmanagements

- Entscheidungen im Ressourcen- und Personalbereich erfolgen projektintern.
- Zugriff auf Ressourcen der „Palastorganisation" muß möglich sein.
- Effektives Projektcontrolling mit Berichtspflicht an die oberste Fuhrungsebene.

Ebenso wie diese strukturellen Bedingungen zu schaffen sind, mussen auch projektbezogene Ablauf- und Arbeitsstrukturen realisiert werden.[5] Dabei ist festzustellen, daß in der Ausbildung von Fuhrungskraften fur den offentlichen Bereich derartiges Wissen praktisch nicht vermittelt wird. Folglich erscheint sowohl die Strukturierung wie auch die Begleitung von Projekten als eine Aufgabe, fur die zweckmaßigerweise auf externe Berater zuruckgegriffen wird.

Leitbild und Organisationskultur

Zu den Grundproblemen der Verwaltung gehort das verbreitete Fehlen von Leitbildern fur das eigene Tun und eine allein innenbezogene, haufig wenig positive Unternehmenskultur. Doch gerade in der Verwaltung hat der Aufbau von Kulturen und Leitbildern eine besondere Bedeutung:

- gerade weil das „okonomische" Motiv in der Leistungserbringung fehlt,
- gerade weil den Strukturen des offentlichen Dienstes psychologische Mechanismen innewohnen, die die „innere Kundigung" aus Unterforderung und das gemeinschaftliche Bilden von Leistungsverweigerer-Gruppen besonders fordert,
- gerade weil es erforderlich scheint, auch die Systeme der Zielbildung zu steuern und von den Zielsetzern (Politik, Verwaltungsspitzen) im Sinne eines okonomischen Managements mehr deutliche Fuhrung und klare Richtungsentscheidungen zu verlangen. Bisher wurde dies weder gelernt noch war es bei den Betreffenden erwunscht.

Neue Leitbildkonzepte müssen dazu führen, daß nicht mehr die „Ordnungsmäßigkeit", sondern die Effektivität und Effizienz der Leistung bestimmendes Kriterium der Arbeit einer Verwaltung ist. Hierzu muß die gesamte Qualifikation, Kreativität und Motivation der Mitarbeiter genutzt werden. Um die Mitarbeiter auch innerlich auf diese Ziele verpflichten zu können, ist es unverzichtbar, ihnen über die harten Organisationsfaktoren hinaus Werte und Leitvorstellungen zu vermitteln. Große Unternehmen tun dies seit langem und haben auch den ökonomischen Wert von Leitbildern und Unternehmenskulturen erkannt.[6]

Der Bürger, gleichermaßen als „Kunde" wie auch als „Eigentümer" der Organisation „Verwaltung", muß bei einem solchen Leitbild in den Mittelpunkt der Überlegungen gestellt werden. Strategien und Aufgaben der Verwaltung müssen sich diesem Leitbild unterordnen. Auf der anderen Seite steht die Frage nach dem „Wie" der Aufgabenerfüllung. Hier muß innerhalb der Verwaltung deutlich werden, warum etwas wie gemacht wird – und daß sich die Arbeit im Rahmen eines organisationskulturellen Gesamtkonzeptes vollzieht.

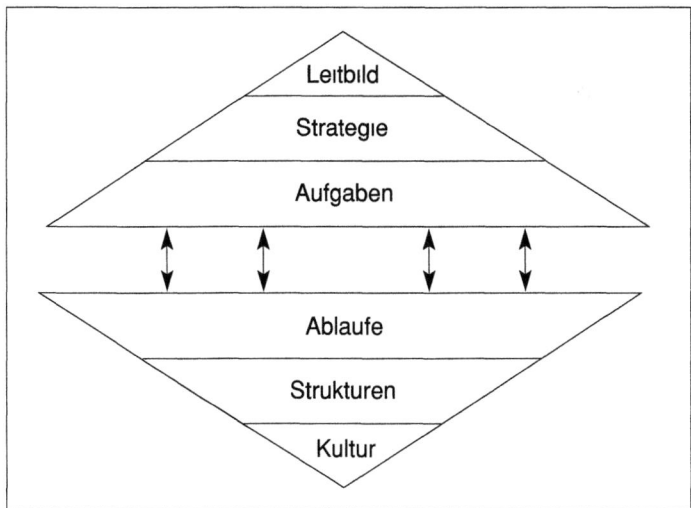

Abbildung 51: Leitbild und Organisationskultur

Aufgabe des Mitarbeiters ist es, für den Bürger bestmögliche Leistung (nach Qualität, Kostengünstigkeit, Freundlichkeit usw.) zu erbringen. Hiernach wird er bewertet, dies macht – unabhängig von allen finanziellen Elementen – seinen Erfolg aus. Elemente eines solchen Leitbildes können sein:

- Nutzerorientierung,
- Optimierung und Beschleunigung der Abläufe,
- Wirtschaftlichkeit,
- Delegation von Verantwortung und Nutzung von Verantwortungsspielräumen.

Diese Leitvorstellungen müssen sich freilich auch auf die Politik übertragen. Sie trägt eine hohe Verantwortung bei der Bildung von Leitvorstellungen. Dies gilt insbesondere für den kommunalen Bereich. Auf jeden Fall muß auch sie sich an entsprechenden Leitvorstellungen orientieren, darf sich nicht selbst aus der Verantwortung herausziehen. Daß diese Leitvorstellungen bei sich ändernden Mehrheiten wechseln werden, ist dabei selbstverständlich – aber sie sollten sich nicht täglich ändern.

Freilich: Es geht nicht an, von den Mitarbeitern Sparsamkeit zu verlangen, wenn andererseits ohne Rücksicht auf Kosten und Folgekosten, vielfach nur mit Verweis auf Zuschüsse anderer Ebenen, Kosten verursacht werden. Der Wildwuchs der Beratungsdienste und wenig genutzter, folgekostenträchtiger Denkmäler (Schwimmbäder, Stadthallen etc.) ist ein typisches Resultat von Entscheidungen ohne Verantwortung. Hier muß die Politik Leitbilder sowohl gestalten als auch vorleben.

Aber vielfach sind die von der Top-Ebene geschriebenen Leitbilder nicht die Leitbilder der Mitarbeiter, oder sie sind so weit von der Realität entfernt, daß sie unerreichbar und entmutigend wirken.

Neben den Leitbildüberlegungen müssen andererseits auch Fragen der Organisationskultur behandelt werden. Die Frage, wie eine Organisation mit sich und ihrer Klientel umgeht, hat erhebliche Bedeutung für das Ansehen des Arbeitsplatzes im öffentlichen Dienst und für das Ansehen des öffentlichen Dienstes beim Bürger.

Elemente des Wandels im öffentlichen Sektor 303

Die Unerfahrenheit der Verwaltungsführungen mit der Thematik Leitbild und Kultur erfordert den Einsatz „Externer" im Prozeß der Entwicklung und Verbreitung von Leitvorstellungen und Kulturen. Der Prozeß der Leitbild- und Kulturentwicklung ist vor diesem Hintergrund ein typischer Moderationsprozeß mit folgenden Elementen:

- Erfassen von Ist-Situation und Defiziten/Problemen.

- Diskussion eines Soll-Leitbildes (als grundlegende Zielvorstellung) auf verschiedenen Ebenen und mit verschiedenen Beteiligten.

- Arbeitsgruppenbezogene Diskussion und Entwicklung der Leitvorstellungen mit den Mitarbeitern und Führungskräften.

- Abstimmung mit der Führung.

- Kommunikation an die Mitarbeiter.

- Entwicklung und Einsatz leitbild- und kulturfordernder Instrumente und Maßnahmen.

Dabei muß vielfach zunächst verdeutlicht werden, daß Leitbilder und positive Organisationskulturen nicht „Spielerei" sind, sondern sehr viel Einfluß auf die wirtschaftliche Führung und die Leistungsfähigkeit der Verwaltung haben. Dies wird zum Beispiel in der Beschleunigung von Entscheidungen oder der Entlastung der Führung von Einzelfallaufgaben deutlich, die die Mitarbeiter – leitbildkonform – ohne Detailanweisung erledigen. Der Aufwand für interne Steuerung, Zwischenführungskräfte und Abstimmungsprozeduren kann deutlich sinken.

Führung, Motivation und Personalentwicklung

Personal ist der teuerste Produktionsfaktor im öffentlichen Bereich und zugleich der am schlechtesten gemanagte. Dies wird deutlich an verschiedenen Indikatoren. Ein Indikator dafür sind hohe Fehltagezahlen vor allem im mittleren und einfachen Dienst physisch niedrig belasteter Verwaltungsfunktionen.

Motivationsbedingte höhere Krankheitsquoten, Absentismus und die „innere Kündigung" können dabei sehr direkt in Mitarbeiterzahlen und Kosten umgerechnet werden. Bei rund 6 Millionen Beschäftigten im öffentlichen Dienst wurde eine motivationsinduzierte Reduktion der Krankheitstage um einen Tag à 7,5 Stunden und einem angenommenen durchschnittlichen Stundensatz für Arbeitsplatzkosten von nur DM 50 zu einer Aufwandsminderung von 2,25 Milliarden DM p.a. führen. Das ist der Preis, den der öffentliche Sektor und damit der Steuerzahler für Führungs- und Motivationsmangel zahlt.

Grundsätzlich sind die Mitarbeiter des öffentlichen Dienstes hervorragend für ihre Aufgaben vorbereitet – und haben häufig genug sogar eine bessere formale Qualifikation als vergleichbare Mitarbeiter in der Privatwirtschaft. Warum gelingt es dem System „öffentlicher Sektor" so schlecht, all das mögliche Engagement und die vorhandene Motivation nutzbar zu machen?

Motivation kann in der Verwaltung in Anbetracht der Vorgaben des öffentlichen Dienstrechtes fast nur „intrinsisch", das heißt über das Interesse an der Aufgabe, erzeugt werden. Leistungsanreize monetärer Art sind so gut wie ausgeschlossen.[7] Auch die Bewertung der Funktionen des öffentlichen Dienstes an sich ist vielfach überaus zweifelhaft und bedürfte – eigentlich – einer Veränderung.[8] Führungskräfte müssen in einem solchen System lernen, ihren Mitarbeitern Werte und Interesse an der Arbeit zu vermitteln. Das geht überall, sogar im Einwohnermeldeamt. Begriffe in diesem Zusammenhang sind:

- Job enrichment (Anreicherung der Tätigkeit um zusätzliche höherwertige Elemente).
- Job enlargement (Ausweitung des Tätigkeitsrahmens um zusätzliche gleichwertige Elemente).
- Job rotation (Kennenlernen anderer Tätigkeiten durch turnusmäßigen Wechsel von Beschäftigten zwischen Dienststellen).
- Qualitätszirkel (gemeinschaftliche Entwicklung von Überlegungen zur Verbesserung von Abläufen und der Ergebnisqualität über den eigenen Arbeitsplatz hinaus).

Elemente des Wandels im öffentlichen Sektor 305

Auf lange Sicht muß motivationsstutzende Politik jedoch mit einem qualifizierten Personalentwicklungssystem kombiniert werden, das den Mitarbeitern der Verwaltung eine wirkliche Perspektive gibt und andererseits den Bedarf der Verwaltung nach qualifiziertem Personal deckt.[9]

Personalentwicklungssysteme für die Verwaltung müssen dabei – wie in der Privatwirtschaft – ausgehend von den Anforderungen der Verwaltung und den Bedürfnissen der Mitarbeiter umfassend „durchkonstruiert" werden (vgl. Abbildung 52).

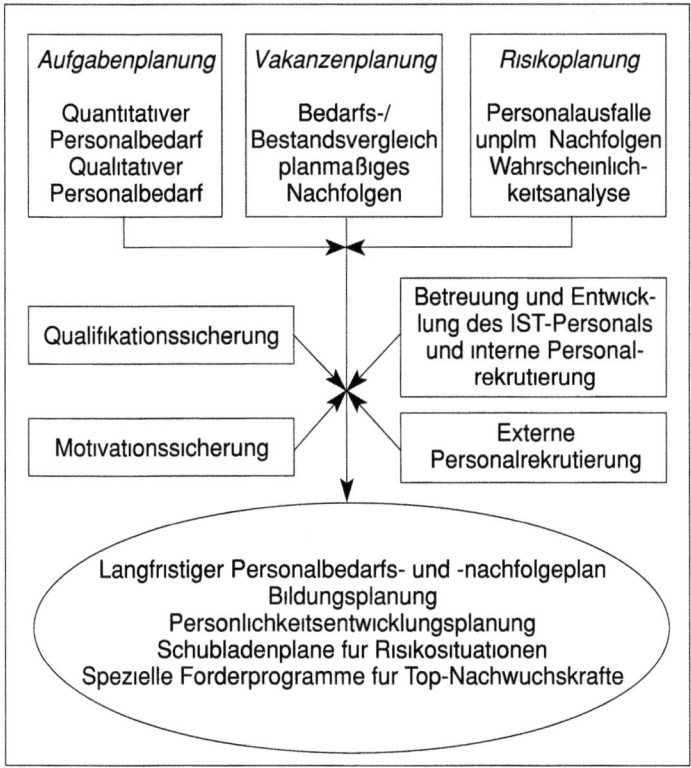

Abbildung 52: System der Personalentwicklung

Personalentwicklungs-Systeme müssen freilich auch umsetzbar und durchsetzbar sein. Dies bedarf sowohl einer (qualitativen) Verbesserung des Personalmanagements wie auch eines Umdenkens bei politischer Führung und Personalvertretungen.

Qualitätsmanagement

Zu den größten Problemen der Verwaltung gehort der Umgang mit dem Thema Qualität. Die Strukturen des offentlichen Sektors sind nicht auf umfassende Qualitatsorganisation angelegt, sondern auf arbeitsplatzbezogene Ordnungsmäßigkeit. Damit endet die Diskussion um Qualitat vielfach an der „Schreibtischkante des Sachbearbeiters", der zwar seine eigene Aufgabe einwandfrei erledigt, nicht aber die Frage der ganzheitliche Losung im Sinne des Burgers (oder verwaltungsinternen Kunden) im Auge hat. Insbesondere wird ein Qualitatsfaktor fast nie berucksichtigt – der Qualitatsfaktor „Zeit". Typische Probleme ergeben sich zum Beispiel

- in der Justiz – wenn Akten (kumuliert) wochenlang auf dem Wagen des Justizwachtmeisters von Station zu Station hin- und hergefahren werden,
- in der Bauordnungsverwaltung – wenn Bauantrage ziellos zwischen den Beteiligungsbehorden hin- und herpendeln und sich fur die zeitgerechte Beendigung des Verfahrens eigentlich niemand verantwortlich fuhlt.

Typische Probleme aus der Sicht der Burger ist die lange Dauer von Baugenehmigungsverfahren, von Fristen fur die Bearbeitung irgendwelcher Antrage oder von Antwortzeiten bei Anfragen etc. Aber auch verwaltungsintern ergeben sich Probleme aus der Nichtberucksichtigung des Faktors Zeit. Auch hier ist, wie so oft, nicht der individuelle Mitarbeiter schuld, sondern eine „Denke", die die okonomische Bedeutung des Faktors Zeit traditionell nicht zur Kenntnis nimmt und demzufolge nichts unternimmt, um den „kritischen Pfad" eines Ablaufes zu verkurzen. Doch andererseits liegt gerade hier eine der größten „Sparkassen" fur die Gewinnung von

Elemente des Wandels im öffentlichen Sektor

Goodwill beim Bürger, denn oft sind Maßnahmen zur Ablaufbeschleunigung überaus einfach.

Ein echtes Qualitätsmanagement muß dabei an den Ursachen von Qualitätsdefiziten ansetzen. Als derartige Ursachen finden wir regelmäßig:

- Unkenntnis der Ziele des Handelns und fehlendes Interesse an den Zielen der „Nutzer",

- falsche, das heißt nur einzelplatzbezogene inhaltliche Qualitätsvorstellungen, die die Qualität des Gesamtprozesses außer Acht läßt,

- internen Gruppendruck der jeweiligen Organisationseinheiten,

- allgemeines Desinteresse an der Tätigkeit, zum Teil noch gefordert durch das Wissen um die Existenz zusätzlicher Kontrollinstanzen, die die eigenen Fehler ja schon richten werden. (Auch ATV- oder TÜV-Effekt: Das leichte Korrigierenkonnen in der Textverarbeitung reduziert die Sorgfalt der Schreibdame; das defekte Auto wird zum TÜV gefahren, um dann ausschließlich die Fehler zu beheben, die gefunden wurden.

Qualitätsmanagement in der Verwaltung kann sich dabei keineswegs auf den Nebenkriegsschauplatz „Qualitätskontrolle" zurückziehen. Es muß Qualität im Gesamtprozeß sichern und darf sich nicht darauf beschränken, Qualitätsmängel nachzubessern (beim Faktor Zeit geht dies ohnehin nicht).

Fehlleistungskosten werden vor diesem Hintergrund auch zum Thema für die Verwaltung, die es sich in Zeiten finanzieller Knappheit nicht leisten kann, 10 Prozent und mehr ihrer Ressourcen für das Managen oder „Ausbügeln" von unnötigen Fehlleistungen zu verwenden – ganz unberücksichtigt dabei die analogen Probleme bei den „Nutzern" der Verwaltungsleistungen.

„Total Quality Management" ist in Anbetracht dieser Probleme nicht nur ein Thema für die Industrie, sondern genauso sehr ein Thema für den gesamten Dienstleistungsbereich, insbesondere die öffentliche Verwaltung. Dabei muß über das Thema „Qualitätsprüfung" weit hinausgegangen werden: Ansätze von „Kaizen"[10] und „Quality Circle", mit denen man Qualität und Effektivität von Prozeßbeginn an sichern (statt am Ende des Prozesses prüfen) kann, müssen sehr viel stärker als bisher genutzt werden.

Ausgehen muß dieses System der Qualitätssicherung von der Frage, was aus der Sicht der „Kunden" einer Verwaltung überhaupt Qualität ist – und was unnötiges Beiwerk ist, in das weder Zeit noch Geld investiert werden muß.

Ansätze eines Systems der Qualitätssicherung können dabei vier ganz einfachen Grundlinien folgen:

- *Linie 1 Vereinfachung* Was niemand anfaßt, kann auch nicht falsch gemacht werden: Alle Ansätze der Vereinfachung und Automatisierung von Abläufen müssen genutzt werden. In der Qualitätsorganisation sind deshalb die Strukturen und die Abläufe „minimiert", sie ist die „Lean Organization" an sich.

- *Linie 2. Ziele und Leitbilder* haben, wissen, warum etwas gemacht wird und welche Qualität erwartet wird. Wer um die Ziele und Inhalte seiner Arbeit (und der Gesamtorganisation) weiß, arbeitet fehlervermeidend und qualitätsmaximierend. Denn er kann im Zweifelsfall Unklarheiten und Fehler erkennen und im Sinne des Zieles berichtigen.

- *Linie 3 Kommunikation* Über die Organisationsentwicklungs-Grenzen miteinander sprechen und die Abläufe ganzheitlich kennenlernen. Wer um den Gesamtprozeß und die vor- und nachgelagerten Abläufe weiß, kann zur ganzheitlichen Ablaufoptimierung beitragen. Denn er lernt kennen, was zum Beispiel sein Ablauf-Nachfolger wirklich braucht und wie er die Arbeitsergebnisse seines Ablauf-Vorgängers einzuschätzen hat.

- *Linie 4 Motivation* Qualität zum Thema machen, intrinsische und extrinsische Motivation. Nur eine Verwaltung, die ihren Mitarbeitern die Bedeutung ganzheitlicher Qualität (an Stelle stellenbezogener „Ordnungsmäßigkeit") vorlebt, sie intrinsisch oder (durch Geld/Beförderungen) motiviert, kann das Qualitätsprogramm durchsetzen. Dabei erscheint extrinsische Motivation über „bessere Stellen" möglich: Die Qualitätsverwaltung wird weniger, aber dafür bessere Stellen haben als die Verwaltung alten Stils – ein Positivsummenspiel also für Beschäftigte und Verwaltung.

Dies umzusetzen ist freilich nicht so einfach. In der Verwaltung ist dabei zum Teil massives Umdenken erforderlich.

Was wir damit aber schaffen können, ist eine neue Form von „Qualitätskultur", die wir der Kultur der inneren Kündigung gegenüberstellen. Die Umsetzung solcher Ansätze in die Praxis kommt für viele Bereiche der öffentlichen Verwaltung einer Kulturrevolution gleich. Aber eine derartige Kulturrevolution ist notwendig – und sie kann zumeist nur mit Hilfe „Externer" angestoßen und durchgesetzt werden.

Umsetzung des Wandels – Vom Dekret zur Partizipation

Es ginge nicht an, die bereits angedeuteten Elemente des Wandels per Erlaß einzuführen und ihre Umsetzung zu erzwingen. Auch in dieser Hinsicht besteht Wandlungsbedarf. Die Neugestaltung der Verwaltungen muß sich dabei immer mehr von den Prinzipien der Organisationsentwicklung leiten lassen. Am Beispiel der Umgestaltung eines großen Krankenhausbetriebes mit mehreren Häusern seien die entsprechenden Prinzipien erläutert.

Ziel des Projektes war es, dem Betrieb mit einer sehr ausgebauten Führungsorganisation und einer starken Zentrale dezentralere Leitungsstrukturen zu geben – und zwar nicht von oben herab, sondern unter weitestgehender Beteiligung aller Führungskräfte und der Personalvertretungen.

Die Projektorganisation hierfür bestand aus einem (übergeordneten) Lenkungsausschuß, einer Reihe von Organisationsentwicklungsgruppen (OE-Gruppen) und dem Arbeitsteam der Berater. Im Lenkungsausschuß waren vertreten:

- der Träger,
- Vertreter der gemeinsamen Geschäftsführung,
- Vertreter der Berufsgruppen (je ein ärztlicher Leiter, Pflegedienstleiter und kaufmännischer Leiter) in den einzelnen Häusern,
- Vertreter der Personalvertretung.

Die Lenkungsgruppe hatte die Aufgabe, die Grundlinie des Projektes zu bestimmen (ohne in Details einzugreifen) und die Abstimmung der Ergebnisse der einzelnen OE-Gruppen sicherzustellen. Die OE-Gruppen bestanden aus fünf bis sieben Personen – Führungskräften, Mitarbeitern und Personalvertretern – aus Krankenhäusern und Leitungsbereichen; sie entwickelten mit Unterstützung und Moderation durch die Berater Elemente einer neuen Organisationsstruktur. OE-Gruppen wurden unter anderem zu den folgenden Themen gebildet:

- Geschäftsordnungen der Gremien,
- Aufgabenverteilung, Führungsorganisation,
- Information,
- Personalbedarf, Stellenbeschreibungen, Anforderungsprofile,
- interne Konfliktbewältigung,
- Motivationsmechanismen,
- Controlling,
- Leitbild, Organisationskultur.

Die Gruppen diskutierten ihre Themenbereiche über einen Zeitraum von rund einem dreiviertel Jahr in zum Teil auch kontroverser Form, wobei Zwischenergebnisse immer wieder im Lenkungsausschuß vorgestellt wurden. Die Gruppen wurden dabei moderiert von Beratern, die zu Beginn der Untersuchung in einer vorangezogenen „Explorationsphase" durch eine Serie konzentrierter Interviews und Fragebogenerhebungen die wichtigsten Grunddaten für die Diskussion gesammelt und für jede OE-Gruppe als „Starthilfe" eine fachliche Arbeitsvorlage erarbeitet hatten.

Insgesamt waren rund 30 Mitarbeiter des Betriebes sehr intensiv, im Rahmen von Diskussionen außerhalb der OE-Gruppen nochmals über 100 Mitarbeiter intensiv in den Veränderungsprozeß involviert und leisteten jeweils ihren Beitrag dazu. Das bedeutete das Einbeziehen praktisch der gesamten Führung der ersten bis dritten Ebene und der Personalvertretungen.

Am Ende des Prozesses waren vor allem zwei Ergebnisse interessant – ein mehr inhaltliches und ein mehr psychologisches:

1. Es hatten sich Ansätze für eine massive Änderung der Führungsstruktur und des Managementstils ergeben, die sich insbesondere in einer erheblichen Verschlankung des Zentralbereiches und der Übertragung von Aufgaben an das operative Management auf der unteren Ebene darstellten. Eine Reihe von Arbeitsergebnissen wurde dabei bereits während des OE-Prozesses umgesetzt.

2. In dem rund ein Jahr laufenden Prozeß hatten sich darüber hinaus andere Strukturen der internen Kommunikation und Konfliktlösung ergeben. Die Diskussionen wurden allgemein offener, das Verständnis für die Problematik des Gesamtbetriebes war bei allen gewachsen. Bisher tabuisierte Defizite und Handlungsbedarfe konnten nunmehr angesprochen, Veränderungsansätze diskutiert werden.

Zweifellos ist dabei der Prozeß der Organisationsentwicklung erheblich aufwendiger als das Schreiben eines Gutachtens. Doch in der Umsetzung zeigt sich, daß die Bemühungen um Diskussion, Verständnis und Konsens nicht umsonst sind und daß Betroffene, die zu Beteiligten geworden sind, mit hohem Engagement und Veränderungswillen die Probleme ihrer Strukturen besser meistern können als ferne Stabsstellen. Die Lehre aus dem Krankenhausbetrieb ist ohne Zweifel umsetzbar auf alle anderen Bereiche der öffentlichen Verwaltung.

Konsequenzen

Veränderung durch Dezentralität und Mitarbeiterorientierung

Überlegungen zur Veränderung des öffentlichen Sektors müssen in der Folge der oben dargestellten Überlegungen auf einen Ausgleich von eher „harten" und eher „weichen" Faktoren hinwirken – und dies unter der Prämisse wettbewerbsorientierter, dezentraler Strukturen. Dies heißt auf der Seite der „harten" Faktoren: Die Schaffung von Systemen dezentraler Ressourcenverantwortung und – spiegelbildlich – eines effektiven (sachzielorientierten) Verwaltungscontrolling. Auf der anderen Seite bedeutet dies, daß Leitbild- und Kulturkonzepte eine zunehmende Bedeutung für die Führung gewinnen.

Im Mittelpunkt zukünftiger Organisationskonzepte des öffentlichen Sektors stehen aber die Mitarbeiter. Wir müssen der Komponente „Personal" viel mehr Bedeutung schenken als bisher. Ein adäquates Management der teuersten Ressource des öffentlichen Sektors ist geboten.

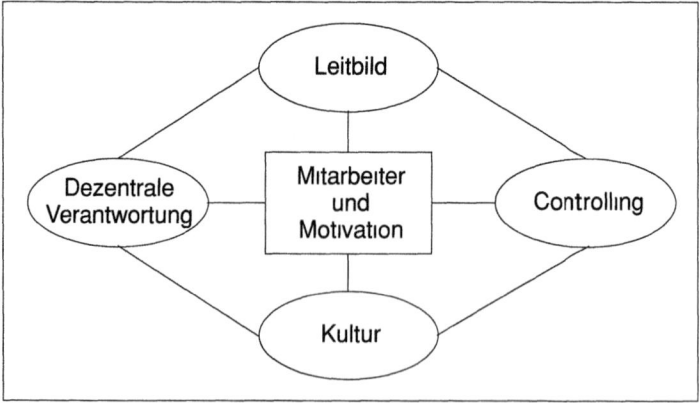

Abbildung 53: „Kraftfeld" für Verwaltungsreformen

Veränderung als Prozeß

Die Weiterentwicklung von Organisationsstrukturen und -abläufen im öffentlichen Bereich muß, will sie wirkliche und nicht nur Scheinerfolge erzielen, neue Methoden wahlen. Die bisherige Verfahrensweise des Erstellens umfassender (Pruf)-Gutachten erweist sich als zunehmend unproduktiv. Der typische Gutachtenprozeß mit:

- externer Analyse mit extremem Aufwand in Details,
- externer Bewertung des IST-Zustandes und der Leistung der internen Akteure,
- Nutzung der Ergebnisse zur Schuldzuweisung,
- externer Konzeption von Veranderungen,
- Gegenreaktion der Untersuchten durch Detailkritik,
- Blockade der Konzeptumsetzung

fuhrt zu nicht endenden Guerrilla-Kriegen in der Administration. Der Ausweis von künftig wegfallenden Stellen als Nachweis von Rationalisierungspotentialen endet in Frustration der Betroffenen einerseits und letztendlichem Nichtumsetzen der Konzepte andererseits.

Letztlich bringen die Gutachten – unabhängig, ob von interen Organisationsstellen oder externen Beratern – den Prozeß der Reform des öffentlichen Sektors also nur dann weiter, wenn

- tatsächlich im wirtschaftsprüferlichen Sinne etwas/jemand „gepruft" wird,
- grundlegend neue Erkenntnisse erarbeitet werden,
- Denkanstoße und neue, kreative Ideen fur die fernere Zukunft gefragt sind.

Manchmal ist hier sogar gerade die Expertise des „Nicht-Fachmannes" erforderlich, um neue und alternative Ideen voranzubringen. Zur Fortentwicklung von Organisationen leisten „Externe" aber nur etwas, wenn

- der Gedanke der „Prufung" und Schuldzuweisung weitgehend zuruckgedrangt wird,

- die Interessen und das Wissen der interen Beteiligten berucksichtigt werden.

Wirksame Ansatze zur Veränderung werden sich zunehmend den Konzepten der Organisationsentwicklung annahern. Dies bedeutet:

- Externe Kompetenz als „vertrauenswurdigen" Moderator und Sachkundigen fur besondere Themen hinzuziehen.
- Von Anfang an mit den Betroffenen und nicht gegen oder über sie arbeiten.
- Die Betroffenen in Analyse und Konzeptentwicklung einbeziehen und von ihren Erfahrungen lernen.
- Im Organisationsentwicklungsprozeß zugleich einen Kommunikations-, Motivations-, Lern- und Akzeptanzprozeß sehen.

Diese Prozesse sind deutlich aufwendiger als das Schreiben von Gutachten und stellen an die internen Beteiligten und den Berater die hochsten – auch psychologischen – Anforderungen. Sie sind ohne externe – fachlich und prozessual qualifizierte – Begleitung kaum moglich. Sie sichern aber wie kein anderer Weg die Umsetzung der entwickelten Konzepte.

Anmerkungen

1 Soweit in diesem Text auf konkrete Projekte der Kienbaum Unternehmensberatung GmbH namentlich Bezug genommen wird, so ist diese Bezugnahme vom Auftraggeber autorisiert, die angegebenen Tatsachen sind an anderer Stelle veröffentlicht, beziehungsweise die Berichte liegen in veröffentlichter Form vor.

2 Reine Privatisierungsstrategien stoßen an ihre Grenzen bei der Bereitstellung offentlicher oder meritorischer Guter, naive Controllingkonzepte versagen bei komplexen Dienstleistungen; Motivations- und Personalentwicklungsstrategien sind verfehlt, wenn nicht die Nebenbedingungen des Dienstrechtes und politische Nebenbedingungen bei Stellenbesetzungsentscheidungen etwa im kommunalen Raum berucksichtigt werden usw.

3 Die populare Beamtenschelte ist in diesem Zusammenhang Unfug – die Regelungen und Starrheiten im Dienstrecht der Angestellten und Arbeiter, die den uberwiegenden Teil des offentlichen Dienstes ausmachen, sind zum Teil noch viel ubler und kontraproduktiver als die Regelungen des Beamtenrechtes.

4 Vgl. hierzu Koetz, Rolle von Beratungsunternehmen in der Controlling-Entwicklung offentlicher Institutionen, Workshop-Vortrag, 4. Kongreß fur Controlling in offentlichen Institutionen, Berlin 18./19. Marz 1991.

5 Dies wird beschrieben etwa bei Wirtz/Mehrmann, Effektives Projektmanagement, Dusseldorf/Wien 1992.

6 Grundsatzlich sind diese Uberlegungen auch in der offentlichen Verwaltung nicht neu. Beispielhaft seien ein Leitbild der Hamburger Finanzbehorde oder des Krankenhauses Hamburg-Altona genannt. Auch in anderen Verwaltungen existieren bereits entsprechende Konzepte – werden aber vielfach von Fuhrungskraften und Mitarbeitern noch nicht ernstgenommen. Behorden mit besonders hohem Leitbildbedarf, etwa die Bundelungsbehorde Regierungsprasident, weisen hier nach wie vor erhebliche Defizite auf.

7 Konstrukte wie ein „BAT-MF" („Marktwirtschaftliche Fassung") sind zwar in der Diskussion, haben jedoch noch eher

exotischen Wert. Im Beamtenrecht ist keine Entwicklung zur Leistungsorientierung absehbar.

8 Dies ergab sich sehr deutlich in einer Studie zur „Funktionsbewertung der Polizei". Studie im Auftrag des Innenministers des Landes NRW, 1991.

9 Die Vergutungs- und Besoldungsthematik ist hier ausgespart, da sie trotz massiven Handlungsbedarfs nicht zur Disposition steht. Demotivierend muß auf jeden Fall die Leistungsfeindlichkeit wirken: Setzen wir zum Beispiel Grundgehalt und Ortszuschlag der Besoldungs-Gruppe A 9, 1. Dienstaltersstufe, ledig, mit 100 Prozent an, dann führt der hypothetische Sprung nach A 12 in der gleichen Dienstaltersstufe zu einem Betrag von 128 Prozent, dagegen die Erreichung der 13. Dienstaltersstufe zu einem Betrag von 136 Prozent (etwa 1–1,5 Prozent Zuwachs je Altersjahr), Heirat bringt 5,7 Prozent Gehaltserhohung und jedes Kind 4,9 Prozent. Zum Teil ist der Effekt des Erreichens einer hoheren Dienstaltersstufe größer als der aus der Beförderung um eine Besoldungsgruppe. Bei Angestellten gilt die Aussage analog.

10 Imai, Kaizen, Der Schlussel zum Erfolg der Japaner im Wettbewerb, Berlin 1993

Reorganisationsprozesse

Fallbeispiel Verbände

von Bernhard Inden

Der Gigant „Gemeinnutzige Organisation" wird vor neue Anforderungen gestellt. Kundenorientierung, Wirtschaftlichkeit und neue Managementtechniken halten auch hier Einzug. Ähnlich wie die Gesundheitsmarkte in Deutschland muß sich auch der Gemeinnutzige Sektor auf grundlegende Reformen gefaßt machen. Ein katholischer Hilfsdienst beschreibt die Wunsche und Barrieren auf dem Weg in die Belétage.

Auf dem Weg zu einer neuen Realität

Als gestreßter Manager kennen Sie das: Das Telefon klingelt unaufhorlich. Die Mitarbeiter stohnen uber zu viel Arbeit und konnen sich nicht einigen, wer fur was zuständig ist. Im Vorzimmer streiten Sekretarin und Referent, wer vor Ihrem nachsten Abendtermin noch einmal kurz mit Ihnen Rucksprache nehmen darf. Wenn Sie spatabends nach Hause kommen, sehen Sie sich nach vergangenen Tagen, als ihre Burotur noch offenstand und ihre funf Mitarbeiter selbstandig arbeiteten. Damals waren Außentermine die Ausnahme. Ihre Familie kannte Sie noch, und die Kinder freuten sich auf einen gemeinsamen Feierabend mit ihrem Vater. Inzwischen aber ist das Unternehmen gewachsen. Die Zahl der Mitarbeiter hat sich vervielfacht. Sie selbst sind kaum noch in der Lage, den Uberblick zu behalten. Und zu allem Uberfluß wird immer mehr Kritik an Sie – den geforderten Manager an der Spitze – herangetragen.

In dieser Situation wird es endlich Zeit, etwas zu unternehmen. Und genau das haben WIR getan. Mit durchschlagendem Erfolg!

„Wir", das ist kein profitables Wirtschaftsunternehmen, sondern eine große karitative Hilfsorganisation, die in drei Instanzen gegliedert ist: Ein Generalsekretariat auf Bundesebene, Diozesen, die sich an die Konturen der kirchlichen Bistumer anlehnen, sowie Dienststellen, die die Arbeit vor Ort erledigen. Dazu zahlen unter anderem Rettungsdienste und Katastrophenschutz und der immer starker werdende Mobile Soziale Hilfsdienst

Vor genau zwei Jahren engagierte unsere Organisation ein unabhangiges Beratungsunternehmen, das uns aus dem „Organisationschaos" herausfuhren sollte. Wir beschreiben hier den Prozeß, den dieses Vorhaben in unserer Kernmannschaft von 20 Personen auf der Diozesanebene ausgelost hat.

Bevor alles begann

Der „Leidensdruck", den unsere Organisation vor der Umstrukturierung bei Vorgesetzten und Mitarbeitern erzeugte, war bisweilen unertraglich. Der tagliche Dienstbetrieb war zu einem mustergultigen gruppendynamischen Lehrbeispiel fur Psychologie-Diplomanden verkommen. Stellenbeschreibungen, Pflichtenhefte, also Mittel, die notwendig sind, um Arbeitsablaufe und Zustandigkeiten innerhalb einer Organisation klarzustellen, waren – wenn uberhaupt vorhanden – aus den sechziger Jahren.

Mitarbeiter stritten uber Kompetenzen, jeder entschied soviel oder sowenig er sich zutraute. Nicht selten arbeiteten mehrere Personen an der gleichen Sache, nur weil sie nicht miteinander kommunizierten. Hierarchien waren vollig ungeklart.

Im einzelnen gliederte sich unsere Organisation wie in Abbildung 54 dargestellt.

Nach dem Geschaftsfuhrer kamen acht Referatsleiter, die die verschiedenen Bereiche wie zum Beispiel Dienstleistung, Marketing,

Bevor alles begann 319

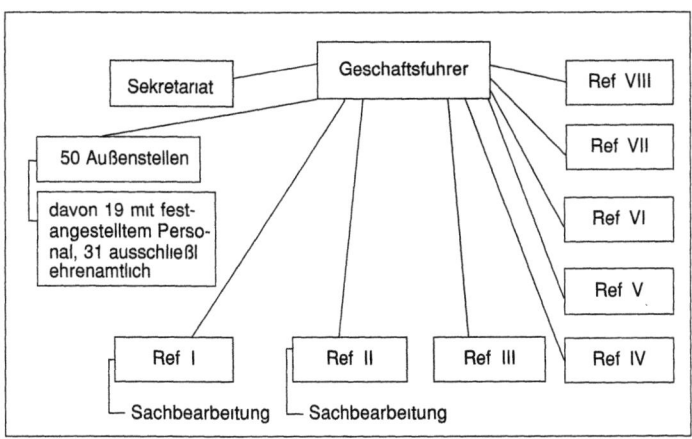

Abbildung 54: Aufbauorganisation vor der Umstrukturierung

Personal, Ausland oder Sonderprojekte betreuten. Ihnen unterstellt waren jeweils ein bis zwei Sachbearbeiter beziehungsweise Zivildienstleistende. Daneben galt das Sekretariat des Geschaftsfuhrers als eigenständige Abteilung. Dem Geschaftsfuhrer unterstanden zudem 50 Außenstellen beziehungsweise Filialen. In 20 dieser Filialen leiteten uneigenstandige Filialgeschaftsfuhrer den Dienstbetrieb. Insgesamt umfaßte die Organisation rund 200 feste Mitarbeiterinnen und Mitarbeiter, sowie eine große Zahl ehrenamtlicher Helfer.

Der Moving-Prozeß

Durch die Reorganisation sollte in unserer Organisation ein mittleres Management zur Entlastung der Geschaftsfuhrung plaziert werden. Folgende Ziele wurden angestrebt:

1. Straffere Organisation und Entlastung des Geschaftsfuhrers.
2. Regelung der Zustandigkeiten.
3. Mehr Planung, weniger Improvisation.

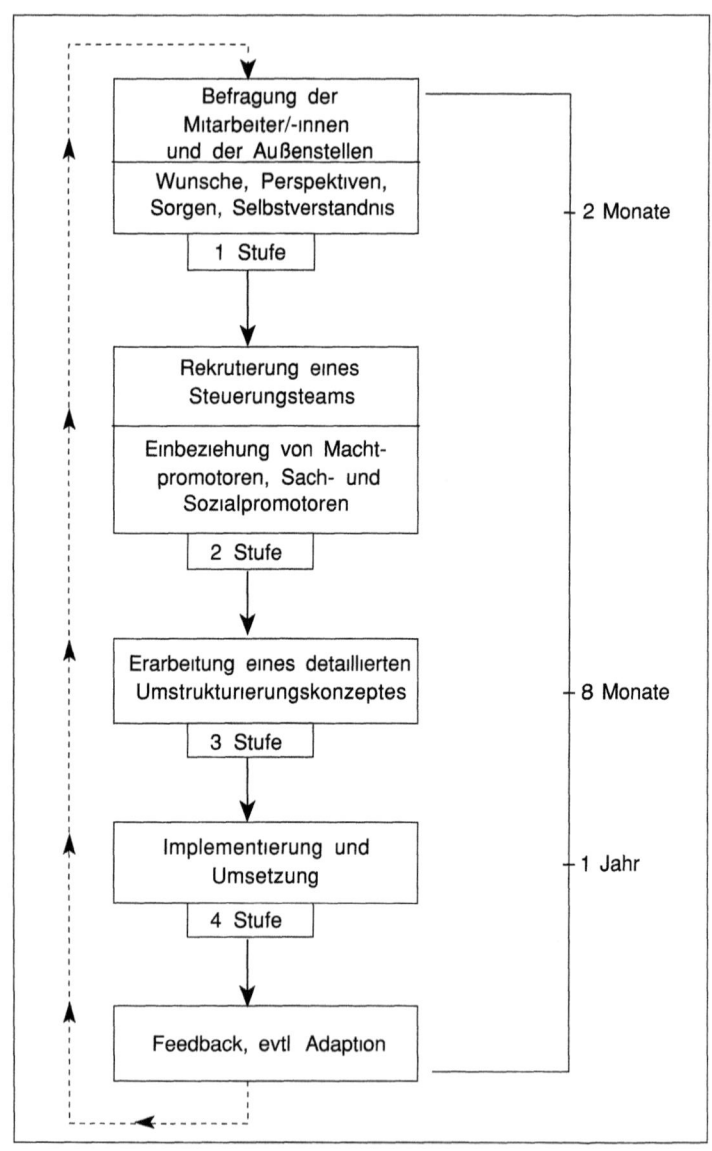

Abbildung 55: Der 4-Stufen-Plan im Moving-Prozeß

4. Starkere interdisziplinäre Kommunikation.
5. Starkere Einbeziehung bestimmter Personen in verantwortliche Aufgaben (Fuhrungsteam).
6. Schaffung von Servicestationen fur die Filialen.
7. Kundenorientierung.

Zu Beginn des Umstrukturierungsprozesses wurden alle 20 Mitarbeiter des zu reformierenden Mittelbaues vom Geschaftsfuhrer zu einem Gesprach uber die geplante Veranderung eingeladen. Dabei erlauterten der Berater beziehungsweise externe Projektleiter, daß der gesamte Prozeß in vier Stufen unterteilt werden sollte (vgl. Abbildung 55).

Befragung der Mitarbeiter und der Außenstellen

Zunachst wurden innerhalb von zwei Monaten alle 20 Mitarbeiter der Diozese in halbstandardisierten Interviews zu ihren Zielen, Wunschen und Sorgen, ihrem Selbstverstandnis und ihren Perspektiven befragt.

Die Auswertung ergab, daß 70 Prozent der Befragten den Beginn der Umstrukturierung begrußten, da sie sich dadurch eine spurbare Verbesserung fur ihren Alltag erhofften. 95 Prozent erwarteten eine klare Trennung der Zustandigkeiten. 50 Prozent der Mitarbeiter standen nach eigenen Angaben fur Fuhrungsaufgaben zur Verfugung, 60 Prozent waren zur Ubernahme weiterer Aufgaben bereit, und 90 Prozent verstanden sich als Teil einer Servicestelle fur die Filialen. Immerhin 20 Prozent sahen sich in Zukunft auf der Position des Geschaftsfuhrers (!).

Aufgrund der Ergebnisse wurden die Mitarbeiter in drei Kategorien eingeteilt:

1. Die Innovationswilligen, die sich in den Prozeß einbringen wollten.
2. Die Unentschiedenen, die jedoch der Umstrukturierung grundsatzlich positiv gegenuberstanden.

3. Die Ablehnenden. Ihre Zahl war sehr gering, allerdings zählte dazu einer der sogenannten „Mind-Leader", der Meinungsmacher der Geschäftsstelle.

Außerdem wurden die 20 Geschäftsführer auf der Kreis- und Ortsebene nach ihren Zielen und Anforderungen an die Diozesangeschäftsstelle in qualitativen Interviews befragt. Die Ergebnisse waren eindeutig: Alle Befragten wünschten sich eine stärkere Unterstutzungs- und Beratungsleistung von der Diozese, vor allem in den Bereichen Finanzen, Schulung und Organisation.

Rekrutierung eines Steuerungsteams

In der zweiten Stufe des Umstrukturierungsprozesses wurde ein sogenanntes Steuerungsteam gebildet. Ihm gehörten der externe Berater, die Unternehmensleiter sowie zwei weitere Mitarbeiter aus unterschiedlichen Hierarchieebenen an. Die beiden wurden von der Geschäftsleitung berufen und erledigten ihre neuen Aufgaben neben der normalen Tätigkeit.

Ähnlich dem Promotorenmodell in Innovationsprozessen (Schwarz 1992) ist auch in Modifikationsprozessen die Einbeziehung verschiedener Standorte, im engen Sinne also Personen, die unterschiedliche Rollen in Organisationen wahrnehmen, notwendig. In unseren Umstrukturierungsprozessen wurde die Rollenverteilung prognostisch vorgenommen und erwies sich in der Folge als Trugschluß.

- Ein *„Machtpromotor"* kann naturgemäß nur die Führungsposition übernehmen. Nur er verfugt über genügend „Macht" und Durchsetzungsvermögen, um die Modifikation umzusetzen. Sein Interesse liegt in der zielgerichteten und effizienten Lösung in möglichst kurzer Zeit. Die Rolle sollte in unserem Fall der Geschäftsführer übernehmen.

- Ein *„Sachpromotor"* soll eine relative Objektivität während des Modifikationsprozesses behalten. Er steht der Sache offen gegenüber, er sucht nach der technisch besten Lösung und arbeitet

Der Moving-Prozeß

rein sachbezogen. In unserem Fall sollte diese Rolle von einem langjährigen freien Berater der Finanzabteilung wahrgenommen werden.

- Ein „*Sozialpromotor*" ist eine innovativ ausgerichtete Person, die als „Querdenker" in den verschiedenen Arbeitsbereichen über Grundwissen und Innovationswillen verfugt. Seine Akzeptanz in der Organisation ist hoch, besonders in den Filialen. Er will erreichen, daß durch die Umstrukturierung die Mitarbeiter bei ihrer Arbeit zufriedener werden („sozio-emotionale Rationalität"). Er ist nicht nur im Prozeß der technischen Erarbeitung der Modifikation gefordert. Durch eine teilweise „subversive" (im positiven Sinne) Vorgehensweise in der Folge, soll die Gruppe der „Unentschiedenen" und der „Ablehnenden" für die neue Lösung gewonnen werden. Diese Rolle sollte vom Leiter der Marketingabteilung wahrgenommen werden.

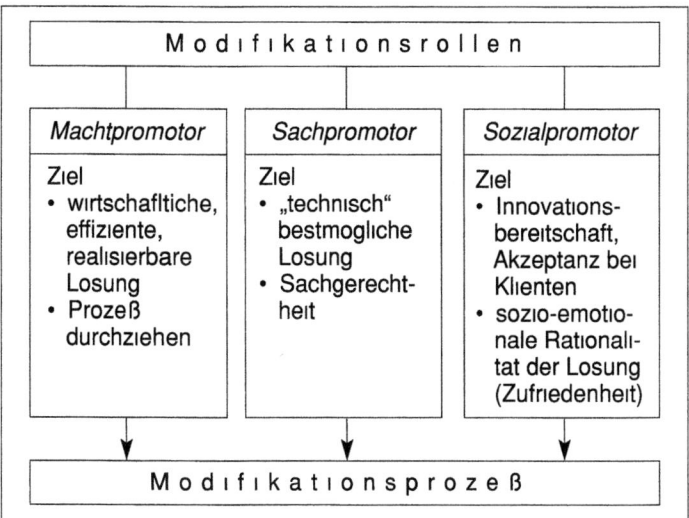

Abbildung 56: Beteiligte und ihre Ziele im Modifikationsprozeß

Quelle nach P Schwarz, in Management in Nonprofit Organisationen, Bern 1992

Die Leitung des Teams übernimmt der externe Berater. Er beschränkt sich auf die Moderation und Koordination der Gruppe und bringt das theoretische Fachwissen in den Prozeß mit ein.

Erarbeitung eines Umstrukturierungskonzeptes

Das Steuerungsteam erarbeitete in vier Monaten ein detailliertes Umstrukturierungskonzept. Darin wurden alle Arbeitsbereiche und die anfallenden Aufgaben anhand eines zuvor festgelegten Rasters zusammengefaßt. Schon bald stellte sich heraus, daß sich bisher zahlreiche Teilbereiche überschnitten hatten, das heißt an verschiedenen Stellen gleiche oder ähnliche Detailarbeiten anfielen. Das sollte in Zukunft vermieden werden.

Innerhalb von weiteren 16 Wochen erarbeitete das Team zudem Aufgabenbeschreibungen für die Mitarbeiter. Inzwischen zeigten auch die übrigen Angestellten reges Interesse an dem Prozeß. In der Geschäftsstelle wurden vier bis fünf mögliche neue Organisationsformen gehandelt. Einzelne Mitarbeiter erstellten Organigramme, in denen sie sich selbst die von ihnen gewünschten Positionen zuschrieben.

Das von dem Steuerungsteam erarbeitete Konzept sah schließlich vor, den Mittelbau in vier Bereiche zu gliedern. Jeder Abteilung wurden bestimmte, deutlich voneinander getrennte Aufgaben zugeteilt. Es handelte sich dabei um traditionelle und neue Dienste, Marketing, Finanzen und Organisation sowie die Verwaltung (interne Koordination).

Damit sollte die Transparenz für die Außenstellen gewährleistet, die Mitarbeiter den Funktionsbereichen eindeutig zugeordnet und die Leistungsfähigkeit der einzelnen Abteilungen erhöht werden. Wir haben uns mit unserer karitativen Organisation an funktionierende Strukturen von Dienstleistern angelehnt, um wirtschaftlicher handeln und effizienter arbeiten zu können.

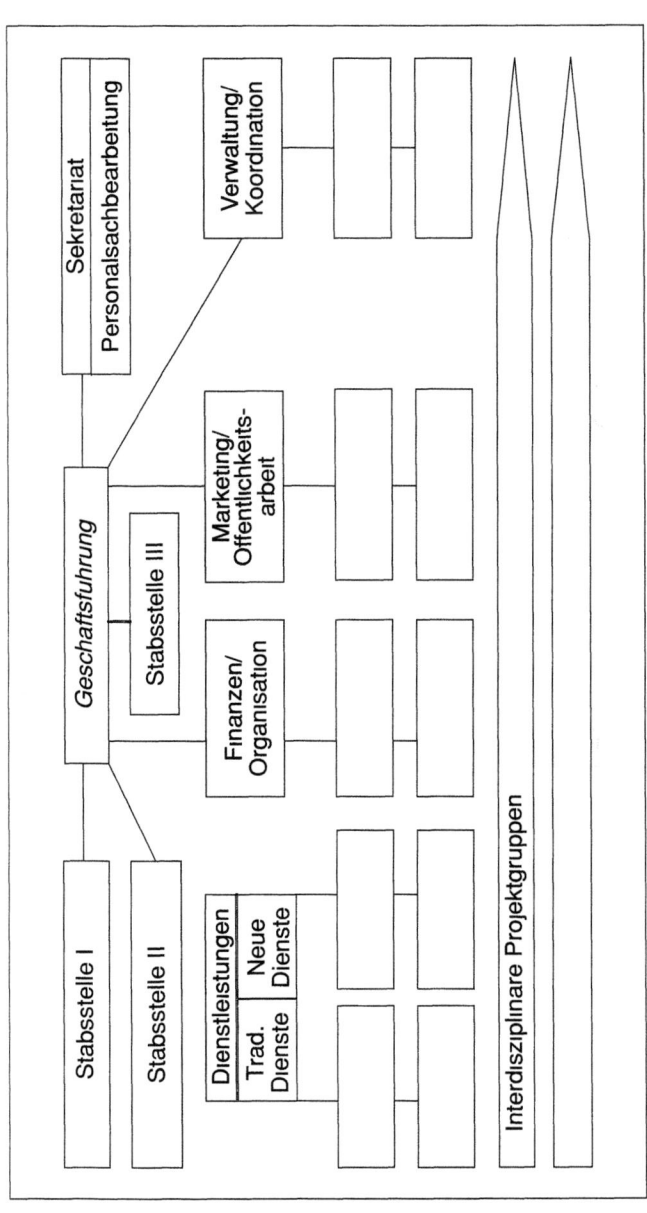

Abbildung 57: Aufbauorganisation nach der Umstrukturierung

Das Konzept wird Realität

Als nächstes begann die Umsetzungsphase, die insgesamt ein Jahr lang dauerte. Zunachst stellte das Steuerungsteam der Geschaftsfuhrung und allen Mitarbeitern das neue Konzept vor. Dabei tauchten sogleich Meinungsverschiedenheiten zwischen Team und einzelnen Mitarbeitern uber die künftige Aufgabenverteilung auf. Es wurde deutlich, daß bei bestimmten Mitarbeitern Selbstbild und Fremdbild weit auseinanderklafften. Die Differenzen wurden vermerkt und nach Rucksprache mit dem Geschaftsfuhrer in das Gesamtkonzept eingearbeitet.

Anschließend erfolgten Fordergesprache zwischen dem Geschäftsfuhrer und einzelnen Mitarbeitern.

Folgende Fragen mußten nach den Gesprachen thematisiert werden:

- Wie konnte es gelingen, bei den Mitarbeitern ein Bewußtsein fur den desolaten Zustand zu schaffen?
- Wie konnen Visionen entwickelt werden, die die Zukunft in einer idealen Konstellation widerspiegeln?

Die Wahl fiel auf ein projektives Verfahren. Das Steuerungsteam entwickelte gemeinsam mit Schauspielern Szenen, die das Zusammenspiel der Mitarbeiter karikierten. Diese Ausschnitte wurden bei einer offiziellen Veranstaltung, zu der alle Mitarbeiter eingeladen waren, vorgespielt.

Ein durchaus banales Beispiel, das den Mitarbeitern zu Beginn der Prasentation der neuen Struktur dargeboten wurde, zeigte, wie durch die Umstrukturierung selbst die Arbeit der Telefonzentrale effektiver gestaltet werden konnte:

Vor dem Reformprozeß lief ein Telefongesprach zwischen Geschaftsfuhrer und Telefonzentrale etwa wie folgt ab:

Geschaftsfuhrer „Ich hatte gerne Herrn Muller gesprochen."
Telefonzentrale „Der ist mal wieder nicht da, ich weiß auch nicht, wo der wieder ist."
Geschäftsfuhrer. „Kann ich dann bitte seinen Vertreter sprechen?"

Der Moving-Prozeß

Telefonzentrale „Vertreter haben wir hier nicht."
Geschäftsführer: „Könnten Sie ihm denn bitte eine Nachricht hinterlassen, daß er mich zurückruft?"
Telefonzentrale „Was denken Sie, wenn ich hier für jeden Nachrichten aufnehme, dann komme ich ja nicht mehr zum Arbeiten."

Diese Umgangsweisen sind symptomatisch für die Großfamilie „Gemeinnütziger Verband". Kunden- beziehungsweise Außenorientierung war für die Mitarbeiter bislang etwas für Verkäufer und wurde gedanklich völlig aus ihrer Arbeit ausgeklammert.

Das Gespräch in der Zukunftsvision verlief so:

Geschäftsführer. „Ich hätte gerne Herrn Müller gesprochen."
Telefonzentrale. „Tut mir leid, Herr Müller ist zur Zeit nicht im Haus. Ich könnte Sie aber mit Herrn Schmitz verbinden, der kann Ihnen sicher weiterhelfen. Einen Moment bitte ..."

Das kleine Schauspiel machte den Mitarbeitern deutlich, daß die Umstrukturierung in jedem Arbeitsbereich Verbesserungen bringen konnte. Schließlich konnte damit die kritische Masse der Beschäftigten für die Veränderungen gewonnen werden. Mit Beginn des nächsten Kalenderjahres wurde das Konzept umgesetzt, wobei die eigentliche Arbeit darin bestand, die Mitarbeiter für die neue Struktur und die dadurch bedingten Veränderungen zu gewinnen. Die Rollenverteilung im Steuerungsteam wurde sehr bald aufgebrochen. Als der Lösungsvorschlag des Sachpromotors aufgrund der personellen Besetzung verschiedener Positionen von der Geschäftsleitung abgelehnt wurde, war die grundsätzliche Einigkeit des Teams in Frage gestellt. Der Sachpromotor verweigerte die weitere Mitarbeit und versuchte, die Mitarbeiter für seine Lösung zu gewinnen. Der Sozialpromotor übernahm immer stärker die Rolle des Sachpromotors, dieser wiederum bildete eine emotional motivierte „Front der Ablehnenden". Der immer starker geforderte Machtpromotor bekam unmittelbar die Einflußnahme übergeordneter Stellen zu spüren.

In diesem Stadium drohte der gesamte Prozeß zu scheitern. Kompromisse mußten geschlossen werden. Dem Sozialpromotor gelang es, die Beteiligten wieder auf die Notwendigkeit der Modifikation einzuschwören und mit personellen Kompromißvorschlagen das gemeinsame Ziel in den Vordergrund zu stellen.

Auf dem Weg zu ständiger Verbesserung

Der insgesamt rund zweijahrige Umstrukturierungsprozeß und seine Ergebnisse werden heute sowohl von der Geschaftsleitung als auch von den meisten Mitarbeitern positiv bewertet. Kompetenzen und Verantwortung sind inzwischen klar verteilt, und die Serviceorientierung der Organisation nach außen hat sich spurbar verbessert. Den Mitarbeitern ist zugleich klar geworden, daß sie sich in einem kontinuierlichen Veranderungsprozeß befinden. Durch den gesamten Vorgang der Umstrukturierung sind die Mitarbeiter fur die Suche nach standiger Optimierung sensibilisiert. Sie erbringen weiterhin eigenstandige Verbesserungsvorschlage, die vielfach umgesetzt werden können.

Allerdings ist es in den knapp zwei Jahren noch nicht gelungen, alle Ziele umzusetzen. Haupthindernis ist die Tatsache, daß die reformierte Instanz nur Teil einer großen Organisation ist.

Die neue Struktur ist im Laufe des Veranderungsprozesses nicht auf Kompatibilitat zu den anderen Organisationseinheiten (Bundesebene, Kreisebene) gepruft worden. Und es reicht eben nicht, wenn ein Teil des Gesamtgefuges beginnt, sich nach wirtschaftlichen Kriterien zu organisieren.

Die Kompetenzverteilung innerhalb des Verbandes ist auf allen Ebenen auf Wirtschaftlichkeit hin uberpruft und gegebenenfalls verandert worden. Gerade dabei sind viele traditionsbedingte „Pfrunde" abzubauen.

Nicht in allen Fällen ist es moglich, vorhandenes Personal voll in die neuen Aufgabenfelder einzufuhren. Manchmal wurde nach dem sogenannten „Peter-Prinzip" gehandelt, wonach Mitarbeiter so lange befördert werden, bis sie ihrer neuen Aufgabe nicht mehr gewachsen sind. Einige Mitarbeiter haben inzwischen ihre Grenzen kennengelernt und ihren Führungsanspruch zurückgenommen. Außerdem konnten einige Stellenbeschreibungen bis heute nicht erstellt werden, weil derzeit innerverbandlich über ein einheitliches Rasterprofil diskutiert und zudem über eine Straffung der Gesamtorganisation nachgedacht wird.

Trotz der nach wie vor existierenden Probleme geht es den Managern unserer Organisation inzwischen deutlich besser. Die Mitarbeiter kennen ihre Aufgaben, kommunizieren stärker miteinander und sind deutlich motivierter. Der Geschäftsführer ist sich heute mehr denn je bewußt, daß er nicht nur unter den Managementsymptomen wie Streß leiden muß, sondern daß Managementtechniken auch helfen, eine Organisation in den Griff zu bekommen.

Grundregeln in Moving-Prozessen

Alle Referenten bearbeiteten vor Beginn des Prozesses den Fragebogen zur Innovations-Potential-Analyse (vgl. Dreesmann, „Innovationsprozesse: Die Systematik des Erfolgs", S. 55ff.). Nach Auswertung der insgesamt fünf Kompetenzbereiche zeichnete sich das Anforderungprofil für den Change-Prozeß ab:

Methodenwissen wie zum Beispiel Projektmanagement und Aktivitätsorientierung sind zu verstärken. Hilfreich kann dabei ein entsprechend geschulter externer Projektleiter sein. Die schnellen Entscheidungen und die Aktivitätsorientierung wird durch die enge Anbindung des Projektes an die Geschäftsleitung gewährleistet. Die durch die IPA deutlich konturierten Aufgabenfelder konnten nicht kurzfristig bewältigt werden, deshalb erstreckte sich der gesamte Veränderungsprozeß auf über zwei Jahre.

Die Themen, mit denen sich das Management heute intensiv beschäftigt, sind die Bereiche Controlling und Personalführung.

Durch Querkontakte zu anderen Verbänden wird für das Steuerungsteam deutlich, daß andere gemeinnutzige Organisationen sich derzeit mit ähnlichen Themen beschäftigen. Der Faktor Mensch – und somit Emotionen – sind in diesem Wirtschaftssegment besonders zu beachten. Change bedeutet hier immer, alte gewachsene Strukturen zu zerstören. Da karitative Einrichtungen häufig mit ehrenamtlichen Mitarbeitern zusammenarbeiten, können unsensible Handlungen die Basis der „Familie" leicht zerrütten.

Da die gesamte Branche mehr denn je auf den sinnvollen Einsatz von Finanzmitteln angewiesen ist und die soziale Verantwortung mehr denn je zu unserer Aufgabe gehört, ist eine hohe Professionalität und Effektivität für die großen gemeinnutzigen Organisationen unumgänglich.

Bei jedem Change- oder Flexibilisierungsprozeß ist es wichtig, folgendes zu beachten.

1. Die Betroffenen sollten so weit wie möglich integriert werden.
2. In der Regel sind auch im Steuerungsteam einige Ehrenamtliche.
3. Es ist oft von Vorteil, externe Moderatoren heranzuziehen.
4. Eine Analyse steht vor der Planung und Handlung.
5. Jede Veränderung zieht Folgeveränderungen nach sich.
6. Das Umfeld (nachgeordnete und vorgestellte Instanzen) des Change-Prozesses sollten beachtet werden.

Eine kontinuierliche Verbesserung der Leistungsfähigkeit sozialer Organisationen bedarf einer regelmäßigen Überprüfung der strukturellen Gegebenheiten. Besondere Bedeutung hat bei derartigen Organisationen „sozio-emotionale Rationalität". Anders als in rein wirtschaftliche orientierten Unternehmen bieten Non-Profit-Organisationen das Gefühl, an einer guten Sache mitzuarbeiten. Gerade diese Komponente führt in vielen Fällen zu Höchstleistungen und muß bewahrt werden.

Anhang

Die Innovations-Potential-Analyse (IPA) – Manual und Anwendungsmöglichkeiten

Hintergrund und Aufbau der IPA

Die IPA ist eine in Fragebogenform umgewandelte Checkliste der wichtigsten Bedingungen eines erfolgreichen Innovationsprozesses. In dieser Form hilft sie, die Voraussetzungen fur einen Wandel auf ihre gunstige oder ungunstige Auspragung zu prufen.

Die einzelnen Items der IPA resultieren aus umfangreichen Recherchen der wissenschaftlichen Literatur und aus Untersuchungen der Organisationspraxis. Im Sinne einer Validitatsprufung wurden nur solche Items aufgenommen, die von verschiedenen Autoren als innovationsrelevant identifiziert wurden.

Die Fragen sind in der IPA nach dem im Beitrag von Helmut Dreesmann „Innovationsprozesse: Die Systematik des Erfolgs" vorgestellten Modell geordnet: In der horizontalen nach sechs Kompetenzbereichen und in der vertikalen nach vier Bedingungsebenen (vgl. Tabelle 1, Seite 63). Die sich daraus ergebenden 24 Komponenten sind jeweils in vier Items ausdifferenziert. Sie konkretisieren einerseits die Komponenten und zeigen andererseits genau auf, worin im Detail die innovationsforderlichen beziehungsweise -hinderlichen Bedingungen bestehen. Innerhalb einer Komponente erganzen sich die Items gegenseitig und tasten diesen Bedingungsfaktor mit einer relativen Vollstandigkeit ab. Die IPA baut sich so auf, daß jede Seite einem Kompetenzbereich gewidmet ist und in vier Blocken die Ebenen Individuum, Gruppe, Organisation und Innovationssystem anspricht.

Die Items der IPA sind damit ein systematisches Kurzbrevier innovationsrelevanter Merkmale in Organisationen.

Als Meßinstrument baut die IPA auf subjektiven Einschätzungen beziehungsweise subjektiven Urteilen auf. Um verläßliche Kennwerte zu erhalten, ist das Instrument damit auf die Bereitschaft zu ehrlichen und unvoreingenommen Antworten angewiesen. Damit kommt es auf die positive Einstellung zur Beantwortung des Fragebogens an. Jeder Zwang oder jede Beeinflussung wird zu unerwunschten Verzerrungen der Ergebnisse fuhren.

Die subjektiven Einschätzungen von Innovationsbedingungen in der IPA haben folgende Vorteile:

- Schnelle Bearbeitbarkeit des Fragebogens (Beantwortung und Auswertung).
- Leichte Interpretierbarkeit der Ergebnisse, da die Items ganz offen und durchschaubar die Bedingungen ansprechen.
- Konstruktive Ansatze für Verbesserungen, da die Beantwortenden mit ihren Kreuzen in dem Fragebogen klar ausdrücken, was sie von den Bedingungen halten.
- Das Instrument beinhaltet die Botschaft an die Beantwortenden: Ihre Meinung ist uns wichtig! – Die IPA tragt damit zur Akzeptanzforderung eines Innovationsprozesses bei.

Folgende Nachteile sind mit der subjektiven Beantwortungsform verbunden:

- das Instrument ist verzerrbar,
- die IPA ist abhängig von Stimmungen und Einflussen, die moglicherweise fur die Aussagen irrelevant sind (gute oder schlechte Marktlage, Geruchte etc.).

Die IPA setzt bewußt auf die Subjektivitat als Medium, da fur das konstruktive Handeln oder den Widerstand bei einer Innovation immer nur das subjektive Erleben der Betroffenen relevant ist.

Dennoch mag es hilfreich sein, zu verschiedenen Punkten erganzende objektive Daten zu erheben (zum Beispiel Weiterbildungstage der Beschaftigten, Anzahl von Qualitatszirkeln, Handbucher zum Projektmanagement etc.)

Anhang

Anwendungsmöglichkeiten

Die IPA bietet sich für eine Reihe von Problemstellungen als Unterstutzung und Hilfe an:

1. Vor Einfuhrung einer Innovation – ganz gleich welche – kann mit der IPA eine Prufung der Erfolgswahrscheinlichkeit einer Veranderung vorgenommen werden. Sie gibt Antwort auf die Frage, ob man aufgrund der Bedingungen das Risiko eines Mißerfolgs eingeht. Die als kritisch erkannten Faktoren konnen „behandelt" werden, um die Aussicht auf Erfolg der Innovation zu steigern.

2. Wahrend des Innovationsprozesses laßt sich die IPA als Prozeßkontrolle anwenden, um Veranderungen der Bedingungen zu erkennen und um Faktoren zu identifizieren, die sich moglicherweise in dem Veranderungsprozeß negativ entwickelt haben.

3. Im Sinne einer Starken-Schwächen-Analyse mit Blick auf die allgemeine Veranderungsfahigkeit eines Unternehmens oder einer Abteilung kann die IPA aufzeigen, auf welche Starken man bauen kann und wo Risiken fur Veranderungen liegen. Eine solche Diagnose kann auch ein Schritt zu einem dynamischen lernenden Unternehmen sein, da alle Bereiche einer dynamischen Organisationsentwicklung beruhrt werden und die Ergebnisse aussagen, wo man sich verbessern kann.

4. Ein wichtiger Anwendungzweck der IPA liegt darin, den Bewußtseinswandel bei allen Mitarbeitern in Richtung auf Innovationsbereitschaft einzuleiten. Das Durcharbeiten der innovationsbedeutsamen Inhalte und Fragen und die anschließende Diskussion über die Ergebnisse thematisiert bei den Beteiligten ganz automatisch wichtige Fragen der Veranderung und des Wandels.

Einsatzmöglichkeiten

Die IPA unterliegt in ihren Einsatzmöglichkeiten nur wenigen Beschränkungen. Da die Items inhaltsneutral formuliert sind, läßt sich das Instrument in allen Branchen und in Organisationen und Abteilungen jeder Größenordnung einsetzen. Dies schließt öffentliche Verwaltungen und Non-profit-Organisationen mit ein.

Die Zuverlässigkeit und die Validität der Ergebnisse setzen jedoch eine ausreichende Kenntnis des Unternehmens beziehungsweise des Bereiches oder der Abteilung durch die Beantwortenden voraus. Nur wenn die Beantworter die Gegebenheiten ausreichend gut kennen, wird der Fragebogen aussagekräftige Ergebnisse liefern. Dort, wo die IPA aufgrund von Vermutungen oder Mutmaßungen ausgefüllt wird, kann sie zu keinen verläßlichen Aussagen führen.

Durchführung

Antwortpersonen

Die IPA kann prinzipiell von zwei Gruppen angewendet werden:
1. Von Betroffenen beziehungsweise Angehörigen der Bereiche, über die eine Aussage getroffen werden soll.
2. Von Nichtbetroffenen, die den Bereich von außen kennen und das Instrument nutzen, um ihren Eindruck darüber zu verdichten.

Durchführung bei Betroffenen.

Beantwortung durch Einzelpersonen Es ist legitim und wichtig, daß man als betroffene Einzelperson die IPA ausfüllt, um sich ein genaueres und differenzierteres Bild von der eigenen Abteilung oder vom eigenen Team zu machen. Unnötig zu sagen, daß dies hochgradig subjektiv ist, aber dennoch von Nutzen sein kann, um sich über die relevanten Bedingungen im Zusammenhang klarzuwerden.

So mag sich ein Werksleiter, ein Abteilungsleiter oder ein Projektleiter fragen, wie die Bedingungen für Veränderungen ein-

Anhang

zuschatzen sind und was er tun sollte, um seine Mannschaft innovationsfreudiger zu machen.

Beantwortung durch Belegschaften, Abteilungen, Teams der Gruppe Fuhrt man die IPA in einem definierten sozial-organisatorischen Bereich durch, so ist in der Regel eine Vorbedingung fur vernunftige Ergebnisse, daß der Bogen anonym ausgeteilt und eingesammelt wird.

Mit der Ankündigung der Durchfuhrung sollte darüber informiert werden, daß die Beantwortung freiwillig ist. Sehr wichtig ist die Erlauterung, wie die Daten verwendet werden und welcher Sinn hinter der Durchfuhrung steckt. Sehr motivierend ist die Ankundigung, die Ergebnisse anschließend mit den Beteiligten zu diskutieren und gemeinsam zu uberlegen, welche Folgerungen daraus zu ziehen sind.

Beantwortung durch Nichtbetroffene beziehungsweise Externe.

In der Regel trifft dies nur zu, wenn firmenexterne Berater ihre zunachst mehr oder weniger diffusen Eindrucke systematisieren und auf den Punkt bringen wollen. Bei aller Subjektivitat, die hier zum Tragen kommt, eignen sich die Erkenntnisse, um auf ihrer Basis Gesprache mit den Betroffenen zu fuhren und dann durch eine Feedback-Schleife den wahren Gegebenheiten dann auf den Grund gehen zu können.

Durchführung des Fragebogens

Mit den vorgelagerten Anweisungen erlautert sich die IPA aus sich selbst heraus.

Die Beantwortung nimmt in der Regel ca. 15 Minuten in Anspruch. Langer als 20 Minuten sollte der Antwortprozeß nicht dauern, da das zu lange Nachdenken über ein Item keinen Informationsmehrwert bringt.

Nach der Beantwortung sind die angekreuzten Zahlen jeweils pro Block zu addieren und in das Auswertungsschema (Tabelle 6) zu ubertragen. Hier sind weitere Summen pro Spalte und pro Zeile zu bilden.

Tabelle 6: Auswertungsblatt zur Innovations-Potential-Analyse

Kompetenz-bereiche Ebene	*Fachliche Kompetenz*	*Personliche Kompetenz*	*Konstruktive Kompetenz*	*Soziale Kompetenz*	*Methoden Kompetenz*	*Partizipative Kompetenz*	*Gesamt-summen Zeile*
Individuum (A)	FKA	PKA	KKA	SKA	MKA	PAKA	
Gruppe (B)	FKB	PKB	KKB	SKB	MKB	PAKB	
Abteilung/ Unternehmen (C)	FKC	PKC	KKC	SKC	MKC	PAKC	
Innovatives System (D)	FKD	PKD	KKD	SKD	MKD	PAKD	
Gesamtsummen Spalte							

Anhang 337

Interpretation

Zur IPA existieren derzeit noch keine Normwerte. Bezugsgröße für die Interpretation sind:

Der Mittelwert (eines Blocks, einer Spalte, einer Zeile), von dem kritische Abweichungen nach oben und nach unten interpretiert werden können. Liegt der empirische Mittelwert der erhobenen Daten über oder unter dem theoretischen Mittelwert, ist die Tendenz entsprechend der Abweichung positv beziehungsweise negativ einzuschätzen.

Zielwerte, die selbst gesetzt werden. So mag sich ein Vorgesetzter oder eine Abteilung das Ziel setzen, in bestimmten Bereichen bei keinem Item schlechter als mit einem Durchschnitt von 5 oder bei keinem Itemblock schlechter als mit einem Durchschnitt von 20 abzuschneiden.

Normativ definierte Stärken- und Schwächen-Bereiche für die Einzelfaktoren (Blöcke) beziehungsweise Zeilen und Spalten. Stärkenbereiche waren gegeben, wenn die Addition der jeweiligen Werte zeigt, daß die entsprechenden Items im Schnitt mindestens mit einer 5 beantwortet wurden (Kritischer Bereich: Durchschnitt >5). Schwächenbereiche lagen vor, wenn die Addition der Zahlen aussagt, daß im Schnitt nicht mehr als 3 Punkte angekreuzt wurden (Kritischer Bereich: Durchschnitt < 3).

Beispiel Eine Abteilung erreicht in dem Block KKB (Konstruktive Kompetenz der Gruppe) einen Durchschnittswert von 23 und in dem Block MKC (Methoden Kompetenz der Organisationseinheit) einen Durchschnittswert von 10

Der erste Wert würde eindeutig belegen, daß die Belegschaft in diesem Punkt die Bedingungen so einschätzt, daß sie für einen Innovationsprozeß sehr förderlich sind (Stärke) Der letztere Punktwert würde aussagen, daß hier eine Schwäche liegt und man Maßnahmen überlegen muß, wie sie abgebaut werden kann.

Liegen Werte im positiven kritischen Bereich, ist hier eine Stärke der untersuchten Organisationseinheit vorhanden, liegen sie im negativen kritischen Bereich, handelt es sich um eine Schwäche.

Tabelle 7. Kritische Werte

	Max. Wert	Min. Wert	Mittelwert	Krit. Bereich +	Krit. Bereich –
Einzelitem	7	1	4	> 5	< 3
Block	28	4	16	> 20	< 12
Spalten	112	16	64	> 80	< 48
Zeilen	140	20	80	> 100	< 60

Liegen die Werte im mittleren Bereich, gelten sie als unkritisch – sie sind damit aber nicht als *normal* zu bezeichnen, da die Bezugsgröße nicht eine, wie immer definierte Normalität ist, sondern nur das, was man sich für den speziellen Aussagebereich als Ziel setzt.

Modalwerte Will man bei der Auswertung inhaltlich sehr differenziert vorgehen und die Beantwortung der einzelnen Items auswerten, so bietet sich statt der Itemmittelwerte der Modalwert an, also der Wert der Skala, der am häufigsten angekreuzt worden ist. Der Grund liegt darin, daß Mittelwerte oft sehr eng um die Vier als rechnerisch mittlerem Wert herum liegen, so daß sich zum Beispiel Dreien und Fünfen oder Zweien und Sechsen in der Mittelwertberechnung ausgleichen. Modalwerte zeigen hier klarer die Tendenz der Beantwortung auf. So mag bei einem Item der Mittelwert bei 3,5 liegen, der Modalwert aber bei 2. Während die 3,5 eine annähernd mittlere Beantwortung der Frage ausdrückt, sagt die 2 aus, daß die meisten Personen einen sehr niedrigen Wert ankreuzen.

Anhang

Ergebnisdarstellung und Diskussion

Zur Darstellung der Ergebnisse und zur gemeinsamen Diskussion gibt es folgende Moglichkeiten:

1. In ein Leerexemplar des Fragebogens werden die Mittelwerte und die Modalwerte neben die Items eingetragen und in entsprechender Form das zusammenfassende Auswertungsblatt. Dieses Ergebnisexemplar kann verteilt werden als Vorbereitung fur die gemeinsame Diskussion, auf der Einzelwerte und zusammengefaßte Block-, Zeilen- und Spaltenwerte besprochen werden.
2. Ein derart ausgefulltes Blatt wird auf eine Overhead-Folie kopiert und anhand der Projektion diskutiert.
3. In das Ubersichtsblatt zum Modell (Tabelle 1, S. 63) werden durch Einzeichnung von Schraffierungen die Starken- und Schwachenbereiche markiert. Anhand von kopierten Abzugen oder von Overhead-Folien laßt sich dann im Uberblick besprechen, welche Folgerungen aus den Befunden zu ziehen sind. Ein solches Beispiel ist im Beitrag von Robert Schlitt und Helmut Dreesmann „Kaizen – Frage Dich jeden Tag, was Du morgen besser machen kannst" dargestellt.

Die Innovations-Potential-Analyse (IPA) – Der Fragebogen

Veranderungen in Unternehmen bedurfen einer Vorbereitung und behutsamer Handhabung. Mit dem Fragebogen soll erfaßt werden, wie die Bedingungen fur solche Veranderungen in Ihrer Abteilung beziehungsweise in Ihrem Unternehmen ausgepragt sind.

Um die Beantwortung der Fragen zu erleichtern, erinnern Sie sich zur Unterstutzung am besten an eine konkrete Innovation – also irgendeine Veranderung oder Neuerung in Ihrer Abteilung (beziehungsweise in der Arbeitseinheit, die Sie uberschauen konnen), die sich in der Vergangenheit ereignet hat. Sie konnen auch an eine Neuerung denken, die demnachst auf Ihre Abteilung zukommt – Hauptsache ist, daß Sie eine relativ konkrete Vorstellung vor Augen haben, wie in Ihrer Abteilung Veranderungsprozesse gehandhabt werden.

Beispiel Ich denke an ... die Einfuhrung von PCs vor einem halben Jahr.

Beispiel Ich denke an ... die vor uns liegende Einfuhrung eines neuen Zeiterfassungssystems.

Woran denken *Sie*? – Schreiben Sie bitte ihr konkretes Beispiel, an das Sie denken, in Stichworten auf:

Ich denke an: _____

Beantworten Sie vor diesem konkreten Hintergrund jetzt bitte die folgenden Fragen. Sollte das bei manchen Fragen nicht moglich sein, so nehmen Sie eine allgemeine Einschatzung vor, das heißt vermuten Sie, wie es ware, wenn ...

Es gibt keine richtigen und falschen Antworten, da es sich in jedem Fall um Ihre ganz subjektive Meinung handeln soll.

Anhang

PK

Die von der Neuerung betroffenen Einzelpersonen .. (denken Sie dabei bitte entweder an sich selbst als betroffene Person oder an eine Person, die Sie für „typisch" halten):

	eher nein	eher ja
A 1. Sind für die Veränderung motiviert.		1 2 3 4 5 6 7
A 2. Sind in der Lage, ungewisse Situationen zu meistern.		1 2 3 4 5 6 7
A 3. Haben ein angemessenes Problembewußtsein.		1 2 3 4 5 6 7
A 4 Sind gekennzeichnet durch Verantwortungsbewußtsein		1 2 3 4 5 6 7

Summe PKA_____

Der mit der Innovation befaßte Kollegenkreis:

B 1. Identifiziert sich mit den Aufgaben und Zielen, die mit der Innovation zusammenhangen.	1 2 3 4 5 6 7
B 2. Unterstutzt und hilft sich gegenseitig, wenn jemand ein Problem hat.	1 2 3 4 5 6 7
B 3. Verkraftet als Gruppe außergewöhnliche Belastungen.	1 2 3 4 5 6 7
B 4 Motiviert sich gegenseitig.	1 2 3 4 5 6 7

Summe PKB_____

Die mit der Neuerung befaßte Abteilung beziehungsweise das Unternehmen.

C 1. Laßt genügend Zeit, um sich auf die Neuerung vorzubereiten	1 2 3 4 5 6 7
C 2. Erkennt Fortschritte in der Arbeit an.	1 2 3 4 5 6 7
C 3 Gibt dem einzelnen bei Fehlern und Storungen Ruckendeckung.	1 2 3 4 5 6 7
C 4 Achtet darauf, daß die Neuerung niemanden unangemessen benachteiligt.	1 2 3 4 5 6 7

Summe PKC_____

Die Innovation beziehungsweise die Veranderung selbst:

D 1.	Beinhaltet keine unangemessenen Uber- oder Unterforderungen.	1 2 3 4 5 6 7
D 2.	Ist in der Handhabung und im Umgang gut zu erlernen.	1 2 3 4 5 6 7
D 3.	Ist in seinen positiven wie negativen Auswirkungen gut zu uberblicken.	1 2 3 4 5 6 7
D 4.	Beeintrachtigt die korperliche und psychische Gesundheit.	7 6 5 4 3 2 1

Summe PKD_____

KK

Die von der Neuerung betroffenen Einzelpersonen:

		eher nein	eher ja
A 1.	Verfugen uber ausreichendes Wissen, um mit der Neuerung fertigzuwerden.		1 2 3 4 5 6 7
A 2	Haben genugend Reife und Erfahrung im Umgang mit solchen Problemsituationen.		1 2 3 4 5 6 7
A 3.	Konnen analytisch denken und Zusammenhange herstellen.		1 2 3 4 5 6 7
A 4.	Sind vorausschauend und zukunftsorientiert.		1 2 3 4 5 6 7

Summe KKA_____

Der mit der Innovation befaßte Kollegenkreis:

B 1.	Pflegt standigen Erfahrungsaustausch untereinander.	1 2 3 4 5 6 7
B 2	Holt Informationen auch von außen und gibt sie bereitwillig weiter.	1 2 3 4 5 6 7
B 3.	Anerkennt es, wenn einzelne sich weiterbilden	1 2 3 4 5 6 7
B 4.	Spricht regelmaßig über Ergebnisse und Fortschritte der Arbeit.	1 2 3 4 5 6 7

Summe KKB_____

Anhang 343

Die mit der Neuerung befaßte Abteilung beziehungsweise das Unternehmen:

C 1. Verlangt, daß jeder sich standig mit neuen Entwicklungen auseinandersetzt.	1 2 3 4 5 6 7
C 2. Informiert uber alles Wesentliche im Unternehmen.	1 2 3 4 5 6 7
C 3. Stellt ausreichende Qualifizierungsangebote zur Verfugung.	1 2 3 4 5 6 7
C 4. Unterstutzt Kontakte und Erfahrungsaustausch mit Institutionen außerhalb des Unternehmens.	1 2 3 4 5 6 7

Summe KKC_____

Das innovative System selbst:

D 1. Ist mit ausreichenden Anweisungen und Informationen versehen.	1 2 3 4 5 6 7
D 2. Ermoglicht ein unproblematisches Hineindenken und arbeiten.	1 2 3 4 5 6 7
D 3. Produziert unvorhersehbare Fehler.	7 6 5 4 3 2 1
D 4. Fuhrt zu Storungen, die nicht nachvollziehbar sind.	7 6 5 4 3 2 1

Summe KKD_____

SK

Die von der Neuerung betroffenen Einzelpersonen

	eher nein	eher ja
A 1. Sind im sozialen Umgang offen und aufgeschlossen	1 2 3 4 5 6 7	
A 2. Pflegen auch jenseits der Arbeit den informellen Austausch.	1 2 3 4 5 6 7	
A 3. Sind tolerant bei andersartigen Meinungen.	1 2 3 4 5 6 7	
A 4. Sind konstruktiv bei Meinungsverschiedenheiten	1 2 3 4 5 6 7	

Summe SKA_____

Der mit der Neuerung befaßte Kollegenkreis:
B 1. Arbeitet kooperativ zusammen. 1 2 3 4 5 6 7
B 2 Bewaltigt Konflikte konstruktiv. 1 2 3 4 5 6 7
B 3. Pflegt eine entspanntes Klima der Zusammenarbeit 1 2 3 4 5 6 7
B 4 Hat untereinander ein Vertrauensverhaltnis. 1 2 3 4 5 6 7

Summe SKB_____

In der mit der Innovation befaßten Abteilung beziehungsweise dem Unternehmen

C 1 Wird kooperativ und partizipativ gefuhrt. 1 2 3 4 5 6 7
C 2. Erganzen sich die Personen mit Fach- und Machtkompetenz gegenseitig. 1 2 3 4 5 6 7
C 3. Wird die Arbeit in Teams und Gruppen gefordert 1 2 3 4 5 6 7
C 4. Gibt es Barrieren zwischen Vorgesetzten und Mitarbeitern. 7 6 5 4 3 2 1

Summe SKC_____

Das innovative System selbst.

D 1 Ist fur die Kommunikation der Personen hinderlich. 7 6 5 4 3 2 1
D 2. Verandert die Rollen der einzelnen Personen zu deren Nachteil. 7 6 5 4 3 2 1
D 3 Baut Barrieren zwischen den Mitarbeitern auf. 7 6 5 4 3 2 1
D 4. Schafft neue kommunikative Notwendigkeiten, auf die die Betroffenen nicht vorbereitet sind 7 6 5 4 3 2 1

Summe SKD_____

MK

Die von der Neuerung betroffenen Einzelpersonen:

	eher nein	eher ja
A 1. Wissen, wie sie sich notwendige Informationen beschaffen.		1 2 3 4 5 6 7
A 2. Sind mit Kreativitatstechniken vertraut und wenden sie an		1 2 3 4 5 6 7
A 3 Kennen Problemlosetechniken und wenden sie an		1 2 3 4 5 6 7
A 4 Sind mit Methoden des Projektmanagements vertraut.		1 2 3 4 5 6 7

Summe MKA_____

In dem mit der Innovation befaßten Kollegenkreis:

B 1 Sind personelle Zustandigkeiten geregelt.	1 2 3 4 5 6 7
B 2. Ist die Ansprechbarkeit von den Schlusselpersonen sichergestellt	1 2 3 4 5 6 7
B 3. Wird nach methodischen Prinzipien vorgegangen	1 2 3 4 5 6 7
B 4. Werden Moderationstechniken bei Besprechungen angewandt.	1 2 3 4 5 6 7

Summe MKB_____

In der mit der Innovation befaßten Abteilung beziehungsweise in dem Unternehmen.

C 1. Ist Projektmanagement ein Organisationsprinzip.	1 2 3 4 5 6 7
C 2. Wird nach dem Prinzip von Qualitatszirkeln und Task-forces gearbeitet.	1 2 3 4 5 6 7
C 3. Sind Begleitmaßnahmen zu der Innovation umsichtig geplant und vorbereitet	1 2 3 4 5 6 7
C 4. Gibt es Standardprozeduren bei Problemsituationen.	1 2 3 4 5 6 7

Summe MKC_____

Das innovative System selbst

D 1. Ist in seinen Strukturen und Ablaufen transparent.	1 2 3 4 5 6 7
D 2. Laßt Eingriffe und Korrekturmoglichkeiten zu.	1 2 3 4 5 6 7
D 3. Beinhaltet Standardvorgehensweisen bei Storungen oder unnormalen Vorkommnissen	1 2 3 4 5 6 7
D 4. Nimmt den Betroffenen das Gefuhl, das System kontrollieren zu konnen	7 6 5 4 3 2 1

Summe MKD_____

PAK

Die von der Neuerung betroffenen Einzelpersonen

	eher nein	eher ja
A 1. Haben ein Bewußtsein fur die verfugbaren Ressourcen (Geld, Material, Menschen) und konnen sie aktivieren.	1 2 3 4 5 6 7	
A 2. Nehmen aktiv an Entscheidungsprozessen teil.	1 2 3 4 5 6 7	
A 3. Haben einen Sinn fur das Machbare.	1 2 3 4 5 6 7	
A 4. Verfugen uber Entscheidungsfreude und sind aktivitatsorientiert.	1 2 3 4 5 6 7	

Summe PAKA_____

Der von der Innovation betroffene Kollegenkreis:

B 1. Zieht gemeinsam Bilanz der gemachten Fortschritte.	1 2 3 4 5 6 7
B 2 Bespricht regelmaßig das weitere strategische Vorgehen.	1 2 3 4 5 6 7
B 3. Bereitet Entscheidungen in gegenseitiger Absprache vor.	1 2 3 4 5 6 7
B 4. Sorgt fur eine solide Informationsbasis, bevor Entscheidungen getroffen werden.	1 2 3 4 5 6 7

Summe PAKB_____

Anhang 347

In der mit der Innovation befaßten Abteilung beziehungsweise in dem Unternehmen.

C 1. Sind Kompetenzen und hierarchische Verantwortungen
klar und transparent. 1 2 3 4 5 6 7
C 2. Werden alle am Prozeß der Zielfindung und
Entscheidungsvorbereitung beteiligt. 1 2 3 4 5 6 7
C 3. Gibt es hinderliche Formalismen zum Beispiel in Form
von Dienstanweisungen 7 6 5 4 3 2 1
C 4. Sind viele Routinearbeiten zu erledigen. 7 6 5 4 3 2 1

Summe PAKC_____

Das innovative System selbst·

D 1. Gliedert sich in Entwicklungsstufen, die jeweils den
Betroffenen Wahlmoglichkeiten offen lassen. 1 2 3 4 5 6 7
D 2. Ist fur alle Betroffenen in seinen Grundelementen klar,
so daß sie bei Entscheidungsprozessen im Bilde sind 1 2 3 4 5 6 7
D 3. Gibt den Betroffenen das Gefuhl, daß sie das System
standig unter Kontrolle haben 1 2 3 4 5 6 7
D 4. Beschneidet den Handlungsspielraum der Betroffenen. 7 6 5 4 3 2 1

Summe PAKD_____

Die Autoren

Joachim Bieker, Jahrgang 1950, trat nach einem Psychologiestudium 1977 bei IBM Deutschland ein und ubernahm im Personalbereich nacheinander mehrere verantwortliche Positionen. 1984 wechselte er zur Bertelsmann AG als Leiter der Managemententwicklung. 1985 wurde er zusatzlich Personalchef im Unternehmensbereich Elektronische Medien. 1992 ernannte man ihn zum stellvertretenden Vorstandsmitglied der deutschen ABB AG, Mannheim. Er ist dort verantwortlich fur den Vorstandsbereich Personal.

Dr Helmut Dreesmann, Jahrgang 1947, war bis 1990 an der Universitat Koblenz-Landau am Lehrstuhl Organisationspsychologie tatig. Seine Forschungsschwerpunkte lagen dabei in der Personalentwicklung und dem Innovationsmanagement. Wahrend dieser Zeit baute er das Modellstudium Fuhrungspadagogik mit auf. 1990 wechselte er als Leiter der Personalentwicklung in die BULL AG. Seine Schwerpunkte liegen dort im Human Resource Management und im Ausbau eines EDV-gestutzten Skill Managements.

Dr. Joachim Freimuth, Jahrgang 1951, studierte Betriebs- und Volkswirtschaftslehre sowie Betriebspadagogik. Er arbeitete sechs Jahre in der Personalentwicklung und -beschaffung der SEL AG, vier Jahre als Berater in der Personal- und Organisationsentwicklung bei Metaplan und zwei Jahre als Geschaftsfuhrender Gesellschafter der PWU Personal Marketing GmbH, Hamburg. Zur Zeit ist er Dozent fur Personalmanagement an der Technischen Verkehrshochschule Dresden.

Anna Hoets, Jahrgang 1953, war nach dem Studium der Germanistik, Geschichte und pädagogischen Psychologie zwolf Jahre im Bereich der beruflichen Bildung und Personalentwicklung tatig. Zur Zeit ist sie Leiterin der Fuhrungskrafte-Entwicklung bei der Bremer Vulkan Verbund AG.

Bernhard Inden, Jahrgang 1961, studierte Germanistik, Soziologie, Politik und Geschichte in Köln und Verbandsmanagement an der Universitat Freiburg (Schweiz). Von 1984 bis 1988 war er als freier Journalist im Bereich Kultur tatig. 1990 wurde er Referatsleiter für Marketing, Öffentlichkeitsarbeit und Organisationsentwicklung beim Malteser Hilfsdienst in Köln, wo er heute stellvertretender Diözesangeschaftsfuhrer ist.

Dr Axel Koetz, Jahrgang 1954, studierte Volkswirtschaftslehre, Finanzwissenschaft, Betriebswirtschaftslehre und Informatik und promovierte anschließend über Fragen der Staatsverschuldung. 1981 trat er in die Kienbaum Unternehmensberatung GmbH ein, wo er nach kurzer Zeit das Geschäftsfeld Öffentlicher Sektor ubernahm. 1987 wurde er in die Geschaftsleitung berufen. Derzeit ist er als Mitgesellschafter der Unternehmensgruppe und Geschaftsfuhrender Partner für den Unternehmensbereich Public Sector verantwortlich. In den letzten Jahren fuhrte er zahlreiche, zum Teil sehr beachtete Studien fur internationale Institutionen, sowie fur Regierungen und Verbande durch.

Sabine Kraemer-Fieger, Jahrgang 1961, studierte Psychologie, Marketing und Sprechwissenschaften und ließ sich 1990 in St. Gallen zur lizensierten NLP-Trainerin ausbilden. Seit 1986 als Beraterin fur internationale Unternehmen und Verbande in den Bereichen Personal- und Mitgliedermarketing sowie Organisationsentwicklung tatig, ubernahm sie 1992 die Leitung der Dusseldorfer Niederlassung der PWU Personal Marketing GmbH, Hamburg. Seit 1994 ist Sabine Kraemer-Fieger Geschäftsführerin der Unternehmensberatung UDF, Stuttgart/Dusseldorf.

Die Autoren

Dr. Hans-Christoph Reiss, Jahrgang 1960, studierte zunächst Sozialwissenschaften, dann Betriebswirtschaftslehre mit den Schwerpunkten Controlling und BWL öffentlicher Betriebe. Nach dem Studium arbeitete er in verschiedenen Unternehmen. 1988 bis 1991 war er Wissenschaftlicher Mitarbeiter an der Hochschule für Unternehmensführung Koblenz, wo er auch promovierte. Seit 1991 ist er für die Ernst & Whinney Unternehmensberatungsgesellschaft mbH in Frankfurt tätig, zunächst als Senior-, seit dem 1. Januar 1994 als Managing Berater. Zusätzlich zu dieser Tätigkeit wurde Reiss am 1. Februar 1994 auf den Lehrstuhl für Betriebswirtschaftslehre, insbesondere Rechtswesen und Controlling, der Fachhochschule Stralsund berufen.

Dr Alfons Roerkohl, Jahrgang 1960, studierte Betriebswirtschaftslehre mit einem Stipendium der Universität Bochum für das Studium „Diploma in Business and Manangement Studies" an der Sheffield City Polytechnic, England. Nach dem Studium war er in leitender Funktion in der Industrie tätig und ist seit 1989 Berater von Industrieunternehmen verschiedener Branchen. Seit 1992 ist Roerkohl Mitglied der Geschäftsleitung bei der UDF Unternehmensberatung GmbH, Stuttgart.

Michael Schade, Jahrgang 1961, studierte in Freiburg und St. Gallen Volks- und Betriebswirtschaftslehre. Nach seiner Promotion war er unter anderem Leiter der betriebswirtschaftlichen Management-Weiterbildung an der Hochschule St. Gallen. Er hat sich als Autor, Seminarreferent, Berater und Mitglied von Expertenkommissionen mit Fragen des Finanz- und Rechnungswesens sowie der Management-Weiterbildung befaßt. Seit 1993 ist er Leiter des Funktionsbereiches Aus- und Weiterbildung bei ABB.

Robert Schlitt, Jahrgang 1950, studierte Informationsverarbeitung an der Universität Siegen. Nach dem Studium war er in verschiedenen Funktionen in der Industrie tätig. Seine Erfahrungen liegen auf den Gebieten Qualität, Produktion, Entwicklung und Projektmanagement. Er hatte mehrere leitende Positionen inne, unter anderem eine vierjährige Tätigkeit als Vice-President Operations für ein deutsch/japanisches Joint Venture in den USA. Mehr als sieben Jahre Erfahrung mit der praktischen Einführung von kontinuierlichen Verbesserungsprogrammen in verschiedenen Ländern konnte er durch seine vielfältigen Aufgaben bisher sammeln. Seit August 1994 ist Robert Schlitt als Generaldirektor für einen namhaften Automobilzulieferer in Frankreich tätig.

Ute Waidelich, Jahrgang 1963, studierte Psychologie und Betriebswirtschaftslehre in Mannheim. Seit 1988 ist sie wissenschaftliche Angestellte am Lehrstuhl für Arbeits- und Organisationspsychologie mit den Schwerpunkten Personal- und Organisationsentwicklung sowie Qualitätssicherung. Daneben ist sie in verschiedenen Praxisprojekten und Seminaren zu diesen Themen tätig, vor allem in den Branchen Automobil, Elektro und Chemie.

Manfred Zink, Jahrgang 1954, studierte an verschiedenen Universitäten Personalwirtschaft, Betriebspädagogik und Erziehungswissenschaften und bildete sich anschließend in den Bereichen Organisationsentwicklung, Systemische Organisationsberatung und Familientherapie fort. Lange Jahre war er im Industrie- und Dienstleistungssektor in den Bereichen Personal- und Organisationsentwicklung tätig. Er ist Gründungsmitglied und Vorstand der Deutschen Gesellschaft für Systemische Organisationsberatung e.V., GSBO.

Verzeichnis der Abbildungen und Tabellen

Abbildungen

Abbildung 1: Entwicklung, Dynamik und Komplexität 25
Abbildung 2: Theoretische Einflusse auf systemisches Denken 31
Abbildung 3: Vertreter und Institutionen systemischer Ansatze 32
Abbildung 4: Entwicklung und Orientierung von Managementansatzen 39
Abbildung 5: Puzzle einer Organisation 44
Abbildung 6: Psychologischer Prozeß bei der Bewaltigung von Innovationen 59
Abbildung 7: Kompetenzbereiche für innovatives Handeln ... 61
Abbildung 8: Beispiel fur ein iteratives Konzept von Wandel in Organisationen 91
Abbildung 9: Die Herstellung von Anschlußfahigkeit zwischen dem Berater- und dem Klientensystem 93
Abbildung 10: Phasen des Wandels im Rahmen eines Prozeßspannungsbogens 94
Abbildung 11: Anschlußfahigkeit an bestehende Diskurse als Stufenprozeß 99
Abbildung 12: Phasen der Integration von Neuerungen in Sozialsystemen 101
Abbildung 13: Puzzle des Wandels 103
Abbildung 14: Änderungsfordernde und -hemmende Krafte . 109
Abbildung 15: Systematik von organisatorischen Abwehrformen 111
Abbildung 16: Auspragungsgrad und Auspragungsformen von Widerstandshaltungen (Ubersicht) 112

Abbildung 17: Aktive Widerstandsformen 112
Abbildung 18: Passive Widerstandsformen 113
Abbildung 19: Bewußtheit und Wahrnehmbarkeit von
                Widerstanden 114
Abbildung 20: Die Zirkularitat des organisatorischen
                Immunsystems 119
Abbildung 21: Formen des konstruktiven Umgangs mit
                Widerstanden 123
Abbildung 22: Moving-Stimmungsfaktoren 132
Abbildung 23: Wahrnehmung von Change-Anforderungen 136
Abbildung 24: Visionar-Stimmungen 144
Abbildung 25: Macher-Stimmungen 145
Abbildung 26: Analytiker-Stimmungen 146
Abbildung 27: Implementator-Stimmungen 147
Abbildung 28: Facettenhaftigkeit der Moving-Stimmungen
                (fur die Selbst-/Fremdbildanalyse) 148
Abbildung 29: Denkstilreprasentanzen als Trainingsmodule .. 150
Abbildung 30: Annaherung an die Problemlosung
                (Denkstilanalyse) 153
Abbildung 31: Selbsteinschatzung: Ich-Zustande im
                Veranderungsprozeß 154
Abbildung 32: Fehlerbaum FTA, 1. Ebene 172
Abbildung 33: Quality Function Deployment 173
Abbildung 34: Checkliste der FMEA-Kriterien 174
Abbildung 35: FMEA-Teambildung 175
Abbildung 36: Projektplan FMEA 176
Abbildung 37: Checkliste der Qualitatsmerkmale zur Festle-
                gung der Bearbeitungsreihenfolge 177
Abbildung 38: Auswahl geeigneter Abstellmaßnahmen, die
                zur Durchfuhrung empfohlen werden sollen ... 178
Abbildung 39: FMEA-Projektverfolgung 179
Abbildung 40: Datenfluß im „House of Quality" 185
Abbildung 41: Vorgehensweise im „House of Quality" 187
Abbildung 42: „House of Quality" 189
Abbildung 43: „House of Quality" im Mittelpunkt des QFD
                (Ausschnitt) 190
Abbildung 44: Drei Grundelemente von Kaizen 199

Verzeichnis der Abbildungen und Tabellen 355

Abbildung 45: Kaizen-Beteiligungsstruktur im Werk 210
Abbildung 46: Darstellung des Fertigungsausfalls nach Anlauf
 des Kaizen-Prozesses 214
Abbildung 47: Hauptfunktionen der Produktionsplanung und
 Produktionssteuerung 220
Abbildung 48: Aufgabenfelder 248
Abbildung 49: Schichtmodell für Controlling-Strukturen im
 öffentlichen Sektor 298
Abbildung 50: Führung nach dem Prinzip des Projekt-
 managements 299
Abbildung 51: Leitbild und Organisationskultur 301
Abbildung 52: System der Personalentwicklung 305
Abbildung 53: „Kraftfeld" für Verwaltungsreformen 312
Abbildung 54: Aufbauorganisation vor der
 Umstrukturierung 319
Abbildung 55: Der 4-Stufen-Plan im Moving-Prozeß 320
Abbildung 56: Beteiligte und ihre Ziele im Modifikations-
 prozeß 323
Abbildung 57: Aufbauorganisation nach der
 Umstrukturierung 325

Tabellen

Tabelle 1: Erfolgsbedingungen von Innovationsvorhaben 63
Tabelle 2: Die individuelle Ebene der Innovations-Potential-
 Analyse (IPA) und der Bezug zu den Change-
 Qualifikationen 131
Tabelle 3: 3-MU-Checkliste 159
Tabelle 4: Kritische Bereiche (schraffiert) aus der Innovations-
 Potential-Analyse IPA vor Einführung von
 Kaizen 207
Tabelle 5: Die sieben Phasen des Veränderungsprozesses 276
Tabelle 6: Auswertungsblatt zur Innovations-Potential-
 Analyse 336
Tabelle 7: Kritische Werte 338

Weitere Titel der F.A.Z./Gabler-Edition

Ralf G. Kalmbach (Hrsg.)
Management im Umbruch
Wege aus der Krise
1994, 289 Seiten, Geb., ISBN 3-409-19171-2

Europa und Deutschland befinden sich in einer tiefgehenden Strukturkrise. Elf namhafte Autoren fokussieren die wesentlichen Herausforderungen, mit denen das Management heute konfrontiert wird, vom wirtschaftlichen, gesellschaftlichen und politischen Standpunkt aus. Sie analysieren nicht nur den Handlungsbefarf, sie zeigen Wege aus der Krise.

Herbert A. Henzler
Europreneurs
Europas Unternehmer melden sich zuruck
1992, 350 Seiten, Geb., ISBN 3-409-19179-8

Europreneurs – das sind jene Unternehmer Europas, die aufgebrochen sind, um ihren Konkurrenten im Weltmarkt Paroli zu bieten. *Europreneurs* bietet zugleich die große Vision von der Zukunft und die nuchterne Analyse der Gegenwart Europas, einen philosophischen Orientierungsrahmen also, aber zugleich auch handfesten Rat.

Mark H. McCormack
110 Prozent
Spitzenleistungen aus eigener Kraft
1992, 299 Seiten, Geb., ISBN 3-409-19175-5

McCormack weiß als Agent namhafter Spitzensportler und Kunstler, wie man es schafft, seine Leistung zu steigern und besser zu sein als die anderen. Lesen Sie, was Sie als Manager tun konnen, um „Formtiefs" zu vermeiden und Ihre Leistungskurve auf 110 Prozent zu steigern.

MIX
Papier aus verantwortungsvollen Quellen
Paper from responsible sources
FSC® C105338

If you have any concerns about our products,
you can contact us on
ProductSafety@springernature.com

In case Publisher is established outside the EU,
the EU authorized representative is:
**Springer Nature Customer Service Center GmbH
Europaplatz 3, 69115 Heidelberg, Germany**

Printed by Libri Plureos GmbH
in Hamburg, Germany